中国矿产资源发展报告(2015)
国际矿产品市场走势
与中国的应对策略

成金华　洪水峰　等编

教育部发展报告项目(编号:13JBGP16)和中国地质调查"国际矿产品市场及增强中国话语权研究"(编号:12120113091600)资助

科 学 出 版 社

北 京

内 容 简 介

　　本书通过长期的市场数据跟踪,总结主要矿产品市场格局演变过程中的基本特点和规律,深入研究矿价波动及其传导机制,重点关注近五年中的市场热点问题,并以此作为预测后期市场走向和价格区间的依据。此外,本书以中国视角审视全球的矿业环境,找出国内产业发展、市场决策和参与国际矿业博弈的主要问题,并提出针对性的政策建议。

　　本书可供资源环境类和经济管理类研究生、本科生和关心国际矿产品市场变化及中国矿业发展动向的人士阅读和参考。

图书在版编目(CIP)数据

中国矿产资源发展报告.2015:国际矿产品市场走势与中国的应对策略/成金华等编. —北京:科学出版社,2016.6
ISBN 978-7-03-049349-1

Ⅰ.①中… Ⅱ.①成… Ⅲ.①矿产资源-研究报告-中国-2015 ②矿产资源-市场管理-研究报告-中国 Ⅳ.①F426.1

中国版本图书馆 CIP 数据核字(2016)第 152182 号

责任编辑:高　嵘　陈　琼/责任校对:董艳辉
责任印制:彭　超/封面设计:苏　波

科 学 出 版 社 出版

北京东黄城根北街 16 号
邮政编码:100717
http://www.sciencep.com

湖北卓冠印务有限公司印刷
科学出版社发行　各地新华书店经销

*

开本:787×1092　1/16
2016 年 8 月第　一　版　印张:11 1/4
2016 年 8 月第一次印刷　字数:250 000

定价:68.00 元
(如有印装质量问题,我社负责调换)

前　言

矿产资源是世界各国经济发展的物质基础。矿产品市场的发展演变同时是国际矿产品市场供求关系变化和各国政策、资金、技术等方面的博弈结果，充分认识国际矿产品市场的变化规律和风险来源对于各国进行经济战略部署、提升资源利用的经济效益和市场话语权、保障矿产资源战略安全有着重要的作用。中国作为资源消费大国，资源消耗能力大于自给能力，对外依存度高，面对瞬息万变的国际局势和矿业风险，需要相关领域的专家学者对国际矿产品市场格局、价格波动特点及市场主体的应对策略进行深入系统的研究，为优化我国的资源开发利用政策和国际贸易、国际合作政策，加强我国矿业公司管理，保障我国经济安全和资源安全提供理论支持和决策依据。

本书主要分析的矿产品品种包括石油、天然气、煤炭、地热能等能源矿产，铁矿石、铜、铅、锌等金属及磷矿和钾盐等非金属矿产。本书试图从全球长期的发展演变过程中总结国际矿产品市场特点和规律，同时重点关注近几年的矿产品贸易格局和价格变化，并以此作为预测后期矿产品贸易走向和价格区间的基本依据。此外，以中国视角审视全球的矿业环境，提出我国利用国际国内两种资源两种市场的政策建议和我国矿业参与国际矿业竞争和发展的政策建议。

全书共分为 10 章，第 1 章概述国际矿产品市场的基本演变过程和演变规律，并分别阐述发达国家作为矿产品市场消费主体和新兴发展中国家作为消费主体的不同历史阶段下的市场特征与主要矛盾。第 2～9 章分别对国际铁矿石、原油、天然气、煤炭、地热能、铜、铅、锌、钾盐、磷矿等 10 种主要矿产品的市场运行态势和价格波动特征进行分析与预测研究，主要内容涵盖各矿种市场格局的演变与当前市场主体关系，定价机制的演变、主导定价的因素及价格波动性分析，市场未来走向与价格预测，以及中国在当前市场中的地位与风险来源等方面。本书采取定性与定量相结合的分析方法，在总结主要价格影响因素的基础上，运用经验模态分解算法（EMD），将矿价影响因素根据波动频率和趋势性进行划分，归纳影响价格长期趋势和短期波动的不同类型的影响因子，得到矿价在短期和中长期的相应波动特征。在价格预测方面，综合运用 S 型理论（主要研究一个国家人均矿产消费与人均 GDP 之间的关系）和人工神经网络模型，在总结未来市场基本面的趋势性特征后，通过模型模拟未来 2～3 年价格的波动幅度和区间，并综合市场基本面情况和市场主体的策略性行为进行一定修正、补充，最终得到市场格局和价格走势的预测结果。这是本书的主要创新之处。第 10 章对全书主要观点进行总结概括，就我国如何合理把握矿产品贸易格局的价格走势、科学应对市场风险提出具体的政策建议。

本书由成金华与洪水峰进行框架设计和组织编写，并负责统稿、定稿。参与本书编写的成员还有杨雅心、孙园园、吴巧生、孙涵、王小林、张欢、刘云忠、尤喆、朱文琪、李琳、朱永光、曾凤、申小羚、侯磊等。这些专家和学生分别来自于中国地质科学院全球矿产资源战略研究中心和中国地质大学(武汉)矿产资源战略与政策研究中心。本书的编写得到了中国地质调查局和中国地质科学院王建安、王高尚和周凤英等领导和专家的支持和帮助，在此表示感谢。

本书可供资源环境类和经济管理类研究生、本科生和关心国际矿业市场变化与中国地质事业和矿业发展的人士阅读和参考。我们希望用充足的数据和科学的方法为大家呈现国际矿产品贸易格局、矿产品定价机制和中国话语权建设的正确分析。但是，由于数据收集困难和统计口径不一致，加上我们水平有限，不足之处在所难免，敬请读者批评指正。对于引用部分，我们列出了主要参考文献，疏漏之处，敬请谅解。

成金华

2016 年 3 月

目　　录

第1章　国际矿产品市场总体形势 ··· 1

　1.1　国际矿产品市场格局的变迁 ··· 1

　　1.1.1　全球矿产品市场格局的演变过程 ··· 1

　　1.1.2　发达国家主导下的矿产品市场特点 ······································· 3

　　1.1.3　以新兴经济体为主体的矿产品市场特点 ··································· 5

　1.2　主要的矿产品定价机制 ··· 5

　　1.2.1　矿产品定价机制的基本类型 ··· 5

　　1.2.2　不同定价机制的代表性矿种 ··· 6

　　1.2.3　矿产品定价中的金融属性 ··· 7

　1.3　中国矿业形势和国际影响力 ··· 8

　　1.3.1　国内相关产业的发展历程 ··· 8

　　1.3.2　当前中国矿业所面临的基本形势 ··· 9

第2章　世界铁矿石市场分析及展望 ·· 12

　2.1　世界铁矿石贸易格局 ·· 12

　　2.1.1　东亚是世界铁矿石贸易重心 ·· 13

　　2.1.2　四大矿商垄断地位难以撼动 ·· 15

　　2.1.3　铁矿石开发投资进度放缓 ·· 16

　2.2　铁矿石价格走势与波动 ·· 17

　　2.2.1　铁矿石定价机制与价格走势 ·· 17

　　2.2.2　价格波动因素 ·· 20

　2.3　未来铁矿石市场趋势 ·· 32

　　2.3.1　未来铁矿石消费发展趋势 ·· 32

　　2.3.2　未来铁矿石供应发展趋势 ·· 33

　　2.3.3　未来三年铁矿石价格趋势 ·· 34

　2.4　中国增强国际铁矿石市场话语权分析 ·· 36

　　2.4.1　加强铁矿石进口安全管理 ·· 36

　　2.4.2　提高国产铁矿石竞争力 ·· 37

　　2.4.3　提高海外矿山投资效益 ·· 39

　　2.4.4　提高中国钢铁企业竞争力 ·· 41

　　2.4.5　化解铁矿石价格低迷的冲击风险 ·· 42

第3章 世界石油市场分析及展望 ·········· 44

  3.1 世界石油贸易格局 ·········· 44

    3.1.1 石油贸易的历史沿革 ·········· 44

    3.1.2 石油三大贸易圈的演变 ·········· 44

  3.2 石油价格走势与波动 ·········· 46

    3.2.1 石油定价方式 ·········· 46

    3.2.2 油价基本走势 ·········· 47

    3.2.3 世界油价波动性分析 ·········· 49

    3.2.4 油价波动对有关国家的影响程度 ·········· 56

  3.3 未来石油市场趋势 ·········· 61

    3.3.1 石油市场格局展望 ·········· 61

    3.3.2 国际油价预测 ·········· 62

  3.4 中国增强国际石油市场话语权分析 ·········· 64

    3.4.1 降低中国石油进口通道风险 ·········· 64

    3.4.2 提高国内石油自给能力 ·········· 64

    3.4.3 积极实施“一带一路”战略 ·········· 65

    3.4.4 加紧推出石油期货品种 ·········· 66

第4章 世界天然气市场分析及展望 ·········· 67

  4.1 世界天然气贸易格局 ·········· 67

    4.1.1 天然气贸易发展历程 ·········· 67

    4.1.2 当前天然气贸易的两大区域中心 ·········· 67

  4.2 天然气价格走势与波动 ·········· 69

    4.2.1 天然气区域定价方式 ·········· 69

    4.2.2 天然气区域价格走势 ·········· 70

    4.2.3 天然气价格影响因素 ·········· 71

  4.3 未来天然气市场趋势 ·········· 72

    4.3.1 天然气市场格局展望 ·········· 72

    4.3.2 区域天然气价格预测 ·········· 74

  4.4 中国增强国际天然气市场话语权分析 ·········· 75

    4.4.1 提高中国在国际天然气市场的定价能力 ·········· 75

    4.4.2 加强中国对清洁能源的需求管理 ·········· 76

    4.4.3 主导亚太天然气市场建设 ·········· 76

第5章 世界煤炭市场分析及展望 ·········· 77

  5.1 世界煤炭贸易格局 ·········· 77

5.1.1　煤炭贸易的历史沿革 ································· 77

5.1.2　环太平洋煤炭贸易圈 ································· 77

5.2　世界煤炭价格分析 ·· 78

5.2.1　煤炭价格走势 ····································· 78

5.2.2　煤炭价格影响因素 ································· 79

5.3　世界煤炭市场展望 ·· 80

5.3.1　未来煤炭供需格局展望 ····························· 80

5.3.2　未来煤价走势预测 ································· 81

5.4　中国增强国际煤炭市场话语权分析 ····························· 81

5.4.1　化解中国煤炭过剩产能 ····························· 81

5.4.2　优化能源消费结构 ································· 82

第6章　世界地热市场分析与展望 ······························· 83

6.1　世界地热资源能源市场格局 ································· 83

6.1.1　地热资源类型 ····································· 83

6.1.2　地热市场划分 ····································· 85

6.1.3　国际地热开发利用市场概况 ·························· 85

6.2　世界地热能源发电市场分析 ································· 86

6.2.1　国际地热发电市场概况 ····························· 86

6.2.2　地热发电的关键技术 ································ 90

6.2.3　地热发电经济性分析 ································ 91

6.3　世界地热能源建筑市场分析 ································· 93

6.3.1　国际地热直接利用概况 ····························· 93

6.3.2　地源热泵供暖、制冷建筑市场 ······················· 96

6.3.3　地热建筑市场关键影响因素分析 ······················ 97

6.4　中国地热资源开发现状及主要问题 ····························· 100

6.4.1　中国地热资源开发利用概况 ·························· 100

6.4.2　中国地热资源开发利用的不足 ························ 103

6.5　中国地热资源市场发展分析 ································· 104

6.5.1　中国地热市场发展展望 ····························· 104

6.5.2　中国地热资源市场发展的相关建议 ····················· 106

6.6　案例分析：世界地热旅游市场 ······························· 108

第7章　世界铜市场分析及展望 ······························· 113

7.1　世界铜贸易格局 ·· 113

7.1.1　铜贸易的历史沿革 ································· 113

7.1.2 铜贸易集中在太平洋两岸 ·· 114

7.2 铜价格走势与波动 ·· 115

7.2.1 铜定价方式 ·· 115

7.2.2 铜价基本走势 ·· 116

7.2.3 铜价波动分析 ·· 117

7.3 世界铜市场展望 ·· 120

7.3.1 铜市场格局展望 ·· 120

7.3.2 铜价走势预测 ·· 122

7.4 中国增强国际铜市场话语权分析 ·· 123

7.4.1 加强中国铜消费管理 ··· 123

7.4.2 加强中国铜矿资源进口管理 ··· 124

7.4.3 加强对国际矿业环境与政策的研究 ······································· 125

7.4.4 充分发挥中国铜期货的功能 ··· 125

第8章 世界铅锌市场分析及展望 ·· 127

8.1 世界铅锌贸易格局 ·· 127

8.1.1 铅锌贸易的历史沿革 ··· 127

8.1.2 当前铅锌贸易集中度较低 ··· 127

8.2 铅锌价格走势与波动 ·· 132

8.2.1 铅锌定价机制 ·· 132

8.2.2 铅锌价格走势 ·· 132

8.3 世界铅锌市场展望 ·· 135

8.4 中国增强国际铅锌市场话语权分析 ·· 138

8.4.1 优化铅锌生产结构 ··· 138

8.4.2 加强中国铅锌峰值管理 ··· 139

8.4.3 加强中国铅锌进口安全管理 ··· 139

8.4.4 加强中国铅锌产业组织管理 ··· 139

8.4.5 提高中国铅锌原矿定价话语权 ··· 140

第9章 世界钾盐、磷矿市场分析及展望 ·· 141

9.1 世界钾盐、磷矿市场贸易格局 ·· 141

9.1.1 世界钾盐贸易格局 ··· 141

9.1.2 世界磷矿贸易格局 ··· 145

9.2 钾盐、磷矿价格走势与波动 ·· 147

9.2.1 世界钾盐市场走势分析与波动 ··· 147

9.2.2 世界磷矿市场走势分析与波动 ··· 148

9.3　未来钾盐、磷矿市场趋势 ································· 150

　　9.3.1　未来钾盐市场趋势 ······························ 150

　　9.3.2　未来磷矿市场趋势 ······························ 150

9.4　中国增强国际钾盐、磷矿市场话语权分析 ················· 153

　　9.4.1　增强中国在国际钾盐市场话语权 ··············· 153

　　9.4.2　增强中国在国际磷矿市场话语权 ··············· 155

第 10 章　主要结论及政策建议 ······························ 159

10.1　主要结论 ·· 159

　　10.1.1　主要矿产品长期行情波动剧烈 ················ 159

　　10.1.2　近期矿业低迷成为市场新常态 ················ 159

　　10.1.3　中国在矿业转型过程中机遇与挑战并存 ········ 160

10.2　相关政策建议 ·· 161

主要参考文献 ·· 165

第1章 国际矿产品市场总体形势

1.1 国际矿产品市场格局的变迁

世界大宗矿产品市场是伴随着工业文明的兴起而兴起与发展起来的,18世纪的工业革命使资本主义生产方式完成了从工场手工业向机器大工业的过渡,对煤、原油、铁矿石等矿产品的需求也与日俱增,并且随着工业化的推广和深入,全球范围内矿产资源的利用范围和强度也迅速提高,导致资源竞争加剧,利用成本和风险增加。21世纪以来,影响全球矿业格局的因素日趋多元化,市场局势动荡,而矿业格局转型又一定程度上影响着各市场主体的发展前景,因此,各国都高度关注世界矿业形势走向及其变化。

1.1.1 全球矿产品市场格局的演变过程

全球矿业格局大体上经历的变迁受供需格局的演变、全球各个国家工业化发展程度、经济全球化的发展程度及各国政治集团利益的博弈等因素的影响。矿产资源在国内市场和国际市场上供需态势的较量是全球矿业格局变迁的主要动因,而一个国家在国际市场上的供需态势直接取决于该国的工业化进程。世界经济全球化的逐步发展和完善在一定程度上推动了全球矿业格局的形成,而各国政治利益集团的互相博弈给全球矿业局势的分析增加了更多的复杂性和不确定性。除了以上4个较为传统的影响因素,近年来地缘政治和金融工具对矿业经济发展的影响也是人们不容忽视的。

世界矿业格局经过长期发展演变呈现出这样的基本态势:世界工业化进程的发展带动工业化中心不断转移。工业革命意味着人类现代化进程的开始,而早期的工业革命起源于欧洲,所以最初的世界矿业重心出现在欧洲。19世纪,美国的产业革命成功地使美国经济迅速发展,此时的美国是世界的矿业重心。20世纪后期,新兴发展中国家相继崛起,国内工业快速发展。这些对全球矿产品需求较大的新兴国家及南非和澳大利亚等重要的资源供应国主要分布在赤道以南,所以此时的赤道以南地区开始成为国际上大多矿业活动的发生地。

在工业革命的起步阶段,由于早期的工业化国家其人口规模和工业规模都比较小,对矿产资源的需求量较少,且18世纪中期~19世纪,经济全球化发展程度较低,全球物资和矿产的配置程度也较低,工业化国家基本上都是国内自产自销,本国矿产资源供应基本能够满足本国工业化的需求,所以当时的资源市场基本格局仅仅指一国内部的矿产资源的供销格局,基本上就是自我供给和需求;当工业革命开始在各个国家迅猛发展时,经济全球化的程度也在逐渐发展,伴随着这些国家的工业规模和人口规模的不断扩大,国家内部的矿产资源已经很难满足本国工业的需求,当时的政府和利益集团便开始通过殖民和战争的方式从其他国家掠夺资源。这些早期的工业国家主要有英国、法国和美国等。

随着工业化进程在世界范围内的不断推进和经济发展的全球化,日本、韩国开始进入工业化时代。英国、美国、法国这些老工业化国家的工业化已经基本完成,对矿产资源的需求量已经达到稳定的峰值。这些早期的工业国家在海外所成立的公司在维持对本国矿产资源消费量的前提下发现了矿产品市场上巨额的利润空间,将自己控制的矿产品大量出口到新兴的工业化国家以获取高额利润。在获取了高额利润后,这些国家的政府或者利益集团为了保证利益不下降,通过新的殖民方式以控制那些刚刚取得政治独立的国家,从这些国家进口原料、资金投资、销售商品和赚取财富(支持新的国家政权、建立大型跨国公司是新殖民主义侵略渗透的两大支柱),变相掠夺和瓜分全球的矿产资源。中东、北美和非洲的重要矿产资源已经被美国、英国、日本等国家所控制。

20世纪以来,以中国、印度为代表的发展中国家进入工业化发展阶段,国内生产总值开始大幅上升,此时的经济全球化伴随着工业化的发展已经逐步成熟,发展中国家对矿产品的需求与日俱增,进口量数额之大打破了国际矿业市场长达数十年的不景气现象。越来越多的国家和政府意识到,控制矿产资源就意味着掌握经济主动权,21世纪,地缘政治和金融工具在影响矿业格局中开始发挥越来越重要的作用。在矿产品市场上,垄断势力逐渐加强,每个国家的跨国矿业公司与当地政府联合,通过地缘政治的保护在全球范围内大肆控制全球矿产资源,并在与发展中国家贸易中凭借垄断优势获取高额利润。由于政治信仰、国别体制的因素,西方等发达国家为了遏制中国这样的社会主义国家的经济发展,不惜突破市场规则而实行高价定位(孙海鸣等,2014)。

2008~2014年,全球主要经济体从遭受金融危机、经济同步衰退到走向交替性增长,复苏步伐疲软,经济发展普遍低迷。全球范围内发达经济体经济陷入停滞甚至衰退,新兴经济体的经济发展也困难重重。2014年,还未从经济危机的阴影中走出来的各国经济体又因为全球矿业经济结构调整(美国页岩气革命)、地缘政治危机(乌克兰危机、"伊拉克和大叙利亚伊斯兰国"组织(ISIS)成立、中东地区冲突等)、资源国政策、生态环境等一系列因素,全球矿产再一次承接前三年的颓势发展,矿业指数持续底部调整、大部分矿产品价格继续下调,成本上升、利润下降,矿业融资困难。

截止到2015年,在供应方面最不可忽视的就是美国的页岩气革命。美国石油产量连续三年增产超过100万桶/日。这是世界上迄今为止最大的增幅。美国取代沙特阿拉伯(简称沙特)成为全球最大的产油国,随着美国取代俄罗斯成为全球最大的石油及天然气生产国,美国的页岩气的增长也十分惊人。在需求方面,能源需求下降明显。2014年,全球能源矿产一次性消费仅增长0.9%。这是20世纪90年代末以来除亚洲金融危机时期以外的最低增速。这种现象和中国的经济结构转型而导致的矿产品需求减少是分不开的。供求方面的变化直接影响着国际矿产品尤其是石油的价格。近期油价的下跌主要是石油的供给大于需求引起的。阿富汗等非OPEC(organization of petroleum exporting countries,石油输出国组织)国家石油产量大幅增加,而OPEC国家为了不失去市场份额也不愿意减产,市场上大幅的供求差额直接导致国际石油的下跌。全球天然气增长呈疲软态势。这主要因为全球气候变暖,欧洲暖冬对天然气的消费需求下降。这些变化也影响着燃料结构的变化,煤炭消费下降。大部分原因在于中国在工业化进程中对煤炭消费的停滞及全球煤炭消费的疲软。

1.1.2 发达国家主导下的矿产品市场特点

世界矿产品市场的发展史上大致可以分为发达国家主导市场阶段和新兴国家参与进来并逐渐占据市场重要地位这两个阶段。国际矿产品市场的这两个阶段不仅在时间上存在差异,它们所呈现的基本特点和原因也存在着区别。

19世纪末～20世纪80年代,发达国家建立并巩固了维护自身霸权地位和垄断利益的国际矿产品市场秩序。发达国家主导的矿产品市场根据各国工业化进程的变迁而成熟和巩固下来。最早进行工业革命的国家是英国。它的工业化路径是由原始积累向轻工业化过渡,再实现重工业化。英国为了增加本国的资本积累,经常进行海上劫掠及开辟殖民地,但恰巧是这些资本为后来轻工业的发展奠定了非常重要的物质基础。第一次工业革命后,这些掠夺的财富转化为工业革命后的财富并且用来继续支持英国的海外殖民。17～18世纪,英国成为日不落帝国,攫取了世界霸权。英国重工业化基本上是在第一次工业革命的原有基础上开展的,在英国的第二次工业革命开始后,其国内对资本和商品市场的依赖日益严重,一直到第二次世界大战结束前,国内技术革新发展缓慢。

法国大革命之后,法国开始了资本主义时代。在进行原始的资本积累时受重商主义的影响,发展轻工业的同时,法国还通过大量投放外债、赚取债务差额的方式为本国工业化提供资本,但是由于国内封建势力与国外敌对势力阻碍,法国资本主义工业发展滞缓,资本投放于工业技术更新中的比例较小,法国资本主义一直未能独立发展。

美国在工业革命的过程中具有较大的优势,除了拥有英法两国所没有安定的政治环境和丰富的自然资源,还拥有百年发展中的大量劳动力和技术人才。发展过程中轻重工业的发展结构较好,第一次世界大战之前美国已基本实现经济全球第一的目标,第二次世界大战结束,美国真正地取得了世界经济的霸权。

英国、法国、美国虽然较早进行工业革命,经济发展迅速,但是3国国内资源贫乏,不能满足国内矿业发展的需要。因此,许多欧洲的企业家受国内政府支持,通过殖民的方式在全球范围内开采矿业。现在大家耳熟能详的矿业巨头大多发端于当时,如BP(British Petroleum,英国石油公司)、Shell、TOTA、BHP Billion(必和必拓)、Rio Tinto(力拓)、Anglo American、Xstrata、De Bears。目前的国际矿业巨头在国际化经营方面仍然处于领先地位。还有一些国际老牌的大型矿业公司虽然发源于本国,但是依靠本国丰富的矿产资源禀赋迅速发展,逐渐走出母国,跨国经营,如Exxon、Mobil、Chevron、ConocoPhillips、RAG、Vale(淡水河谷)、Freeport及规模较小的Teck、Alcoa、Peabody。

发达国家一直以来凭借着早期的工业化过程中在海内外建造的海外矿业公司及殖民地长期主导着全球的矿业市场,起初是因为国内矿产品缺乏,为了维持国内工业化进程继续前进不得不进行海外资源探索,但在这些国家完成工业革命之后,由于矿产品市场的巨额利润,发达国家难以放弃这块巨额蛋糕。另外,发达国家也希望通过控制矿产品市场秩序,遏制广大发展中国家的发展速度,并掌握部分国家的发展命脉。

发达国家主导国际矿产品市场的主要特点如下:①矿产品资源的供给一方面通过研发新的科技深加工原有矿产,探明和开采新的矿产,另一方面还带有掠夺性质的因素在里面,21世纪之前,主要通过在南非等资源蕴藏量丰富的地域发动战争的形式来掠夺和占有资源,21世纪之后,随着世界人民对战争的厌恶和对人权的保护,西方发达国家便放弃战争,转而以发动地缘政治、支持新政府上台等形式和这些需要帮助的国家签订某种协议来获取对矿产资源的占有权。②在资源的需求方面,西方发达国家对矿产品的需求从刚开始的工业革命到工业革命完成之后及现在的互联网时代,对不同矿种的需求量是不同的。在刚开始的工业革命中,西方发达国家对煤、铁矿、铜矿等重金属矿产及石油的需求呈急剧上升趋势;等到各国相继完成了工业革命之后,对煤、铁矿、铜矿等重金属矿产及石油的需求趋于稳定并且有下降的趋势。进入互联网时代,在对原有重金属的需求趋于稳定的情况下,计算机、军工产业及航空航天等高科技产业对稀土、铅、锌、镍等稀有矿产需求量开始增加。③在全球的贸易中,西方发达国家对矿产品垄断态势一直有增无减,倾向于向中国、印度等发展中国家出售高价矿产以谋得利润。矿产资源丰富的大国和国际矿业巨头凭借其优势和垄断地位掌握世界矿产品的定价权,造成矿产品世界市场上供需双方地位的不平等和资源收益方面的不平衡,还有一些发达国家通过设定投资和贸易障碍来制约新兴发展中国家的矿业发展。④随着矿业金融化深入发展,金融资本对矿产品市场的影响程度已经超越产业资本,而矿产资源含量丰富的国家通过控制矿业市场的金融资本流向来控制世界矿产品市场。

1.1.3　以新兴经济体为主体的矿产品市场特点

20 世纪 80 年代起,大多数发达国家对矿产资源的消耗量达到峰值水平,并开始逐步缩减。新兴的发展中国家由于国内工业化经济发展,对矿产品存在巨额需求量,这使得以中国为代表的新兴国家,如金砖五国,在国际矿产品市场上成为最重要的矿产品需求方。新兴经济体国内的经济发展及国内矿产品行业的发展必然会影响国际矿产品市场价格的波动。除此之外,随着新兴经济体实力的壮大,除了西方工业大国所控制的国际大型矿产品公司,还有一些新兴国家的矿业公司在国际矿业市场上发挥着重要的作用,如我国的中国神华、中国铝业、俄罗斯的 Rusal、Norisk,哈萨克斯坦的 ENRC、Kazakhmys,智利的 Antofagasta 等。此外,中国、印度等发展中国家国内矿产品探明储量增长有限,而经济发展还有很大的潜力,未来这些国家的资源供需矛盾将进一步激化,势必通过多种途径加紧提升在国际矿产品市场上的地位和话语权,而发达国家在资本、技术和资源保障程度等方面仍具有显著优势,世界矿产品市场的竞争博弈局面更加复杂微妙。

矿产资源事关各国的战略安全,各个国家在国际矿产品市场上的竞争重心随着时间的推移也发生了改变。由开始对矿产资源实际控制权的争夺转移到对矿产品市场上规则的制定和话语权的控制上来;由对矿业资本的竞争发展到对矿业金融资本的竞争。

1.2　主要的矿产品定价机制

1.2.1　矿产品定价机制的基本类型

矿产品价格的波动主要受传统因素和新兴因素的影响。传统因素包括矿产品供需状况、市场结构、国际经济、政治形势、美元汇率及利率走势等。新兴因素有新兴经济体工业加速过程中对矿产品原料的市场需求及期货市场资金(Ken Salazar,2013)。

国际经济形势的优劣直接影响各行业的投资规模,当然也包括矿产品的消费活跃程度,不同经济形势下铁矿石、精炼铜和原铝的历史价格走势又取决于市场需求,而市场需求直接受国际宏观经济形势影响,两者呈正相关的关系。国际政治环境是影响矿产品价格的又一项重要因素。美元作为许多国际大宗交易矿产品的计价货币,其变动与矿产品价格呈负相关关系。利率也是影响矿产品价格的重要因素之一。当然,提及任何商品的价格变动影响因素时,市场供需关系肯定是基础。

矿产品定价机制是建立在矿产资源进出口贸易基础上的交易价格模式,与矿产资源定价权密不可分,内容包括矿产品潜在的或普遍认可的定价机制及其他影响矿产品定价的因素。目前,国际矿产资源定价机制可分为三类:一是成熟期货品种和发达期货市场的初级矿产品,其价格由著名期货交易所的标准期货合约价格决定,如原油交易中纽约商品交易所的 WTI 期货价格和伦敦国际石油交易所的 Brent 原油期货合约,金属类矿产交易中伦敦金属交易所的铜期货合约等;二是尚未受到广泛认可的期货品种或未开发期货合约的矿产,其价格基本上由国际市场上买方和卖方定期进行商业谈判来确定,如铁矿石、煤等;三是具有军事战略意义的矿产品,由于其战略意义而不能在市场上进行自由随意的买卖,不能形成市场化的交易市场,其价格由政府指导协商定价,如铀矿等。

1.2.2　不同定价机制的代表性矿种

1. 石油

目前全球的石油价格均以原油价格为基准,人们通常谈论的国际原油价格指的是在纽约商品交易所(NYMEX,2008 年被芝加哥商业集团收购,COMEX)交易的美国西德克萨中质原油(WTI)期货价格和在英国伦敦国际石油交易所(IPE,2001 年被美国洲际交易所收购称伦敦洲际交易所,ICE)交易的英国布伦特(Brent)原油期货价格。目前全球每年原油期货贸易中 2/3 的交易出自投机而没有发生实物交割,通过现货市场的交易量则只有 20 亿吨左右。原油的期货价格对国际石油价格的影响程度越来越重要。

19 世纪末～20 世纪初,石油的价格较低主要是由美国石油市场的平均价格决定的。20 世纪初～20 世纪 70 年代,石油价格主要是墨西哥湾离岸价格加上墨西哥湾到交割地的运费决定的,1947 年又增加了从波斯湾到交割地区的运费项,价格还是普遍偏低。20 世纪 70～80 年代,石油价格急剧上升,采用的是 OPEC 的官方定价(波斯湾离岸价加上从波斯湾到交割地的运费)。20 世纪 80 年代～20 世纪末,石油价格是由原油市场供需价格在石油交易所的交易活动中形成的,总体上比较平稳。21 世纪以来,由于影响石油价格因素开始多元化,石油价格呈现出大幅震荡的现象(余炜彬,2005)。

2. 铜

铜是当今期货市场中比较成熟的金属期货品种之一,目前,全球有三大铜价定价中心,分别是伦敦金属交易所(LME)、纽约商品交易所和上海期货交易所(SHFE)。其中,LME 的期铜价被世界公认为现货铜价的定价标准,全球铜产量的 70% 以 LME 的三月铜期货合约的交易价格作为基准价。近年,我国上海期货交易所铜期货交易成长迅速,其交易量于 2005 年超过纽约商品交易所,居世界第二位,但 SHFE 期铜价由 LME 期铜价引导。

3. 铁矿石

铁矿石交易方式有两种:长期合同交易(协议矿)和现货交易(贸易矿),因而其定价方式有合同价格和现货价格两种。合同价格指铁矿石需求市场的用户代表分别与拥有市场势力的铁矿石四大供应商(淡水河谷、必和必拓、力拓、FMG)的代表谈判,确定未来一个财年的铁矿石价格(每年 4 月 1 日执行新价格)。现货价格则指铁矿石的生产商根据市场的交易状况和铁矿石的需求商在单笔贸易进行谈判时的价格。由于四大供应商控制着全球绝大多数的铁矿石贸易,所以长期合同矿是铁矿石供给的主流,合同价格成为铁矿石基准价。长期合同交易实行离岸价格(free on board,FOB),铁矿石的供给方和需求方通过谈判分别确定亚洲、欧洲铁矿石的离岸价格。谈判双方分别就铁矿石的价格、运费率及铁矿石的供需细则等进行谈判。谈判双方为了尽可能地缩短和简化议价过程,避免巨大的交易成本,都会遵循一系列的原则,达成协议后,铁矿石供应商不会在以后的交易谈判中以更低的价格向钢铁厂出售,同时钢铁厂也不会在以后的谈判中在国际市场上以更高的价格购买(李金华,2011)。

4. 煤炭

目前国际煤炭的价格主要有长期合同价、短期合同价、现货价等。国际性大公司煤炭销售绝大部分采用长期合同价,即供需双方签订长期合同确定供需数量,每年的上半年通过谈判来确定当年的价格。目前国际煤炭市场近似完全竞争市场,供应商与需求方市场集中度不高,因此长期合同价格多由供需决定,不属于垄断价格。

世界市场上的煤炭主要分为动力煤和炼焦煤,这两种煤炭的定价方式有所不同。动力煤的生产及出口国家较分散,供给市场竞争比较激烈,由于动力煤的部分用途可以用电力和石油来替代,其需求受电力和石油的价格波动影响较大。近年来,电力工业用户致力于追求低成本,使得动力煤的长期合同有所减少,转而使用短期合同价、现货价、套期价等组合。炼焦煤的生产集中在少数几个国家,因此炼焦煤贸易的长期合同所占比例较大。一般情况下,澳大利亚炼焦煤供应商与日本钢铁公司达成的炼焦煤价格对市场上其他煤种价格的确定具有指导性作用。

1.2.3　矿产品定价中的金融属性

矿产品的金融属性主要体现在矿产品的期货交易中。期货交易以现货交易为基础,是现货交易规避价格风险的措施。以期货为基准的定价机制主要适用于矿产资源中的石油、铜、铝等成交量比较大的品种。

随着世界各国金融体制的发展和完善,国际金融资本开始进入矿产品市场,国际矿产品特别是国际大宗商品成为金融资本重要的投资方向。自 2003 年以来,国际矿产品价格在需求和资本投资双重驱动下一直呈上升的趋势,过高的矿产品价格基本或完全脱离传统的价格走势,这从一定程度上抑制了矿产品的消费,也支撑了矿山及二次冶炼生产,所以影响矿产品的因素除了基本的供求因素,还有矿产品的金融炒作因素(包括各种形式的基金炒作)。

1.3 中国矿业形势和国际影响力

1.3.1 国内相关产业的发展历程

中国的国土面积占全球的陆地面积约 6.4%,煤、铁、锰、铅、锌、钼、锑和稀土占全球的比例分别为 11.1%、13.5%、7%、16%、18.7%、39.1%、52% 和 42.3%,均超过 6.4%。但我国石油、天然气、钾盐、铝土矿、镍、铜等大宗矿产资源禀赋较差,储量占全球比例依次为 0.9%、1.5%、2.2%、2.9%、3.8% 和 4.3%,低于国土面积占全球陆地面积的比例。

虽然从国土面积上看我国的矿产资源比较丰富,仅次于俄罗斯和美国,排名第三,但是从资源禀赋上看仍与俄罗斯和美国等有较大差距。

随着我国工业化发展方式和产业结构的调整,我国经济发展对矿产品的需求结构也发生了变化。煤炭、铁、铝、水泥用灰岩、锰、锌等大宗矿产需求即将到达需求顶点,铜、镍、铅、铬等矿产需求也将在未来 10 年陆续到达顶点,天然气、铀等清洁能源矿产及钴、锂、硅藻土等新兴战略产业矿产需求仍将持续增长(管仁荣,2013)。

(1) 1949~1978 年是中国矿业萌芽期。新中国成立之初,中国人口全球占比高达 21.0%,但中国矿业却极度落后。1949 年,我国煤炭产量只有 3243 万吨,全球占比 1.8%;石油产量仅 11.8 万吨,全球占比 0.2%;铁矿石产量仅 56 万吨,全球占比 0.3%;矿山铜产量仅 5000 吨,全球占比 0.2%。新中国成立后,中国矿业作为经济发展的重中之重,到 1978 年,煤炭产量为 6.2 亿吨,全球占比 17.0%;石油产量为 1.1 亿吨,全球占比 3.0%;铁矿石产量为 5890 万吨,全球占比 6.5%;矿山铜产量为 16 万吨,全球占比 2.0%;我国矿业总产值达到 775.6 亿元。中国矿业规模经过长达 30 年的发展虽然稍有提高但依然较小。

(2) 1978~2011 年是中国矿业发展期。随着 1978 年改革开放的深入发展,我国矿业也步入三个快速发展的时期:①1978~1994 年,我国矿业产值从 289 亿元人民币增长到 3265 亿元人民币,增长了 10 倍,年均增幅为 11.3%,大于同期我国经济增速;②1994~2003 年,由于处于西方国家完成工业化的时期,全球矿产品需求下降,中国经济受其影响,出口贸易额增速放缓,工业发展在经济发展中的比例有所下降,矿产资源消费量持续走低;③2003~2011 年,由于我国工业化、城镇化进程不断加快,国内矿产品的需求也随着经济的高速发展而快速增长。

矿业产值从 7357 亿元增长到 5.86 万亿元,年均增长率为 29.6%,显然,这一时期中国矿业展现出了前所未有的发展速度。

(3) 2011 年至今,我国矿业发展进入一个新的调整期。从 2011 年开始,我国矿业进入新的调整期,国内矿业的资源、资本、技术等要素面临新一轮的重组。矿业经济下行背景下,矿产资源市场监测指数整体延续近年来下行格局,但由于内需增长和新型城镇化的推动,除了煤炭及部分有色金属,中国主要矿产品产量仍持续增长。矿产品贸易方面,除了煤炭进口放缓,其他主要大宗矿产品进口仍继续增长。除了部分基本金属价格上涨,大宗矿产品价格整体上处于下跌状态。国内采矿业固定资产投资增长平稳,但投资增速低于全国固定资产投资平均增速。国际资本市场矿业指数持续走低,国内矿业板块股市行情收益转好。资源税征收稳定,采矿权出让数量有所增加。地质勘查投入预期继续降低,探矿权存量持续减少,新立探矿权量价齐升,地质勘查活动指数呈微弱下降态势。

1.3.2　当前中国矿业所面临的基本形势

2008年经济危机爆发,国际矿业格局随着经济态势的发展和国际竞争的加剧开始进入深入调整期。我国一直以来在国际间积极开展矿业合作,参与并推动矿业全球化,在国际矿业格局中占有重要的地位。但是,与发达国家相比,我国在国际矿业间的竞争力较弱,想要达到国际矿业强国的目标我国还面临着许多挑战。

(1)我国在矿业领域的外资利用率不高。由于我国矿业投资的环境对于海外投资商的吸引力不大,所以我国在矿业领域的外资利用率不高,与国际矿业发达国家还有一定差距。加拿大弗雷泽研究所和中国国土资源经济研究院的研究结果显示,投资"软环境"已经成为影响和制约外商投资我国矿业的关键因素。

(2)我国海外投资面临舆论压力。中国"资源威胁论"伴随着中国经济的快速发展也随之出现。该理论认为,中国对战略性矿产品的海外投资是为了在全球范围内进行资源占有和资本扩张而进行的布局。还有一些中国"资源威胁论"认为,中国在世界范围内大肆地进行资源投资和扩张是为了抬高全球矿产品的价格,造成矿产品市场的供需失衡,使得世界经济更加动荡。这一系列的论调伴随着新一轮的"资源民族主义"论对我国形成舆论压力,造成其他矿产资源丰富的国家和跨国企业对我国矿产资源需求提高了警惕,加大了我国矿业走出去的压力。

(3)我国在参与国际矿产品市场上没有足够的话语权。由于国际矿业秩序在一定程度上存在着不合理、不公平性,我国在参与国际矿产品贸易时没有足够的话语权。在市场方面、技术方面、制度方面及意识形态方面,我国面临着来自一些矿业发达国家的压力和壁垒。这些矿业发达国家大多已经在全球范围内形成了完善的贸易战略体系,在矿业格局中占有较大的优势。近几年,随着垄断力度的加强,出现了实力更强的矿业巨头,它们主导甚至垄断了国际矿业市场及游戏规则。面对这样的矿业格局,我国处于相对被动的地位,只有不断进行国际矿业对话、在国际矿业定价中增强话语权,才能降低我国矿业的风险和损失。

(4)我国在应对国际矿业形势时明显能力储备不足。21世纪矿产资源国际竞争更加复杂,矿业领域的不断创新推动很多新的发展方向出现,而中国的矿业能力跟不上21世纪的竞争要求,这使得我国在应对矿业全球化的机遇和挑战时更加艰难。矿业建设能力不足体现在政府层面、行业层面、企业层面。在政府层面,政府的决策缺乏更加专业的研究机构的支撑,导致我国在国际矿业格局中缺乏声音、在关乎我国切身利益的重大事件上缺乏足够的参与性和主动性。在行业层面,我国的技术标准和行业规范没有形成中国式标准,也没有与国际标准接轨;行业服务供给不足,独立地质师制度不健全,矿业资本市场建设进展滞后。在企业层面,我国缺乏能与跨国矿业巨头相竞争的大型企业,而且在资金实力、跨国运营能力、风险应对能力及创新能力等方面还存在较大的差距,核心竞争力不足。

我国在未来一段时间里的矿业发展也将面临许多机遇。

(1)我国矿产能源在不断的改革重组中,新的需求点势必会引起新的增长点。"十三五"期间我国面临能源转型的艰巨任务,控制能源消费总量将成为重点工作之一。其中煤炭作为控制能源消费总量的重点,消费比例有望从目前的66%降到60%以下。

国家对中长期能源战略规划提出了具体目标。预计"十三五"期间的能源需求年均增长3.3%左右,2020年我国能源消费总量约48亿吨标准煤。具体来看,在煤炭消耗上,预计2020年的煤炭消费总量为39亿吨左右。"十三五"以后,基本依靠非煤发电机组增长即可满足新增电力需求。进一步加强煤炭清洁利用,大气污染防治重点地区或实现煤炭消费负增长。

(2)国际环境向着更有利于我国的方向发展。中国已经成为全球第一大能源消费国、生产国和全球第二大原油进口国,同时也是大宗非燃料矿产资源的消费大国和生产大国,在能源资源领域中扮演着越来越重要的角色,一举一动均会引起全球高度关注。在这种大背景下,中国应抓住能源资源结构改革期的机遇,在G20(group 20,20国集团)、APEC、上合组织(上海合作组织)、金砖五国等国际合作框架下,搭建新能源资源治理平台,积极参与传统能源资源治理机构改革,以维护中国和全球的能源资源安全。

(3)"一带一路"项目的启动给我国及周边国家的矿业发展注入了一剂强心针。"一带一路"建设的一大重点是矿业开发,包括油气、固态矿业的开采。从中国到东盟各国,从矿业主管部门到地方政府,显然都已经找到了加强国际矿业合作的战略契合点。9个项目签约总金额达3.48亿元。项目的国际合作大战略不仅带动了国内经济尤其是矿业的发展,更赋予了国际矿业合作新的内涵,也开启了中国—东盟矿业合作论坛的新征程。中国政府通过深化改革创新、扩大对外开放等举措,培育矿业新的增长潜力和发展空间。

当前世界经济复苏乏力,国际矿业市场仍处于低迷态势,矿业投资融资不容乐观。中国和东盟同为全球重要的新兴经济体,都高度重视矿业对经济发展的支撑作用。在当前形势下,如何进一步深化改革,加强创新与合作,加快推动矿业复苏增长和转型发展,是大家共同面临的课题。中国和东盟在矿产资源、人才、市场等方面具有很强的互补优势和合作潜力,而"一带一路"战略的实施,为矿业经济提供了重要的发展机遇。

(4) 中国政府更加注重投资与环境保护。国际矿业开发与合作需要技术支撑,更需要政策保障及投资保护。我国政府重点围绕矿业勘查、开发、安全、环境等专业技术进行研讨,同时通过举办培训班,提升中国—东盟矿业人才交流与培训。在中国—东盟矿业合作论坛上设置有地质环境保护论坛,来自中国和东盟国家的专家就加强矿山地质环境保护,特别是岩溶区地质环境保护进行了探讨交流。专家探讨的内容涉及地质环境保护工作的方法、技术与成果,分享了地质环境保护的理论和经验,提高了矿业论坛的针对性和实效性(李颖等,2012)。

第2章 世界铁矿石市场分析及展望

西方国家的工业化起步较早,对铁矿石资源的采冶利用也起步较早。第二次工业革命期间,Siemens、Thomas 等改进了当时制约生产成本降低和产能规模扩大的钢铁冶炼核心技术,钢铁得以大量生产且质量大幅度提高,开始作为机械制造、铁路建设、房屋桥梁建筑等方面的新材料而风行全球。钢铁工业的发展如日中天,对铁矿石的需求也直线上升。发达国家相继进入了"钢铁时代"。此后相当长的历史时期中,钢铁工业成为支撑发达国家工业化最重要的支柱产业,发达国家也垄断了世界铁矿石消费市场。自 20 世纪中期以来,发达国家的钢材产量和单位产能消耗开始下降,钢铁行业产业竞争力缺失,产能逐步饱和,同时由于技术进步,废钢回收对铁矿石的代替比例提升,进一步降低了对铁矿石的消耗程度。发达国家的铁矿石消费峰值渐至,消费增速减缓,近年来逐步回落。后起的新兴发展中国家开始崭露头角,成为世界钢铁产能和铁矿石消费市场的主要力量(王安建等,2014b)。

2.1 世界铁矿石贸易格局

当今铁矿石主产地的开辟最早起步于欧洲国家的殖民活动,随后国际大型钢铁公司先后在美洲、非洲等地发现了一批铁矿石产地。英国在其世界各地的殖民地大规模进行探矿活动,为本国工业生产发掘原料供应。20 世纪初期,西澳大利亚州(简称西澳)皮尔巴拉地区的铁矿石资源被发现,由于矿石品质高且便于开发,汤姆普赖斯山、惠尔巴克山、纽曼山等处的优质铁矿相继投入生产。20 世纪 60 年代,美国钢铁公司在巴西南部发现卡拉加斯矿区,巴西铁矿石产量快速提升。20 世纪 70 年代至今,两国的市场占有率由 20% 升至 50%。随着世界铁矿石消费量的大幅提升,20 世纪 90 年代后,中国、加拿大、南非、西非等地较低品位的矿山也相继投产。

目前国际铁矿石市场的基本格局如下:澳大利亚、巴西、印度、加拿大、南非等铁矿石储产大国为市场主要出口国,美国、西欧等西方国家的进口能力开始下降,中国、日本、韩国等亚洲国家成为铁矿石主要进口国。下面将分别对主要出口国和主要进口国的贸易情况进行具体分析。

2.1.1 东亚是世界铁矿石贸易重心

铁矿石是世界贸易量仅次于石油的大宗矿产品,1975～2014 年,世界铁矿石贸易总量由 3.7 亿吨增至 12.7 亿吨,年均增长率为 3.2%。其中 1975～1994 年的 20 年间,贸易量基本徘徊在 3 亿～4 亿吨;1995～2012 年,铁矿石贸易迎来井喷式增长,贸易量由 4.13 亿吨大幅提升至 12.1 亿吨,增长近 2 倍;2012～2014 年,铁矿石贸易量基本稳定在 12 亿～13 亿吨。世界铁矿石贸易在世纪之交的快速提升主要得益于中国铁矿石进口规模的大幅提高。铁矿石贸易重心进一步由欧美转向东亚。2000～2014 年,中、日、韩 3 国铁矿石进口总量由 2.41 亿吨增至 11.29 亿吨,3 国进口比例由 47.3% 提升至 89.1%,同时期日本进口增量 0.04 亿吨,美国进口减量 0.13 亿吨,欧盟 25 国进口减量 0.01 亿吨,而中国进口增量达 8.6 亿吨。中国不仅消耗了世界全部铁矿石贸易增量,而且还消耗了发达国家的贸易减量。2003 年,中国铁矿石进口量超越日本,成为第一大铁矿石进口国,2014 年,中国进口量占世界进口总量的比例达到 73.2%。2011 年起,中国进口增速放缓,世界铁矿石贸易量也随之放缓,由此可以看出,近 20 年中世界铁矿石贸易量的增速与中国铁矿石进口量增速的变化基本一致,中国直接影响了世界铁矿石贸易的活跃程度(图 2-1)(Papageorgious L G,2001)。

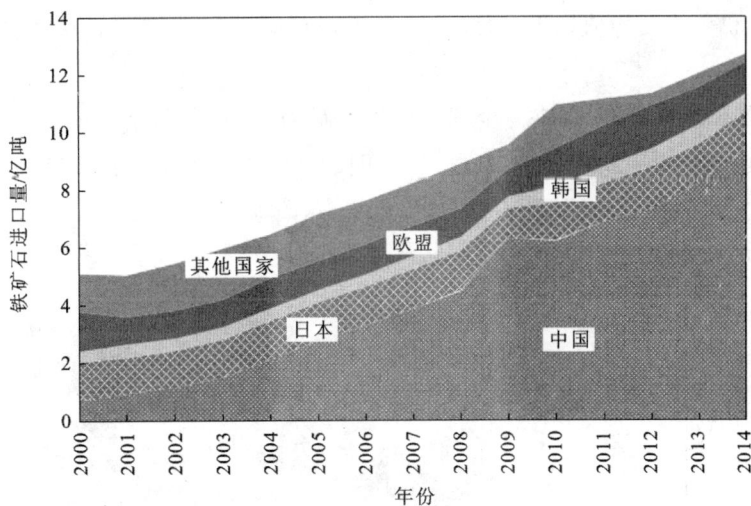

图 2-1 2000～2014 年世界主要铁矿石进口国贸易量

数据来源:世界钢铁协会

铁矿石出口贸易同样具有较高的市场集中度,澳大利亚、巴西两国长期保持 60% 以上的贸易比例,世界四大铁矿石生产商中,澳大利亚占据三家,分别是必和必拓、力拓、FMG,巴西则拥有世界最大的铁矿石供应商淡水河谷公司。2014 年,澳大利亚出口铁矿石 6.85 亿吨,占世界出口总量的 49.7%,巴西出口铁矿石 3.44 亿吨,占世界出口总量的

24.9%,两国共占比 74.6%。其他主要出口国包括南非、印度、加拿大等。

2000～2014 年,澳大利亚的出口规模提升最明显,澳大利亚铁矿石出口量持续增长,由 1.7 亿吨增至 6.85 亿吨,年均增速达 9.7%。地广人稀的澳大利亚本身对铁矿石的消费需求并不旺盛,国内铁矿石产能有 90% 以上通过出口供应世界市场。特别是在矿业市场繁荣带来的巨大利润空间诱使下,必和必拓、力拓、FMG 等大型矿业公司不断整合现有资源,深入挖掘矿区开发潜力,优化经营模式,调配海外投资进度(必和必拓、力拓一直非常关注并积极投身对非洲铁矿资源的勘探开发),收到了很好的市场回报。

巴西铁矿石历史上一直以供应欧洲市场为主,20 世纪 70 年代,日本率先进驻巴西矿业市场,带动了巴西铁矿石面向亚洲市场的贸易开展。随着中国消费能力的崛起,巴西的贸易重心转为亚洲市场。但巴西的矿产出口受到地理位置影响和航运条件的制约,市场竞争力和发展水平落后于澳大利亚。巴西铁矿石产量的 58% 用于出口,本国工业化对铁矿石的需求制约了其供应国际市场的能力,2000 年,巴西出口规模 1.6 亿吨,与澳大利亚相近,2014 年达到 3.44 亿吨,增长幅度有限。

印度铁矿石成本较高,品质较低,在国际市场上缺乏竞争力,出口主要供应中国市场。随着国内工业化进程的推进与钢铁工业的发展,印度政府越来越倾向于治理私采、贩卖矿产资源及优先满足国内生产需要的政策导向,铁矿石出口水平连年大幅萎缩,2013 年的出口水平退回到 1700 万吨,2014 年印度加大了对日本、韩国的出口力度,出口量回升至 9600 万吨,但仍然不及峰值期出口量的 1/3。业内普遍认为,印度将很快转变为铁矿石净进口国。

南非很有希望超越印度,成为全球第三大铁矿石出口国,目前铁矿石年出口量达到 5400 万吨。南非矿石主要流向中国,弥补了印度对中国出口减少带来的缺口。此外,非洲其他地区的矿山项目陆续达产,也初具出口规模(图 2-2)。

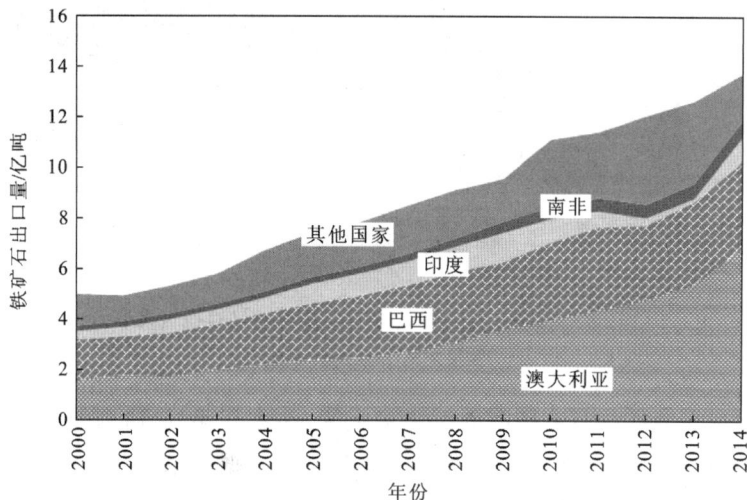

图 2-2　2000～2014 年世界主要铁矿石出口国贸易量

数据来源:联合国贸易商品统计数据库

目前,世界范围内的铁矿石供应来源地正在逐步扩展,包括加拿大、非洲、中南美洲、中北亚等地区的铁矿石产量均有不同程度的增长,其中对西非与中非地区的铁矿石开采将成为未来世界铁矿石生产供应的重要保障,但这些地区的铁矿石供应能力和出口规模并不占据世界主流地位。

2.1.2　四大矿商垄断地位难以撼动

世界铁矿石的生产与供应呈现寡头垄断的市场格局。三大矿业巨头巴西淡水河谷、澳大利亚必和必拓和力拓两家公司的市场份额占到世界铁矿石海运贸易量的 60% 以上,新兴矿业公司 FMG 经过几年的经营发展,成长为紧随三巨头之后的世界第四大矿业公司。这些大型矿商还在不断通过追加国内和海外开发投资及落实原有矿山扩产计划提升产能水平,巩固自己在国际矿业市场中的地位(燕凌羽等,2012a)。

淡水河谷(Vale)是世界第一大铁矿石生产与出口商,南美洲最大的综合矿业开发公司,总部位于巴西里约热内卢。铁矿石是淡水河谷最具市场优势和业绩的业务,2012 年全年产量达到 3.2 亿吨,约占世界总产量的 10.4%。其中近 3 亿吨供应国际市场,占据了超过 1/4 的市场份额。

作为巴西境内最有实力的世界 500 强企业,淡水河谷的发展受到了政府的大力支持,帕拉州的卡拉加斯矿和米纳斯吉拉斯州的"铁四角"等一批特大型优质矿山均交由淡水河谷开发经营,以保证公司稳定的市盈率与市场份额。近年来,顺应海外投资的热潮,淡水河谷立足与南美洲主要矿产国的合作,先后在阿根廷、智利、委内瑞拉等国投资矿业,拓展铁矿石等多种资源开发的潜力空间,进而"试水"非洲市场,参与投资加蓬与莫桑比克的矿山项目,为下一步主体矿种开发做跳板。

总部位于伦敦和墨尔本的力拓(Rio Tinto)集团是一家经营业务广泛的矿业跨国巨头,公司目前在铁矿石方面的生产能力仅次于淡水河谷,位居世界第二。2014 年铁矿石产量达到 2.97 亿吨,其中有 2.75 亿吨用于出口,占据了约 22% 的市场份额。力拓在西澳皮尔巴拉矿区拥有汤姆普赖斯铁矿、帕拉布杜铁矿、恰那铁矿等多个大型矿山,2012 年力拓皮尔巴拉矿山的产量共计 2.2 亿吨,是该公司铁矿石的最主要产区。由于铁矿石市场的发展势头减缓,出于成本控制的考虑,力拓将未来的投资主要收缩于对皮尔巴拉地区现有矿山的产能整合上,如果目前的投资与建设规划如期进行,预计未来 3~5 年产量有望增长到 4 亿吨以上。

总部同样位于墨尔本的必和必拓(BHP Billiton)是紧随力拓的第三大铁矿石矿商。2014 年铁矿石产量 2.3 亿吨,约有 1.9 亿吨销往世界各地,市场份额占到 10.6%。必和必拓在西澳拥有纽曼山附近的一批大型矿山,并在黑德兰港拥有专属港口运营权,开发与物流设施完备。近两年公司除了通过推动产能快速增长项目,提高现有矿区产能,还积极推进世界各地的投资建设步伐。目前,必和必拓的在建项目涉及非洲几内亚湾沿岸的多个铁矿石项目、东南亚及北美等地的资源综合开发项目,但部分地区的开发投资过高,影响了公司的市盈率水平,未来必和必拓可能作出一定的延缓和收缩战略调整。

FMG 是澳大利亚新兴矿业公司的代表,自 2003 年成立以来,已经快速发展成为世界第四大铁矿石供应商。借助西澳圣诞溪项目和所罗门项目的迅速建设,2012 年公司产能达到 6800 万吨,2014 年快速提升至 1.6 亿吨水平。FMG 公司总部位于西澳首府,也是澳大利亚西部最大的港口城市珀斯,公司业务主要集中在澳大利亚本土,除了已经投产的矿山,还拥有目前皮尔巴拉地区最大的探矿权区域,开发继续向南澳片区进展。未来产能水平的提升会进一步加快。作为新兴矿业公司,财务问题是困扰 FMG 发展的短板,FMG 自成立之初一直与中国有着极其密切的贸易联系与合作,中国希望借助 FMG 缓解对前三家公司的进口依赖,而 FMG 可以利用中方企业注资完成勘探及后续投资需要,弥补资金缺口,双方的合作空间十分广阔。

除了世界上为数不多的几家大型矿业公司对国际铁矿石市场具有很强的影响力,在铁矿石主产国内部,也几乎是由国内一两家实力雄厚的大型矿业公司垄断国内的铁矿石开发。例如,南非国内的昆巴铁矿石公司、阿斯芒铁矿公司,两家公司共占据了南非国内 85％的铁矿石市场份额。矿业生产和供应的高度集中化增强了矿商在议价定价过程中的话语权(燕凌羽等,2012b)。

2.1.3 铁矿石开发投资进度放缓

以美国、日本、中国为代表的资源消费大国和以必和必拓、力拓为代表的矿商巨头纷纷加大了在非洲的投资开发力度。尽管资源前景十分广阔,但非洲等地的铁矿石生产能力和产量水平并不占据世界主流地位,初期的综合投资风险较大。随着 2014 年铁矿石价格的大幅下跌,新兴矿区的低品位矿失去市场竞争力,前期的投资热潮可能受到阻碍。

自 2003 年起,铁矿石勘探、开发投资开始进入高潮。截至 2013 年,全球范围内铁矿石在建矿山项目累计开发投资额已达 1305 亿美元,其中中国投资额达 405.8 亿美元,占比 31.1％;澳大利亚投资额达 363 亿美元,占比 27.8％,巴西投资额达 155.6 亿美元,占比 11.9％(图 2-3)。

2003～2011 年,四大矿商的年均投资额急剧增长,由 18.5 亿美元激增至 328 亿美元,其中淡水河谷投资额增长 11 倍,必和必拓增长 20 倍,FMG 增长近 40 倍。

自 2011 年以来,四大矿商年均投资额开始明显减缓,转而提升资本运营效率和已建矿山项目的生产能力。2013 年,淡水河谷投资额较 2011 年缩减 29.5 亿美元;2014 年,力拓投资支出减少 26 亿美元,必和必拓减少 31 亿美元,FMG 减少 44 亿美元,但巴西"铁四角"地区、西澳皮尔巴拉等主产区产量大幅增长,帮助四大矿商抢占世界其他产区高成本铁矿石的市场份额(图 2-4)。

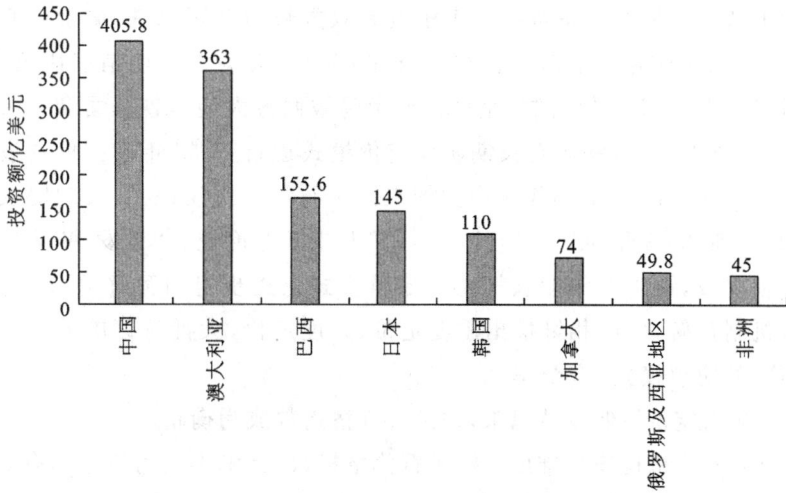

图 2-3　世界主要铁矿石投资国

根据联合钢铁网、中国钢铁新闻网相关资料整理

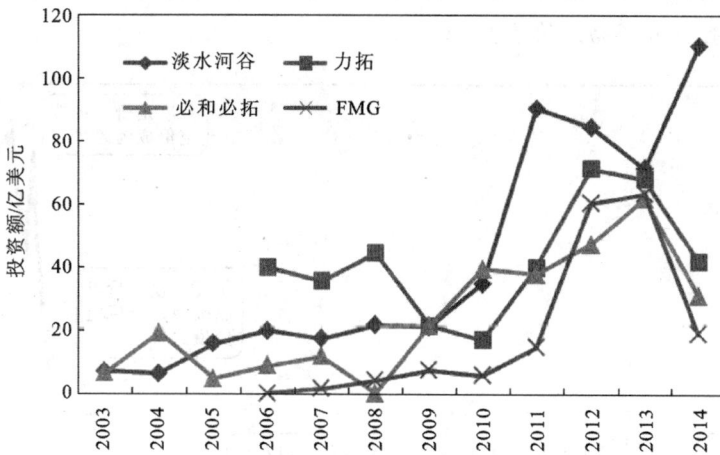

图 2-4　2003～2014 年四大矿业公司投资支出情况

数据来源:2003～2014 年四大矿业公司年报

2.2　铁矿石价格走势与波动

2.2.1　铁矿石定价机制与价格走势

铁矿石定价机制经历了现货定价、协议定价和指数定价 3 个主要时期,铁矿石价格走势也相应呈现阶段性特征:1950 年之前,世界铁矿石市场以现货交易直接定价为主,资源稀缺性尚未明显体现,国际市场为发达的资本主义国家所主导,它们通过各种手

段从殖民地半殖民地掠夺大量资源。由于贸易双方势力差距悬殊,矿价一直被压制在很低的水平,资源国利益严重损害。20 世纪 60 年代,转为以长期销售协议定价为主,80 年代固定为年度协议定价机制,全球铁矿贸易被西方大型钢铁公司和三大矿商垄断控制,供需双方势力均衡,铁矿石长期协议定价模式运行正常,年度矿价的波动幅度在 0~1.5 美元/吨;2003 年,宝钢代表中国加入铁矿石年度协议谈判,长期协议定价的波动性明显增大,到 2008 年,已经升至 60 美元/千吨以上价位。"首发-跟风"[①]的谈判机制也一度面临挑战,铁矿石年度长期协议定价模式正逐步走向瓦解边缘。2009 年,年度协议定价机制瓦解,矿商相继推出季度定价、月度定价,大批量订单采取"一单一议""定量不定价"的协议模式(李金华,2011)。

自世界铁矿石定价机制变革以来,铁矿石价格指数成为衡量和判断价格走势的风向标。国际上已有不少机构率先推出了铁矿石价格指数,其中影响力较大的有美国普氏能源资讯发布的普氏指数、英国环球钢讯(SBB)发布的 TSI 指数、英国《金属导报》发布的 MBIO 指数等,普氏指数专注服务于现货贸易,TSI、MBIO 指数则更倾向于服务衍生品市场。其中,普氏指数发展成为最具市场影响力和最受关注的价格指数,四大矿商均以普氏报价作为市场投标和贸易定价依据(图 2-5)。

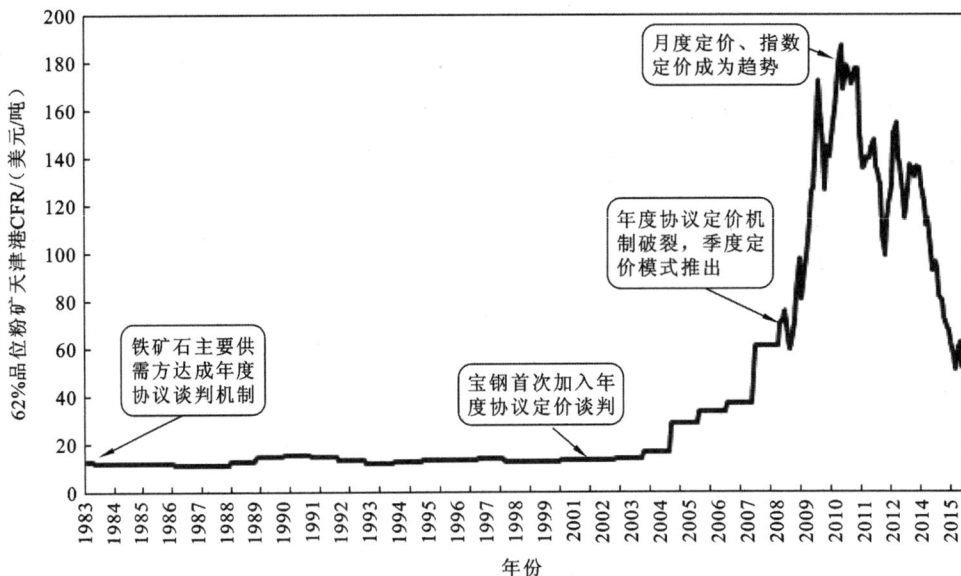

图 2-5 1983~2015 年铁矿石定价机制变迁与现货价格走势

数据来源:穆迪指数网

自铁矿石定价周期缩短以来,价格波动性开始不断增大。本书选取中国天津港 62%

---

① "首发-跟风"机制是一种保障铁矿石谈判能够迅速达成有效的协议价格的谈判规则。不论欧洲市场还是亚洲市场,参与谈判的钢铁公司的矿商有任意两方达成协议价格,则其他各方必须无条件接受,当年谈判终止。2008 年,澳大利亚矿商拒绝接受日韩钢企与淡水河谷签订的价格协议,单方面要求涨价,"首发-跟风"机制遭到破坏

品位铁矿石粉矿 CFR 现货价格来具体分析其波动的区间特点(图 2-6)。

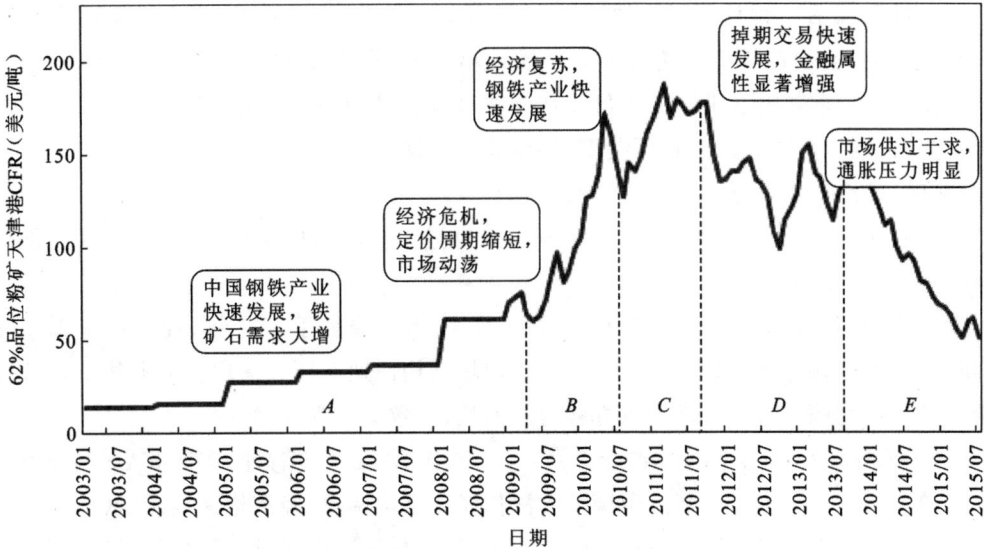

图 2-6　2003～2015 年铁矿石现货价格走势

数据来源:穆迪指数网

(1) 区间 A(2003 年 1 月～2009 年 4 月):年度协议价波动增大,矿商多次大幅提价。

长协机制运行后期,面对中国巨大的铁矿石消费需求,垄断矿商多次大幅提价,其中 2005 年和 2008 年年度涨幅分别达到 71.5% 和 65%,涨至 2009 年年初的 75 美元/吨。期间,年度协议定价机制不断遭到冲击,谈判经验不足和策略失当最终使谈判未能达到预期效果。眼看现货市场价格的涨势使我方渐失有利时机,中国钢铁工业协会最终选择以粉矿 35.02% 的降价幅度与三大矿商以外的澳洲 FMG 公司达成为期半年的价格协议。中国此举意在冲击三大矿商的垄断地位,争取铁矿石定价中的中国模式,但三大矿商断定 FMG 公司远远无法满足中国对铁矿石的需求,拒绝跟随,年度协议定价在 2009 年最终瓦解。

(2) 区间 B(2009 年 4 月～2010 年 7 月):协议矿定价季度化,现货价格发力上扬。

2010 年世界经济形势开始缓慢复苏,面对经济危机,世界各国纷纷加强国内建设投资来拉动经济,全球钢铁生产因此放量提升。钢铁工业对铁矿石的需求增加成为矿价上涨的主要动力,尽管铁矿石产量也有所增长,较之钢铁产业的需求增量来说,供给形势则相对偏紧,海运市场也从危机引发的低迷行情中逐步稳定。矿价从 2009 年 4 月 60 美元/吨涨至 2010 年 4 月的 172 美元/吨。试行的季度定价模式使得协议矿价与现货矿价之间相互冲击,影响市场稳定性。

(3) 区间 C(2010 年 7 月～2011 年 9 月):基金炒作使铁矿石金融属性增强、矿价快速拉升至历史最高位。

2010 年 7 月～2011 年 2 月,铁矿石掉期交易迅速发展,金融化趋势增强。定价周期进一步缩短,矿价再度快速上涨,单月涨幅在 5% 以上,2011 年 2 月创下 187 美元/吨的历史峰值。2011 年上半年,季度定价方式又面临新的改革,矿商和钢企间开始推广“一单一议"的方式定价,每单货物出货前由矿商向钢厂通报价格,国际铁矿石价格谈判基本停滞,更贴近现货的灵活定价体系逐步酝酿。矿价波动性的增强也使得铁矿石掉期交易在2011年得以迅速发展,铁矿石资源的金融属性增强,市场预期和投机因素对矿价的影响也进一步增强。金融因素推高的矿价往往无法准确反映市场供求水平,市场对高企的矿价承受能力减弱,市场成交量日渐萎缩,导致高矿价缺乏有力支撑。2011年8月创下177美元/吨后,矿价步入下行通道(刘煜,2013)。

(4)区间D(2011年9月~2013年9月):供过于求的格局初显,通胀压力促使价格震荡下行。

2011年9月~2013年9月,矿价由高位回落,维持震荡下行走势,最低跌至100美元/吨。美国长期坚持量化宽松的货币政策,市场结构性通胀压力激增。矿业投资增长仍在持续,需求层面增长乏力,供求双方势力的消长,导致矿价支撑力渐失。

(5)区间E(2013年9月~2015年7月):中国铁矿石需求增量减小,矿价步入下行通道。

2013年9月~2015年7月,中国继续深化经济结构调整,经济增速放缓,铁矿石需求增量减小,而投资惯性使得铁矿石产能在2014年大幅提升,市场供过于求格局日趋明显,直接导致了矿价在2014年持续快速下跌,天津港CFR已由2014年1月的128.1美元/吨跌至2015年7月51.5美元/吨的近6年最低位。

2.2.2 价格波动因素

影响铁矿石价格波动的因素很复杂,如果根据影响程度和影响周期的长短进行划分,可将其分为三类,即趋势性因素、环境因素和短期炒作、风险性事件。趋势性因素是确定铁矿石价格长期趋势的主导因素,环境因素是不断变化的、能够引起铁矿石市场环境波动的各类因素,而短期炒作、风险性事件主要包括各种金融杠杆、风险因素和突发状况,主要反映短期价格的非理性波动幅度和频率。下面对三类影响因素进行深入分析。

(1)趋势性因素:趋势性因素影响的是铁矿石价格序列的主体部分,决定了价格的基本走势,趋势性因素反映了国际铁矿石市场在没有外在风险因素和信息透明的前提下,凭借市场主体自主意志选择、价格发现功能充分发挥的理想状态。在铁矿石价格形成机制中,趋势性因素主要包括供需基本面和市场垄断势力两方面,这两大因素伴随了铁矿石市场诞生以来的整个演变过程。

供需情况是价格波动的基本动因,宏观经济形势和钢铁产能增速主要影响铁矿石的需求水平;矿石综合生产成本和勘探投资水平主要影响铁矿石的供给水平。历史上,供需相对平衡的时期,铁矿石价格较为稳定;供不应求的时期,铁矿石价格高涨;供过于求的时期,铁矿石价格下跌。

需求方面:受金融危机影响,世界经济形势转入低迷,GDP平均增速已回落至3%,远低于金融危机前5%的水平,钢铁产能增速2013年回落至3.5%,2014年进一步降至2.5%,影响对铁矿石的需求。2012~2014年世界铁矿石总消费量维持2%的低速增长(图 2-7)。

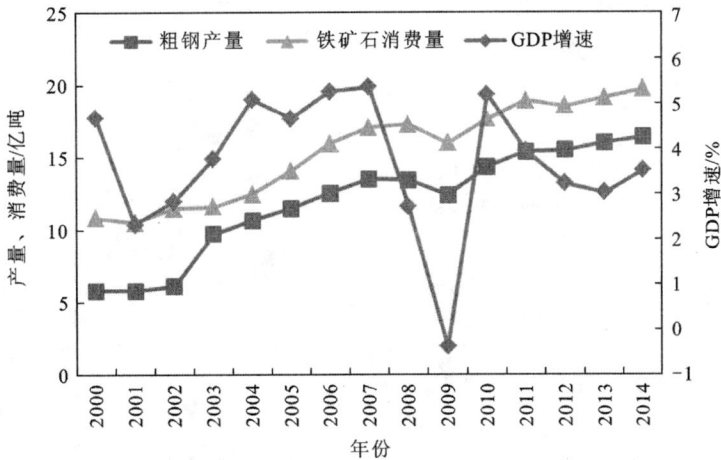

图 2-7　世界 GDP 平均增速、粗钢产量及铁矿石消费量
数据来源:世界钢铁协会和 EPS 数据库

供给方面:2000～2014 年世界铁矿石产量年均增速达到 4.4%,2012～2014 年增速 3.1%,明显高于消费量增速,铁矿石开发投资稳步增长,先后出现两次高潮。2004～2007 年,年投资额由 140 亿美元增至 510 亿美元,导致 2009 年之后铁矿石产能增速达到 5.8%,超越消费增速;2009～2012 年,年投资额由 258 亿美元增至 396 亿美元,这期间投入的产能仍在持续释放(图 2-8)。

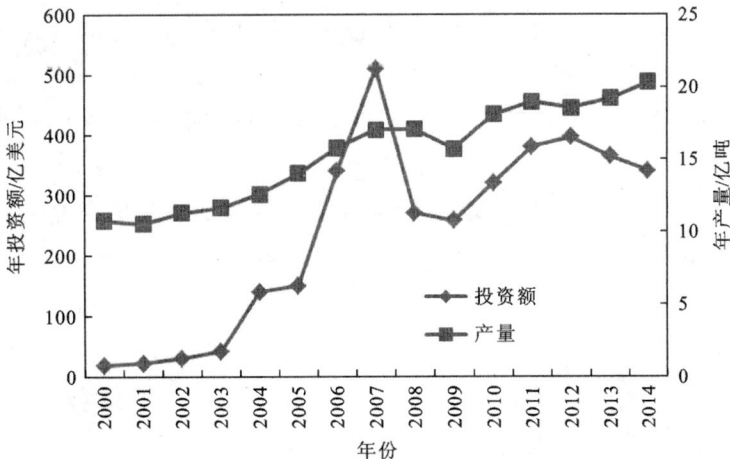

图 2-8　世界铁矿石相关投资及铁矿石产量
数据来源:世界钢铁协会和中国钢铁新闻网

综合市场供需两方面情况,2009 年之前,铁矿石市场基本处于供不应求的状态,强劲的需求增长势头拉动矿价快速提升;2009 年之后,铁矿石需求疲软,产能保持快速增长,明显高于消费量增速,供需关系反转。铁矿石开发投资虽然开始回落,但前几年投入的产

能仍将继续释放,并且四大矿商手下的优质矿山仍有较大的生产能力和生产意愿,供大于求的趋势还在因为投资惯性不断扩大,直接导致矿价在 2011 年出现拐点,开始步入下行通道,并在 2014 年大幅下跌(图 2-9)。

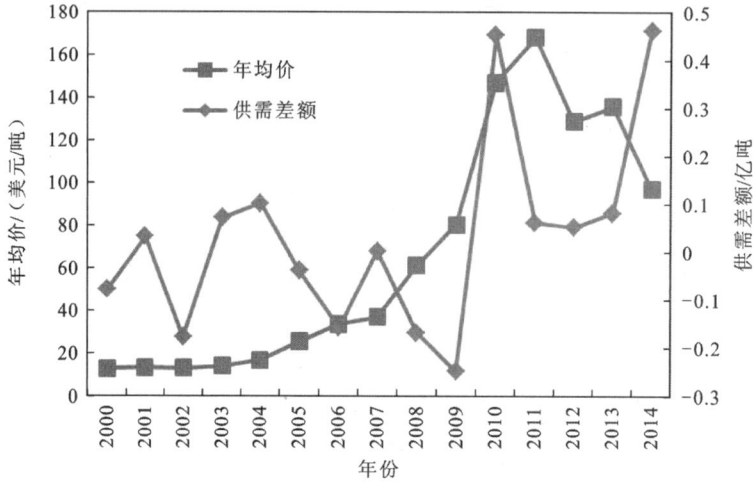

图 2-9　世界铁矿石供需差额及年均价走势

数据来源:世界钢铁协会和穆迪指数网

由于矿石天然的地域垄断特征,铁矿石市场从形成起就无法满足完全竞争型市场的条件,而是带有寡头垄断的特性,垄断势力的高低决定了定价权的优势和利益偏向于哪一方。在西方发达国家主导钢铁产业的阶段,一系列兼并重组促使钢铁产业的集中度不断提升,与矿商达成一定程度的平衡,此时矿价稳定在较低水平,矿商的垄断利润较小。随着中国钢企成为消费主力,世界钢铁产业的集中度明显下降,2014 年四大矿商垄断了世界 69.4％的铁矿石海运贸易份额(图 2-10),而世界前四大钢铁企业在世界钢铁市场的份额仅为 16％(图 2-11),供给方的市场垄断势力明显高于需求方,矿商利用市场策略对价格施加较大的影响,掌握议价主动权。三大矿商的垄断优势在长协定价机制下表现得更为充分,近两年,由于市场机制更趋于灵活多样化,垄断因素对价格的影响有所减弱。

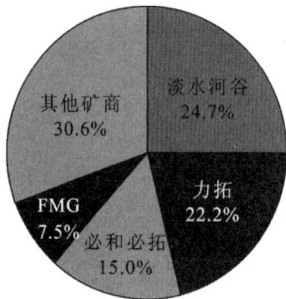

图 2-10　四大矿商铁矿石海运市场集中度

数据来源:四大矿业公司 2013 年年报

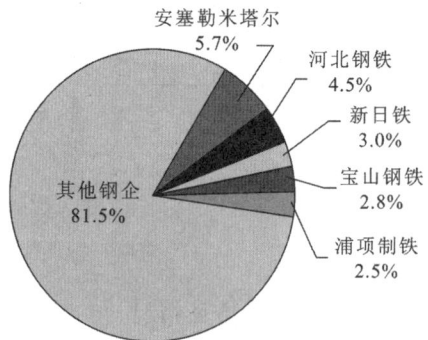

图 2-11　世界前五大钢企市场集中度

数据来源:世界钢铁协会

供需基本面和垄断因素都是经过长期积累调整的状态,只能成为中长期的趋势性因素,观察历史价格走势,在价格短期剧烈波动之后总会回归到与趋势性因素相适应的范围,但 2007 年之后,随着其他影响因素增多,价格偏离基本面的程度也在增大。目前根据产业发展规律,中国这一最大消费国进入消费峰值期有力地制约了当前铁矿石消费动力,供应侧加强成本控制,产能充足,钢铁产业整合加快,钢企与矿商的合作深化,因此从基本面判断,铁矿石价格短期内将处于低价位平稳期,上涨空间有限(钱成,2013)。

(2)环境因素:环境因素是一系列与供需基本面密切相关的因素的组合,包括市场环境和政策环境两大类。之所以说与供需基本面密切相关,主要因为市场和宏观政策的宽松、紧缩程度能够直接影响供需调节的力度。例如,资源国投资政策直接影响矿区投资及工程进度,而一国的货币政策、财政政策的尺度又直接影响该国经济增速和产业发展动力。环境因素处在不断变化的过程中,相关政策会作阶段性调整,利率、汇率、CPI、通货膨胀率、关联产业的景气度等体现市场是否良性发展的各类指标也不断发生变化,由于铁矿石是基础性生产资源,这些国民经济的大环境情况随时都会引起铁矿石价格的波动。以汇率为例,国际市场上,美元汇率变动直接影响矿价,当美元贬值时,矿商会相应抬高以美元计价的交易结算价,美元指数走势与矿价之间存在着明显的负向关联(图 2-12),并且由于不同市场间的关联性增强,利用铁矿石期货规避外汇市场风险的趋势逐步加强,外汇市场的波动也加速向商品市场转移(徐佳佳,2011)。

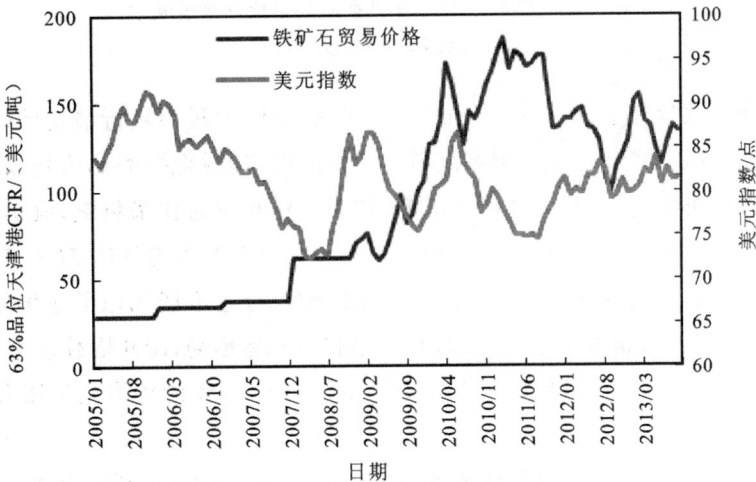

图 2-12　2005~2013 年铁矿石价格与美元指数走势图

数据来源:http://www.orforex.com.au

海运费用是铁矿石港口到岸价的重要组成部分,铁矿石是世界干散货运输的最主要商品,因此,海运市场与铁矿石市场行情的关联最为紧密,海运费的高低能够对铁矿石价格起到二次调节的效果。世界铁矿石主要需求地区集中在东亚地区。以东亚的地理位置来看,无论是从巴西、澳大利亚,还是从非洲、加拿大等地进口铁矿石,运距都不短。长距离运输必然带来成本和风险方面的问题。海运行情的变化对铁矿石价格的影响程度远高于其他大宗商品。2008 年之前,海运费基本占铁矿石到岸价(CFR)的 50％,2007～2008 年,海运市场行情高涨,海运费所占比例最高达到 51.8％,运输成本高于矿石本身价值。金融危机以来,海运市场低迷,目前海运费占铁矿石到岸价(CFR)的 15％～20％(图 2-13)。

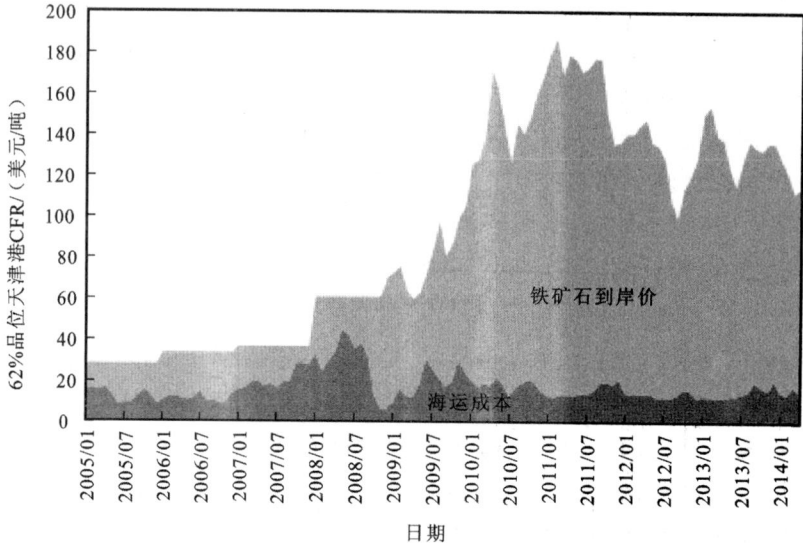

图 2-13 2005～2013 年铁矿石到岸价及海运成本

数据来源:穆迪指数网

波罗的海干散货指数(baltic dry index,BDI)是反映海运市场行情走势的重要指标。它的编制综合考虑了船型、运距、所运商品等多方面因素,对把握海运市场具有很高的参考价值。金融危机之前,各国经济局势稳定,各类合作和贸易往来频繁,海运市场十分繁荣,2004～2007 年,BDI 指数基本位于 3000 点之上,2007 年年均值达 7100 点,2008 年一度突破 10000 点。年度协议过程中矿商策略性地操控海运市场加剧了运价阶段性走高。2008 年之后,年度协议机制破裂,金融危机沉重打击海运市场,BDI 指数急速下跌至 3000 点以下,并维持弱市至今。铁矿石价格经历了 2009～2010 年的炒作型暴涨后,2011 年起也开始走弱(图 2-14)。

总结来说,环境因素是矿价低频波动的主要原因,这类因素与供需基本面有密切的联系,又处在不断变动的过程中,必然导致矿价围绕在供需平衡价位上下的合理区间内波动,但由于矿价波动各类因素综合作用的结果,很难明确区分出具体多少幅度的价格波动是符合市场规律、合理的。另外,这类因素的影响周期也有很大差别,美国的货币政策调整会长期影响整个世界的经济形势,进而影响铁矿石的需求能力,矿业国的政策也会在一段时期内调节矿业开发热度,这些都是短期内难以消除的。

(3)短期炒作和风险事件:短期炒作和各类风险事件对价格的影响主要体现在异常的波动中,这些因素带有明显的短时性、突发性特征,使铁矿石价格突然出现大幅度或者

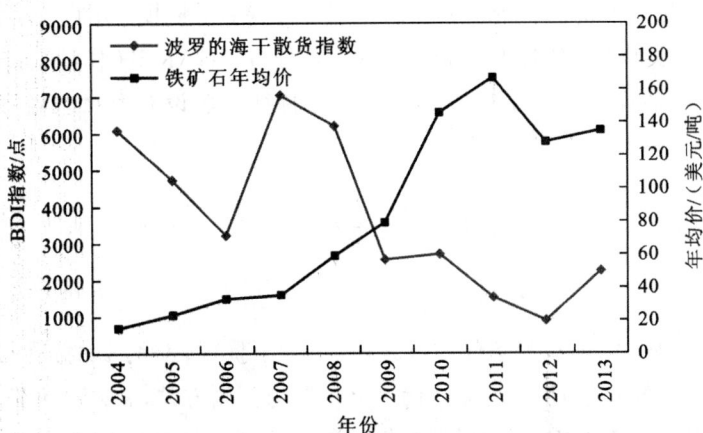

图 2-14　2004～2013 年波罗的海干散货指数及铁矿石年均价

数据来源：穆迪指数网

反复震荡的行情,严重偏离供需基本面主导下的价格水平,影响因素会在一段时间后消退,令价格逐步重新接近合理区间。这类因素是在铁矿石市场进入指数定价阶段后,随着铁矿石金融衍生品市场的发展,金融杠杆和市场风险的增加的产物。随着铁矿石金融衍生品市场的发展,金融杠杆和市场风险的增加的产物。2009 年 4 月,新加坡交易所率先推出基于 TSI 指数的铁矿石 OTC 掉期合约,随后洲际交易所、芝加哥交易所相继发布铁矿石掉期合约,到 2011 年,印度商品交易所和印度多种商品交易所联合推出全球首个铁矿石期货交易品种。目前全球共有印度、新加坡、中国三地上市了铁矿石期货,其中印度和中国以实物为交割对象,带有明显的避险性质,而新加坡以铁矿石价格指数为交割对象,更有利于金融炒作。目前铁矿石期货品种虽然上市时间较短,交易制度不够完善,也没有在世界范围内形成权威性的期货市场,但交易活跃度却持续升温,大商所 2015 年铁矿石期货交易量较 2014 年增长 400%,全年成交量达到 54 亿吨,约为中国实际进口量的六倍。掉期交易和期货市场的活跃吸引了大量的投机资金流入,使得各种风险因素在金融杠杆的作用下进一步放大,尤其是一些短时性、突发性的风险事件,导致铁矿石价格突然出现大幅度或者反复震荡的行情(罗海波,2008)。投机基金的市场炒作分为两类,一类是炒作市场预期,一类是炒作市场热点,其中对市场预期的炒作对市场的波动影响更大,因为预期反映的是未来市场不确定的走向,实际情况可能与市场预期产生明显偏离。2009 年,在市场已处于明显供过于求的情况下,矿价却依然强势上涨 45.2%,2009 年年底达到 105.25 美元/吨,2010 年再度大涨 60%,2010 年年末已达 170 美元/吨的高位,显示了金融资本对中国钢铁产能增速、铁矿石消费量的乐观预期和炒作热情,但当投机资金获利离场,市场预期修正,多空力量对比反转,矿价的下跌速度也十分惊人。同时,铁矿石期货的上市也丰富了大宗商品期货品种,交易者可以在同产业链的螺纹钢、焦煤等产品,或者原油、有色金属等产品之间寻找套利机会,金融资本在各个市场之间快速流动促使其他大宗商品的风险因素可能传导至铁矿石市场。

为了更有效地刻画铁矿石价格波动的特征和风险性,本书选用广义自回归条件异方差模型(GARCH 类模型)对铁矿石价格进行深入分析。GARCH 模型是研究金融时间序列的经典模型,用来解释时间序列中的异方差性特征。假设有资产收益序列 y_t,则标准的 GARCH(p,q)模型如下:

$$y_t = c + \sum_{t=1}^{n} y_{t-1} + \mu_t \tag{2-1}$$

$$\delta_t^2 = \omega + \sum_{t=1}^{p} a_t u_{t-1}^2 + \sum_{j=1}^{q} \beta_j \sigma_{t-j}^2 \tag{2-2}$$

式(2-1)为均值方程,式(2-2)为条件方差方程,μ_t 为干扰项,δ_t^2 为 μ_t 的条件方差,u_{t-1}^2 代表均值方程扰动项平方的滞后一期,σ_{t-j}^2 代表上一期的预测方差,c 和 ω 为常数项。在随后的发展演变过程中,GARCH 模型根据具体情况的差别又有多种变换形式,为了描述金融资产高风险通常预期可以获得高收益的特性,出现了 GARCH-M 模型,其条件方差方程仍为式(2-2),均值方程变为

$$y_t = \sum_{i=1}^{n} y_{t-i} + \rho \delta_t^2 + \mu_t \tag{2-3}$$

式中,参数 ρ 是指可观测到的预期风险波动对 y_t 的影响程度,它代表了风险和收益之间的一种权衡。随后,GARCH 模型又相应演变出了 TARCH 模型和 EGARCH 模型,用来判断利好消息和利空消息对价格冲击的非对称性,两个模型的均值方程仍都是式(2-1),而条件方差方程分别变为式(2-4)和(2-5):

$$\delta_t^2 = \omega + \sum_{i=1}^{p} \alpha_i \mu_{t-i}^2 + \sum_{j=1}^{q} \beta_j \delta_{t-j}^2 + \sum_{k=1}^{r} \theta_k \mu_{t-k}^2 d_{t-k} \tag{2-4}$$

$$\ln\delta_t^2 = \omega + \sum_{j=1}^{q} \beta_j \ln\delta_{t-j}^2 + \sum_{i=1}^{p} \alpha_i \left| \frac{\mu_{t-i}}{\delta_{t-i}} - E\frac{\mu_{t-i}}{\delta_{t-i}} \right| + \sum_{k=1}^{r} \gamma_k \frac{\mu_{t-k}}{\sigma_{t-k}} \tag{2-5}$$

两式所表达的基本含义相近,只是表达方式略有差异,式(2-4)中,d_{t-k} 是一个虚拟变量,当 μ_{t-k} 小于 0 时,d_{t-k} 等于 1;否则就等于 0,因此只要 θ_k 不等于 0,就存在非对称效应。式(2-5)中,γ_k 是非对称效应参数,当 $\gamma_k = 0$ 时,利好消息和利空消息的冲击是对称的;当 $\gamma_k > 0$ 时,利空消息的冲击对价格波动的影响小于利好消息;当 $\gamma_k < 0$ 时,利空消息的冲击对价格波动的影响大于利好消息。

在实证分析中,本书分别选取普氏铁矿石价格指数和中国大连期货交易所主力合约每日收盘价作为研究对象,对比现货价格指数和期货价格的波动效应。普氏指数样本区间为 2011 年 1 月 1 日~2015 年 12 月 31 日,共计 1264 组数据,数据来源为西本新干线,期货合约收盘价样本区间为 2013 年 3 月 1 日~2015 年 12 月 31 日,共计 632 组数据,数据来源为 WIND 资讯,具体操作通过 Eviews7.0 软件实现。为方便计算,我们定义铁矿石价格收益率 r_t 为 $r_t = \ln P_t - \ln P_{t-1}$,对原始数据进行差分处理,分别得到两组铁矿石价格收益率序列 r_{t1} 和 r_{t2},从图 2-15 和图 2-16 可以发现 r_t 具有比较明显的波动聚集效应,且普氏指数的波动频率有明显增大的趋势。

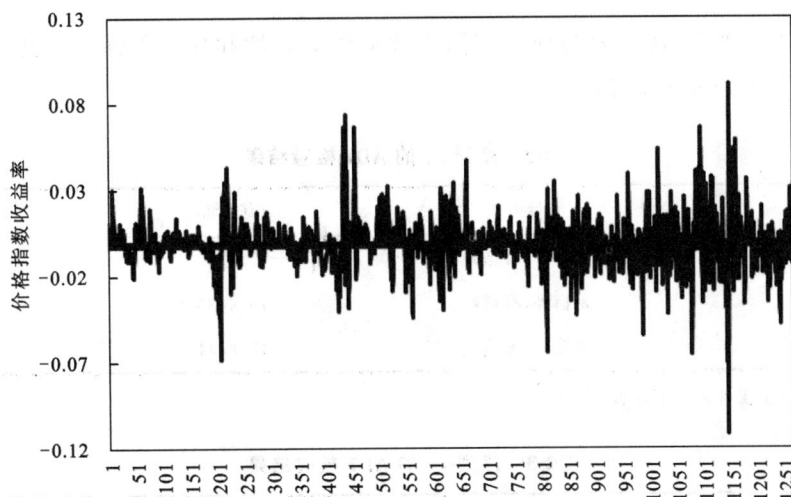

图 2-15　普氏指数收益率 r_{t1} 变化情况

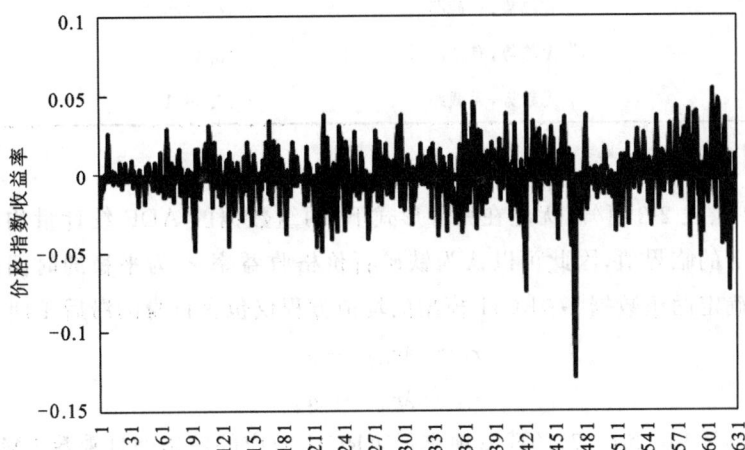

图 2-16　期货合约收益率 r_{t2} 变化情况

　　观察两组收益率的描述性统计指标结果(表 2-1),在样本区间内,两组数据的偏度均大于 0,峰度值大于 3,J-B 统计量也远大于临界值 5.992,相伴概率为 0,因此拒绝两组数据服从正态分布的假设,并且 r_{t1} 相较于 r_{t2} 更具有突出的尖峰厚尾特征。

表 2-1　铁矿石价格收益率序列 r_t 的统计特征

项目	r_{t1}	r_{t2}
样本数/个	1264	632
均值	-0.00111	-0.0015
标准差	0.01453	0.018703
偏度	0.06457	-0.72059
峰度	7.47761	4.202799
J-B 统计量	2918.995	509.3588
P 值	0	0

在构建模型之前,还需要验证序列两组数据的平稳性和异方差性。对其进行 ADF 检验结果如表 2-2、表 2-3 所示。

表 2-2　序列 r_{t1} 的 ADF 检验结果

序列	检验形式	t 统计量	P 值
r_{t1}	有趋势,有截距	-17.0782^{***}	0
	无趋势,有截距	-19.4435^{***}	0
	无趋势,无截距	-17.6641^{***}	0

$***$表示在 1% 的显著性水平下显著

表 2-3　序列 r_{t2} 的 ADF 检验结果

序列	检验形式	t 统计量	P 值
r_{t2}	有趋势,有截距	-14.0128^{***}	0
	无趋势,有截距	-18.4225^{***}	0
	无趋势,无截距	-17.6641^{***}	0

$***$表示在 1% 的显著性水平下显著

根据表 2-2、表 2-3 可知,无论在哪种形式下,两组数据的 ADF 统计量均显著地小于 1% 置信水平下的临界值,因此可以认为铁矿石价格收益率 r_t 为平稳的时间序列。经过反复的试验,确定两组数据 GARCH 模型的均值方程仅包含自身的滞后 1 期:

$$r_{t1} = \lambda r_{t1-1} + \mu_{t1} \tag{2-6}$$

$$r_{t2} = \lambda r_{t2-1} + \mu_{t2} \tag{2-7}$$

对均值方程(2-6)和(2-7)的残差项进行 ARCH 效应的拉格朗日乘数 LM 检验,结果如表 2-4、表 2-5 所示。由表可知,两式的残差序列存在高阶 ARCH 效应,可以用来构建 GARCH 类模型。

表 2-4　r_{t1} 均值方程残差项的 ARCH LM 检验

滞后期数	F 统计量	P 值
1	30.2375^{***}	0
2	64.6862^{***}	0
3	45.2024^{***}	0
4	53.4413^{***}	0
5	44.3876^{***}	0
6	33.2680^{***}	0

$***$表示在 1% 的显著性水平下显著

表 2-5　r_{t2} 均值方程残差项的 ARCH LM 检验

滞后期数	F 统计量	P 值
1	27.7361***	0
2	68.5327***	0
3	43.3119***	0
4	55.5802***	0
5	41.3487***	0
6	38.6395***	0

***表示在 1% 的显著性水平下显著

　　为了能够更全面地考察铁矿石价格的波动特征,分别构建 r_{t1}, r_{t2} 为正态分布时的 GARCH(1,1),GARCH(1,1)-M 和 TARCH(1,1)模型。同时,为了更好地拟合两组数据的"尖峰厚尾"特征,同时构建 t 分布下的 GARCH(1,1)和广义误差分布 GED 下的 EGARCH(1,1)模型与正态分布的估计结果进行比较,选取拟合效果更好的模型。所有模型的估计结果如表 2-6、表 2-7 所示。

表 2-6　r_{t1} 的 GARCH 族模型估计结果

项目	系数	模型				
		正态分布			t 分布	GED 分布
		GARCH(1,1)	GARCH(1,1)-M	TARCH(1,1)	GARCH(1,1)	EGARCH(1,1)
均值方程	r_{t-1}	0.3985*** (0)	0.3982*** (0)	0.4969*** (0)	0.5002*** (0)	0.4407*** (0)
	ρ	—	0.0417(0.5899)	—	—	—
方差方程	ω	2.55×10^{-6}*** (0)	2.59×10^{-6}*** (0)	3.68×10^{-6}*** (0)	4.68×10^{-6}*** (0)	-0.5470*** (0)
	α	0.1341*** (0)	0.1337*** (0)	0.1144*** (0)	0.1786*** (0)	0.2430*** (0)
	β	0.8645*** (0)	0.8643*** (0)	0.8196*** (0)	0.7534*** (0)	0.9611*** (0)
	θ	—	—	0.0773*** (0)	—	—
	γ	—	—	—	—	0.0525*** (0.0007)
统计量	AIC	-6.6253	-6.6178	-6.6232	-6.7311	-6.7261
	SC	-6.5998	-6.5927	-6.5979	-6.7107	-6.7164

***表示在 1% 的显著性水平下显著;"—"表示缺失项;括号内为相伴概率

表 2-7 r_{t2} 的 GARCH 族模型估计结果

项目	系数	模型				
		正态分布			t 分布	GED 分布
		GARCH(1,1)	GARCH(1,1)-M	TARCH(1,1)	GARCH(1,1)	EGARCH(1,1)
均值方程	r_{t-1}	0.9974 ***	0.9952 ***	0.4972 ***	0.9977 ***	0.4407 ***
		(0)	(0)	(0)	(0)	(0)
	ρ	—	−0.2893(0.1378)	—	—	—
方差方程	ω	1.59×10^{-5} ***	1.57×10^{-5} ***	1.65×10^{-5} ***	7.75×10^{-6} ***	−0.4562 ***
		(0)	(0)	(0)	(0)	(0.0004)
	α	0.1396 ***	0.1156 ***	0.1266 ***	0.1345 ***	−0.0282 ***
		(0)	(0)	(0)	(0)	(0)
	β	0.8208 ***	0.8206 ***	0.8175 ***	0.8601 ***	0.9641 ***
		(0)	(0)	(0)	(0)	(0)
	θ			0.0274 ***		
				(0.4930)		
	γ					0.2202 ***
						(0)
统计量	AIC	−5.2827	−5.2812	−5.2802	−5.3113	−5.2934
	SC	−5.2474	−5.2318	−5.2379	−5.2690	−5.2511

***表示在 1% 的显著性水平下显著;"—"表示缺失项;括号内为相伴概率

根据模型的估计结果,得到以下四点认识。

首先,对于两组序列而言,无论是正态分布,还是 t 分布下的 GARCH(1,1) 模型,其 ARCH 项系数 α 和 GARCH 项系数 β 均大于 0 且非常显著,说明对于铁矿石现货行情和期货行情而言,各种来自系统外部和内部的冲击对其波动的影响都非常显著;且两组数据的 α 和 β 之和小于 1 并非常接近于 1,说明现货和期货价格的波动都具有长期记忆性,冲击作用的消退过程非常缓慢,这突出地表现出目前的铁矿石价格走势仍然保留了长协定价时期的某些特性,市场环境冲击影响持续的时间较长,参与铁矿石交易的各方在注重供需分析的基础上,还要加强对铁矿石历史价格波动特征的研究。

其次,对比分析两组序列通过 GARCH(1,1)-M 模型估计的均值方程风险溢价系数可以看出,序列 r_{t1} 的风险溢价系数 ρ 为 0.0417,其相伴概率为 0.5899,非常不显著,这说明以现货询价方式确定的普氏指数,其波动不具备金融产品高风险、高回报的特征,铁矿石现货市场并不是完全典型的金融市场,交易者还存在众多非理性或者其他战略因素的考量进行决策。而序列 r_{t2} 的风险溢价系数 ρ 为 −0.2893,其相伴概率为 0.1378,说明相较于现货价格,期货价格波动表现出更明显的高风险、高回报的特征,大量投机交易者和金融机构介入使得资金交投流动非常灵活,衍生品市场具备了典型的金融属性。

再次,对比分析两组序列通过正态分布下的 TARCH(1,1)模型和广义误差分布下的 EGARCH(1,1)模型的估计结果可以看出,序列 r_{t1} 在 TARCH(1,1)模型中,代表非对称效应的参数 θ 等于 0.0773,大于 0,且非常显著;在 EGARCH(1,1)模型中代表非对称效应的参数 γ 等于 -0.0525,小于 0,且非常显著,说明现货价格存在非对称效应,即利空消息对价格波动的影响要略大于利好消息。序列 r_{t2} 在 TARCH(1,1)模型中的参数 θ 等于 0.0274,大于 0,但并不显著;在 EGARCH(1,1)模型中代表非对称效应的参数 γ 等于 0.2202,大于 0,且非常显著,期货市场的价格波动表现出对各种市场信息的敏感性,利空消息和利好消息对价格波动的影响能力以具体的市场条件和交易者的关注程度而不同。

最后,从各模型的 AIC 和 SC 统计量来看,序列 r_{t1} 的几组模型估计结果中,t 分布下的 GARCH(1,1)模型和广义误差分布下的 EGARCH(1,1)模型的拟合效果更好,说明序列的"尖峰厚尾"特征更显著;而序列 r_{t2} 的估计结果显示,正态分布下的模型拟合效果与后两者非常接近,说明序列的"尖峰厚尾"特征没有 r_{t1} 显著。

通过模型分析,本书明确了铁矿石价格波动中的金融属性是如何产生以及如何传导。在现货交易中,矿价还并不具备传统的金融产品高风险、高回报的特性,多元化的风险来源共同作用放大了价格波动的频率和幅度,破坏了交易稳定性,从而催生了衍生品市场的避险需求,期货合约的主要功能是价格发现和炒作市场预期,它的发展不仅吸引产业链的相关企业,更吸引了大量金融资本,投机炒作资金占据市场近半数的持仓量,所以较之现货价格,期货价格表现出更充分的金融属性,资金面的交投流动决定了价格变化的方向和幅度,这种金融风险通过影响市场普遍预期,引导现货市场波动进一步加剧。同时资本流动也促使国际不同市场间的关联增强,国际汇率市场、国际油价、主要的股票、债券市场动荡都会联动传导到铁矿石价格。因此本书认为,铁矿石期货市场的发展方向,决定了铁矿石能否像原油、有色金属等矿种一样,形成与金融资本深入融合的运行模式。

以目前铁矿石市场的运行情况,风险传导主要包括期货到现货市场的传导、产业链上下游之间的传导,以及非铁矿石领域和铁矿石相关领域的传导。期货到现货市场的传导是铁矿石价格发现阶段的传导过程,由于金融资本的炒作引发期货合约价格的波动,进而影响市场普遍预期,导致现货市场波动加剧。产业链上下游之间的传导是价格风险向实体经济传导的主要途径,在指数定价阶段,大笔交易的定价实际是依靠大量现货交易结果折算出的价格指数确定,价格风险在产业链之间转移,影响企业的经营绩效,无论是以铁矿石盈利的矿商,还是以铁矿石为最大成本支出的钢企,以及钢铁产业下游的众多产业,都不同程度地接收到矿价波动的风险,实体经济的盈利能力、财务负担、融资成本都会因此而改变,进而影响未来的供给、消费能力。对于非铁矿石领域和铁矿石相关领域的传导,则是一种更为宽泛灵活的传导方式,由于不同市场间的关联增强,国际汇率市场、国际油价、主要的股票、债券市场动荡都会联动传导到铁矿石价格。

2.3 未来铁矿石市场趋势

2.3.1 未来铁矿石消费发展趋势

未来全球经济走向不明朗,提振铁矿石消费持续增长的动力不足,铁矿石消费增速趋缓。发达国家的消费水平继续平稳下降,发展中国家仍有一定的消费增长潜力。

本书根据世界各国的粗钢消费情况估算铁矿石消费量,将全球国家和地区划分为三种主要类型(图 2-17(a))。

以美国、德国、日本和澳大利亚为代表的发达国家,粗钢消费量总体保持平稳,在世界粗钢消费中的比例不断下降。由于二次资源在发达国家的广泛利用,铁矿石一次资源在发达国家的消费量将平稳下降。

以中国、巴西、俄罗斯为代表的工业化中期国家,粗钢消费接近峰值,占世界粗钢消费的比例超过 60%。未来铁矿石消费量依然巨大,但消费增速将逐步放缓并趋零。

以印度、印度尼西亚、南非为代表的即将进入快速工业化阶段的国家,目前粗钢消费量有限,但未来工业化进程将释放消费潜力。预计 2020 年进入消费快速增长期,2030 年前后将占世界粗钢消费比例约 40%,铁矿石消费量也相应快速增长(图 2-17(b))。

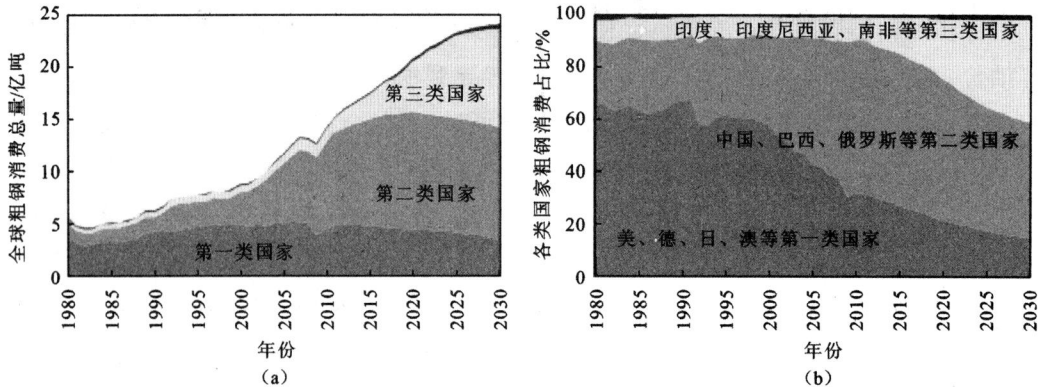

图 2-17 不同类型国家粗钢消费量及消费比例走势

资料来源:中国地质科学院全球矿产资源战略研究中心 2012 年年报

根据发达国家人均 GDP 和人均粗钢消费的历史趋势,发达国家普遍在人均 GDP 达到 10000～12000 美元的区间达到粗钢消费峰值,峰值期人均粗钢消费量 500～

600 千克。

目前中国的人均 GDP 水平约为 9500 美元,人均钢材消耗已达 580 千克/(人·年)。根据中国地质科学院全球矿产资源战略研究中心预测(2011 年),从 2013 年起,中国已经逐步接近粗钢消费的峰值水平,初步确定国内粗钢消费峰值为 7 亿～7.5 亿吨水平,加上国内目前经济增速放缓,产业结构调整进一步打压了下游产业的粗钢消费能力。2014 年,中国出现了粗钢消费量近 15 年中的首次下滑。但从长期来看,未来 5 年中国仍将维持粗钢消费量 7 亿吨以上(王高尚等,2002)。

若剔除国内钢材净出口、废钢回收利用等影响因素,中国的铁矿石消费峰值水平约 10 亿吨(62％标准品位)。铁矿石消费峰值期将与粗钢消费峰值同时到来。

2.3.2　未来铁矿石供应发展趋势

世界铁矿石的资源量相对富足,澳大利亚、巴西两个最主要铁矿石生产国目前保有资源储量仍然巨大。此外,伴随一系列勘探项目的进展,铁矿石开采片区还将进一步扩大,非洲的开展潜力将被充分挖掘,有望成为新兴的铁矿石主产区。

由于前期的大规模投资,目前全球铁矿石仍处于产能集中释放的高峰期,2015 年,全球原矿的新增产能达 10.1 亿吨,主要分布在澳大利亚(4.5 亿吨)、巴西(2.6 亿吨)、非洲(7000 万吨)、加拿大(5300 万吨)、印度(5000 万吨)、中国(4500 万吨,折合为世界平均原矿品位)。2015 年铁矿石价格大幅下跌,迫使部分高成本矿山减产关停,铁矿石产能增速有望回落,但 2016～2018 年总产量预计仍将达到 24 亿吨以上(图 2-18)。

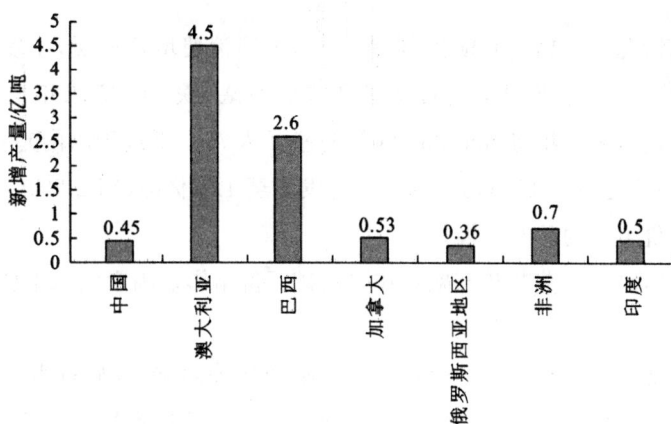

图 2-18　2015 年世界铁矿石主产区新增产能分布(原矿平均品位)
根据世界钢铁协会、联合钢铁网相关资料整理

2014～2015 年,根据四大矿业公司的产能扩大计划,淡水河谷 2015 年产能达到 3.4 亿吨;力拓和必和必拓分别达到至 3.1 亿吨和 2.4 亿吨;FMG 则将产能稳步提升至 1.7

亿吨。2015年之后,四大矿商的市场经营策略分化,多元化经营的淡水河谷、必和必拓将业务重心转向其他盈利性更好的矿种,适当压缩铁矿石产量,而以铁矿石业务为重点的力拓、FMG则将进一步协调矿山产能,巩固市场份额。**总体来看,四大矿商短期内减产的意愿和力度不足**(图2-19)。

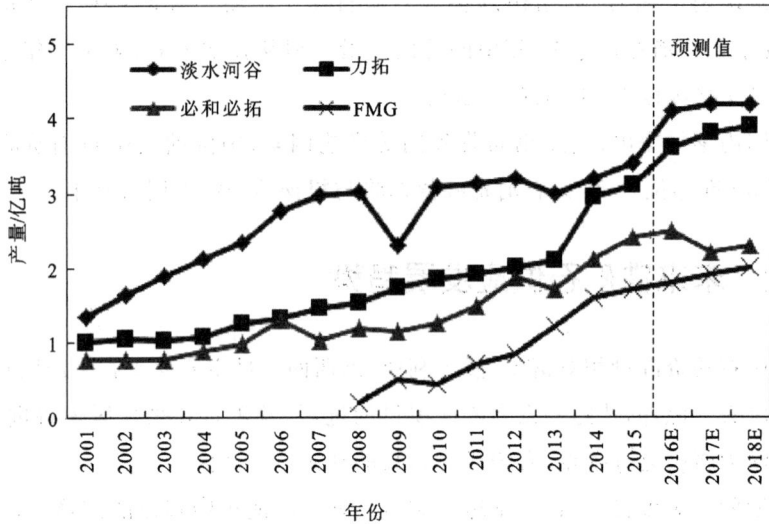

图2-19 2001～2015年四大矿业公司铁矿石产能增长情况

数据来源:四大矿业公司年报

2.3.3 未来三年铁矿石价格趋势

综合对供需情况发展趋势的预测,未来三年,中国消费增速放缓,印度等后续工业化国家的消费增量不足以弥补中国消费增量递减的空缺,铁矿石需求年均增速将回落至4%,而铁矿石产量未来三年将增至25亿吨,增速可达7%,供过于求的趋势将更加突出,2015年,供需差额已达1.2亿吨,到2016年将发展至1.8亿吨(图2-20)。供需格局的走向是未来铁矿石价下行的基本动因。

除了供需,综合成本、垄断和金融炒作等铁矿石价格影响因素的未来变化情况也各不相同(图2-21)。

受低品位矿增产、露天矿占比下降、税赋成本增加等影响,铁矿石生产成本将保持基本稳定或略有增加,海运市场在未来3～5年内仍难摆脱低迷行情,铁矿石综合成本对未来价格波动影响并不明显。

伴随钢铁企业海外投资和垂直整合,铁矿石自给能力将逐步提高,加上中国压缩钢铁行业过剩产能,将使四大矿业公司对铁矿石市场的控制力弱化,由垄断带来的利润空间下降,有利于价格回调。

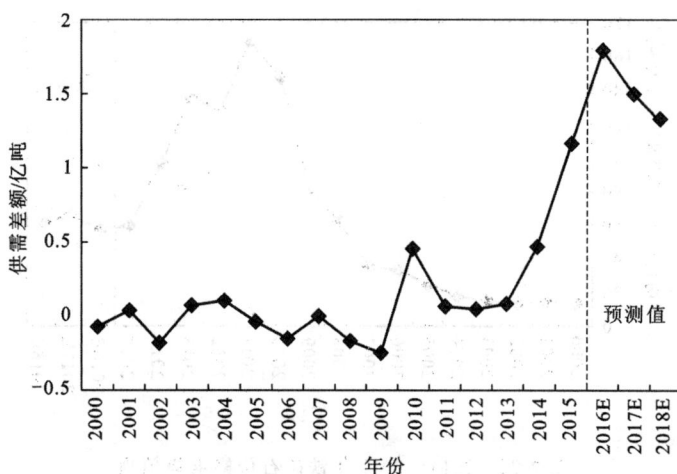

图 2-20　世界铁矿石供需差额的变化趋势[①]

数据来源：世界钢铁协会和联合钢铁网

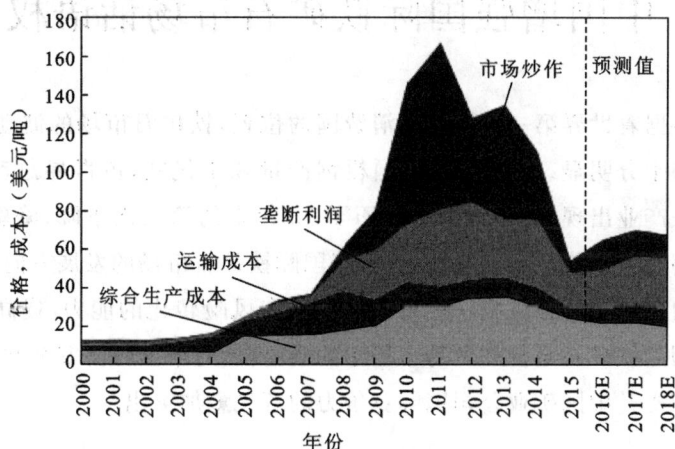

图 2-21　铁矿石价格影响因素变化趋势

根据世界钢铁会、普氏能源资讯、联合钢铁网相关资料整理

　　大量的铁矿石市场投机和金融炒作一直是导致价格虚高的主要原因，其中掉期交易导致的价格风险未来将更加突出。在国际市场供过于求的背景下，金融炒作对价格的影响会减弱。

　　结合近期铁矿石的市场动向，未来 3 年，铁矿石价格将有下降趋势，市场基本面利空几乎成为定局。预计 2016 年价格将持续 50～60 美元/吨低位震荡，2017 年小幅回升至70 美元/吨（图 2-22）。

---

① 2015 年部分数据尚未公布统计结果，故采取按月度数据估算的方式获取，下同

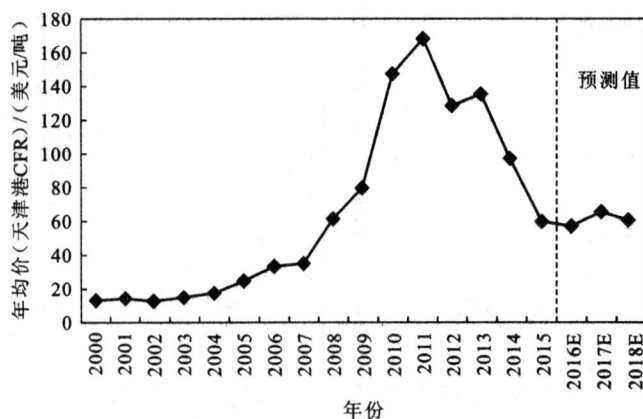

图 2-22　2014～2017 年铁矿石价格走势预测

数据来源：穆迪指数网

2.4　中国增强国际铁矿石市场话语权分析

中国长期占据着世界第一大铁矿石消费国的位置,铁矿石市场的波动对中国黑色金属产业链的影响十分明显。2014 年,中国粗钢产量 8.1 亿吨,占世界总产量的 48.5%。这一年国内钢铁产业出现转折,钢产量经历了 35 年来的第一次下降,降幅 2.3%。中国粗钢消费峰值期和去产能政策的叠加,影响着国际铁矿石市场的发展方向,也改变着国内钢铁产业运作的模式。增强预判铁矿石行情波动和风险转化的能力,提高中国矿业公司和钢铁公司在国际铁矿石定价和贸易市场中的话语权,对中国经济安全和资源安全、整个产业转型升级和提升中国矿业公司国际竞争力的意义愈加突出。

2.4.1　加强铁矿石进口安全管理

随着中国钢铁产能的快速扩张,国内铁矿石刚性需求激增,中国成为铁矿石价格飞涨的直接推手和主要承担者。2000～2014 年,中国铁矿石进口量由 0.7 亿吨增至 9.3 亿吨,进口增量达 8.62 亿吨,年均增幅 18.8%。中国不仅消耗了世界全部铁矿石贸易增量,还消耗了发达国家的贸易减量,同时,我国对外矿供应的依赖程度由 40% 提升至 78.5%(图 2-23),自产铁矿石的资源保障能力严重不足。

从铁矿石进口的地域分布上看,2014 年中国从澳大利亚进口铁矿石 5.5 亿吨,占比 58.8%,从巴西进口 1.7 亿吨,占比 18.4%,两国共占 77.2%。与 2013 年相比,中国对澳大利亚、巴西的进口依存度由 71% 进一步提升至 77.2%,进口来源单一,严重依赖两国的铁矿石供应。由于先天的资源禀赋条件,短期内难以撼动澳大利亚、巴西在铁矿石贸易中的优势地位,而作为最大进口方的中国,则因为相关贸易管理的缺位和混乱,无形中进一步抬高了铁矿石进口门槛,加剧了进出口双方贸易地位的不平衡性,这种局面为中国争取铁矿石市场话语权制造了更大困难(图 2-24)。

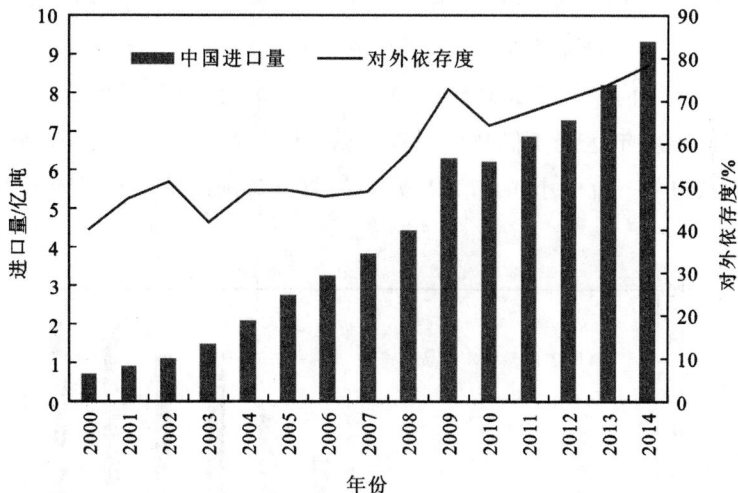

图 2-23 2000~2014 年中国铁矿石进口量及产业对外依存度

数据来源:世界钢铁协会

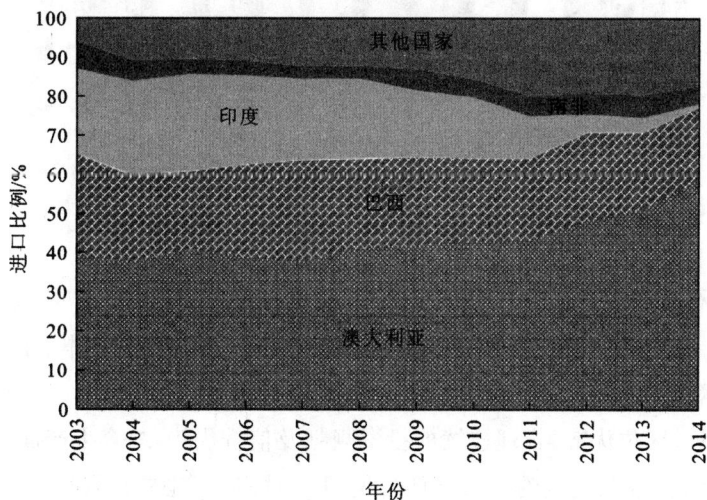

图 2-24 2003~2014 年中国铁矿石进口结构

数据来源:国务院发展研究中心数据库

2.4.2 提高国产铁矿石竞争力

中国一直致力于勘探、建设一批新的大型铁矿石资源基地,整合、发掘老矿区的后续生产能力。截至 2010 年年底,全国共有铁矿区 3846 个,查明铁矿石保有资源储量

726.99亿吨,主要集中在辽宁、河北、四川、安徽和山东等省份。中国地质调查局矿产资源调查评价工作的结果显示,新发现矿产地32个,新增资源量50亿吨,探明大台沟、马城、泥河、阿吾拉勒等一批亿吨级以上大型矿山。

国内铁矿石开发依然面临着很大困难,生产潜力不足。总体上,中东部地区的铁矿石产区矿石质量明显下降,开采难度加大,西部地区面临着基础设施滞后、生态环境脆弱等诸多问题。2014年国内原矿产量增至15.1亿吨,2003~2014年年均增速17.2%,而成品矿(标矿)产量在2007年达到4亿吨后出现回落,此后始终徘徊在3.5亿吨水平,2014~2015年矿价下跌迫使一批中小矿山和高成本矿山停产,国内铁矿石保障能力进一步降低(图2-25)。

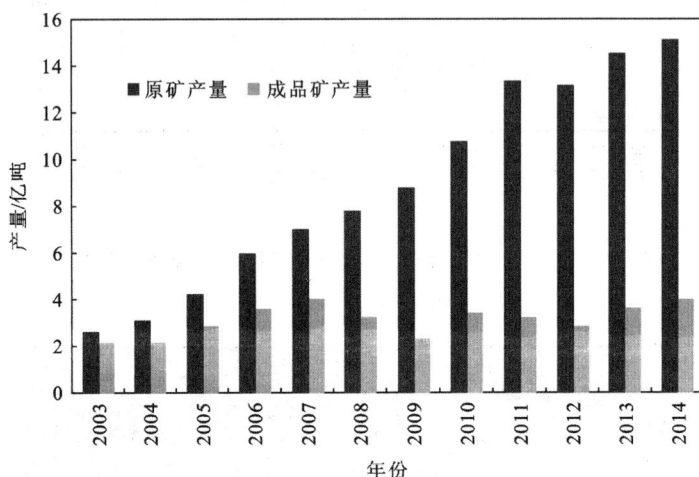

图2-25 2003~2014中国铁矿石原矿产量及成品矿产量

数据来源:世界钢铁协会

世界铁矿石资源丰富,且大部分易于开采。世界铁矿平均生产成本为54.7美元/吨(FOB,下同)。其中,澳大利亚、巴西等主产区生产成本(包含开采成本、加工成本、管理支出、权利金和运费等)在45美元/吨以下。传统铁矿石三巨头淡水河谷、力拓、必和必拓凭借资源品质优势、区位优势、合理连续的投资规划及信贷优势,综合生产成本控制在50美元/吨以内。以FMG为代表的新兴矿商普遍投产时间短,建矿投资及贷款利息额度大,其综合生产成本达56.2美元/吨。这显示出传统垄断型矿商在获利能力和应对矿价波动风险方面的强势地位。

国内铁矿石品位低、冶选条件差,导致铁矿石综合生产成本过高。世界平均铁矿石离岸生产成本为50~55美元/吨,澳大利亚、巴西的矿山均低于45美元/吨。根据国外相关机构预测,中国铁矿石(标矿)完全成本(包含生产成本、制造成本、管理费和财务费用)约101.6美元/吨,尽管这个成本数据高于国内调研结果,但是估计真实成本平均仍高达80美元/吨,远高于国外生产成本(图2-26)。国内铁矿企业税赋成本过高,进一步抬高了生产成本。世界平均的矿企税赋负担率约 12%,澳大利亚矿企负担率约 6%,巴西约 4%,国内矿企的税赋负担率则达 22%~25%(图 2-27)。

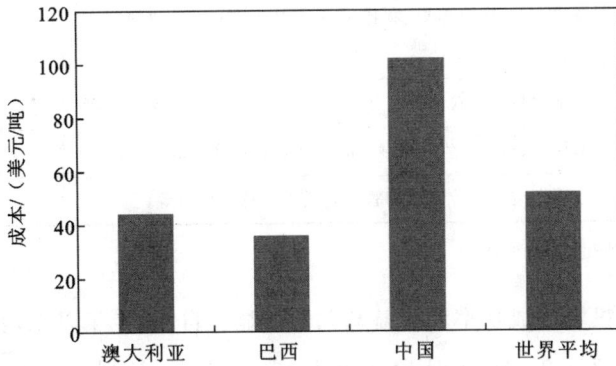

图 2-26　不同铁矿产地综合成本比较图

数据来源:AME

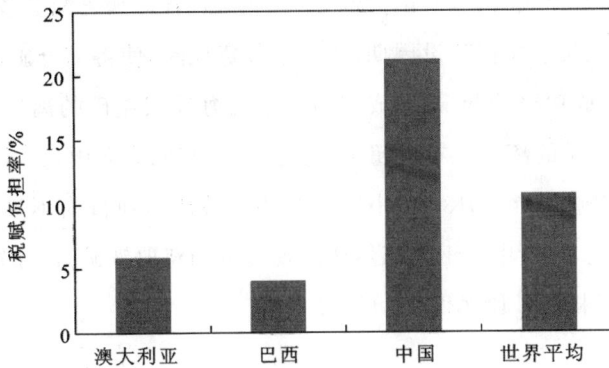

图 2-27　不同铁矿产地税赋负担率比较图

数据来源:AME

2.4.3　提高海外矿山投资效益

自 2004 年以来,国内钢铁企业加大了海外投资开矿、入股矿山的力度,但海外铁矿石资源的开发水平仍然较低。

中国铁矿石海外投资主要集中在澳大利亚、非洲和加拿大等地。其中在西澳皮尔巴拉地区和中西部地区,累计投资额超过 200 亿美元;在西非的塞拉利昂、利比里亚、几内亚等地,累计投资额近 80 亿美元;在加拿大魁北克及五大湖矿区,累计投资额近 50 亿美元(表 2-8)。此外,在南美洲的巴西、智利等地还有少量投资项目。

表 2-8 自 2000 年以来中国企业铁矿石海外投资项目

投资地区	投资项目	投资额/亿美元
西非	塞拉利昂、唐克里里、利比里亚邦山铁矿和几内亚西芒杜铁矿项目	80
加拿大	加拿大魁北克拉克·奥体尔纽克、BloomLake 铁矿项目等	50
西澳	卡拉拉、SINO、兰伯角、恰那、吉普森铁矿项目等	200
南美洲	巴西米纳斯吉拉斯州和智利阿塔卡玛铁矿项目等	30

根据中国产业经济信息网相关资料整理

中国企业海外投资的成功率和收益却并不明显。自 2004 年以来,实际投入建设并投产的矿山项目总计超过 20 个,累计投资额达 406 亿美元,计划形成的权益矿量 2.71 亿吨/年,但目前实际投产产能仅 6000 万吨/年,投产率仅 22%。

我国铁矿石海外投资的开发成本过高。由于我国企业主要介入前期勘探阶段的矿山项目,投资方式以独资控股为主,矿山大部分为贫矿,且普遍缺乏配套基础设施,这些内部和外部的不利条件拉长了投资建设周期,提高了投资风险,使得部分矿山逐步陷于经营困境或中途放弃,投资成功率较低,开发成本高。中国海外权益矿的离岸成本平均达 70 美元/吨,中澳 SINO 铁矿的离岸成本已超 100 美元/吨,与四大矿山仅 45 美元/吨的离岸成本相比完全处于劣势。截至 2013 年,中国参与的多数矿山项目尚不具备达产要求,投资主体基本为大型钢企,大量中小钢企依然通过现货市场获取铁矿石,导致现货贸易矿消费比例依然高达 63%,权益矿比例仅 9%(图 2-28)。

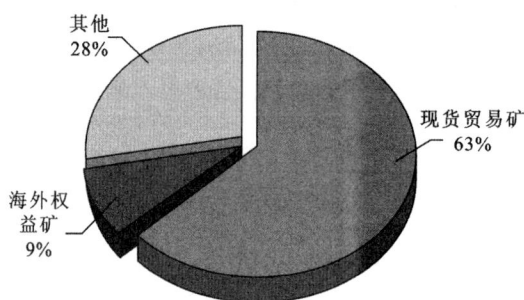

图 2-28 中国铁矿石消费结构图

数据来源:国家统计局、联合国贸易统计数据库和联合钢铁网

相比之下,日本极其重视海外资源投资部署。日本铁矿石资源的对外依存度高达 90.1%,但其中权益矿比例达 72.8%,现货贸易矿比例仅 18.3%(图 2-29)(彭颖等,2010)。

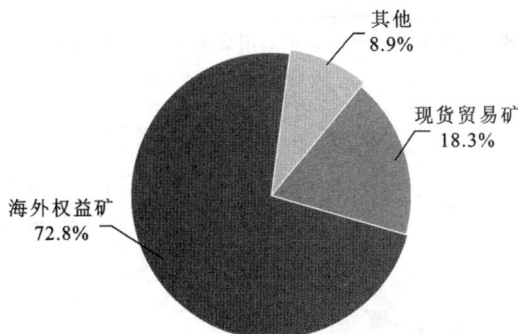

图 2-29　日本铁矿石消费结构图

数据来源:国家统计局、联合国贸易统计数据库和联合钢铁网

2.4.4　提高中国钢铁企业竞争力

中国钢铁企业经过长期的粗放式发展历程,造成了产业低端、低效、同质化严重等产业弊病,特别是大量中小钢企转型空间不足,竞争力差,进一步制约了中国在国际铁矿石市场上的话语权。2014 年中国钢产量占全球总产量的 48.8%,铁矿石消费量占总消费量的 60%,2004~2010 年,中国 GDP 增速始终保持 10% 左右,最高达 14.2%(2007 年),铁矿石消费量年均增速达 20.3%(图 2-30)。中国对铁矿石的刚性需求为垄断矿商抬价和市场投机炒作提供了巨大的空间。2012 年中国进口铁矿石 7.29 亿吨,耗资 956.8 亿美元;2013 年进口铁矿石 8.2 亿吨,耗资 1057.3 亿美元,剔除市场供需基本面和美元汇率等正常市场因素对价格的影响,中国为进口铁矿石的不合理价格因素多支付的金额在 2012 年和 2013 年分别高达 560 亿美元和 640 亿美元,即便在价格下跌的 2014 年,中国的进口利益损失仍然达到 350 亿美元。

中国钢铁企业分布较分散,且产能同质化竞争严重。超过 20 个省份的粗钢产能在 1000 万吨以上,辽宁、河北、山东、江苏四省产能超过 5000 万吨。在全国多达 800 家的规模钢企中,50% 以上为中小型钢企,年产能 1000 万吨以上的大型钢企 17 家,产能最大的河北钢铁集团市场占有率不足 10%。

中国在提高钢铁产业市场集中度方面进展缓慢,国内排名前十的重点钢企市场占有率始终徘徊在 45%(图 2-31),自 2014 年以来,中国经济转型步伐加快,由于北方雾霾等环境问题广受诟病,政府在河北、山东等北方钢铁大省加大了削减、淘汰落后产能的力度,这一轮去产能的效应目前尚未表现出来。

产量过剩除了严重影响钢铁企业的经营利润及产业链转型升级的进度,还严重制

图 2-30　2000～2014 年中国 GDP 增速、粗钢产量及铁矿石消费量

数据来源：国家统计局和世界钢铁协会

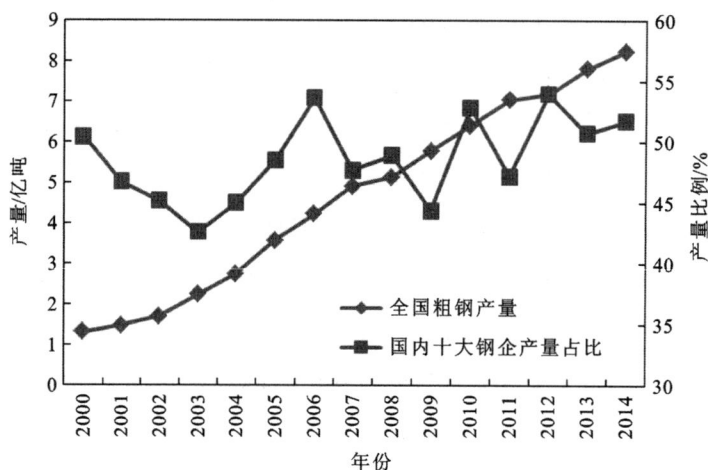

图 2-31　2000～2014 年国内粗钢产量及前十大钢企产量比例

数据来源：《中国钢铁工业统计年鉴》

约了大钢厂在铁矿石进货协议中的谈判筹码。由于国内大量中小钢企的采购渠道有限，铁矿石二级市场和转手贸易活跃，炒作过程中变相抬高矿价。特别在线性指数定价模式下，普氏指数的询价过程更关注现货市场，市场导向令大型钢企价格谈判时十分被动。

2.4.5　化解铁矿石价格低迷的冲击风险

目前，世界铁矿石市场变局恰逢中国产业结构调整，中国将面临难得的优化布局，提升国际市场竞争力的机遇,同时也需要有效手段化解非传统和潜在风险的冲击。中国铁矿石消费增速铁矿石价格的下跌,一方面降低了进口铁矿石的成本,另一方面也将对中国相关产业造成很多负面的冲击。由于国内铁矿石生产成本过高,缺乏市场竞争力,新一轮的降价将促使海外大量廉价铁矿石流向中国,对国产矿产生明显的挤出效应,极大冲击国内铁矿石开采企业。

铁矿石价格下跌将不利于海外矿山投资的成本回收。我国目前的铁矿石海外投资普遍都在高价位投入,建设周期拉长、投资超支现象突出。由于矿价下跌,未来投产产能将无法达到预期的市场收益,加重投资企业的资金链压力,甚至有可能导致其承受不起价格下降带来的冲击,被国际大型矿业企业低价收购。以中信泰富投资的西澳 SINO 铁矿为例,目前总体投资额已近 100 亿美元,吨矿离岸成本也已超过 100 美元。未来矿价下调至 90 美元/吨以下意味着中信泰富在西澳的亏损额将进一步增大。

第3章 世界石油市场分析及展望

石油、天然气、煤炭是目前应用最广泛的三类化石能源,在世界能源消费体系中占据重要地位,其中石油在能源消费结构中占比达到30%,现代石油工业已有150余年发展历史,工业革命之后,煤油取代传统的动植物照明材料,在世界范围内广泛使用。内燃机的出现使汽柴油走进人们生活,石油工业得到突飞猛进的发展。目前石油作为现代工业生产的血液,已由燃料渗透到化工、材料、航天等工业领域,是目前世界上最具战略价值的大宗矿产品。

3.1 世界石油贸易格局

3.1.1 石油贸易的历史沿革

国际石油贸易格局经历了"20世纪50年代以北美墨西哥湾为中心—20世纪70年代以中东波斯湾为中心—21世纪全球博弈"的变迁,每次变迁都会引发国际地缘政治、势力范围的重新划分和洗牌。

石油贸易占化石类能源贸易总量的66.2%,是国际能源贸易的主体。2009年之前,石油贸易经历了10余年的快速增长,金融危机之后,增速有所放缓。2013年国际石油贸易量27.8亿吨,较1980年增长74.8%;2014年石油贸易量缩减,较2013年仅增长0.2%(图3-1)。地域上仅亚太地区进口量增长,美图和欧洲的进口量均小幅回落。

3.1.2 石油三大贸易圈的演变

21世纪以来,国际原油贸易逐步形成了亚太—中东、欧洲—前苏联①、美洲三大区域石油贸易圈。2014年,亚太地区自中东的进口量8.33亿吨,分别占亚太进口总量的51.1%和中东出口总量的80.9%;欧洲自前苏联的进口量4.3亿吨,分别占欧洲进口总

---

① 从地理区划上,欧洲仅包括西欧、北欧、南欧各国,前苏联包括俄罗斯及中亚、东欧各国数据,统计口径以BP为准

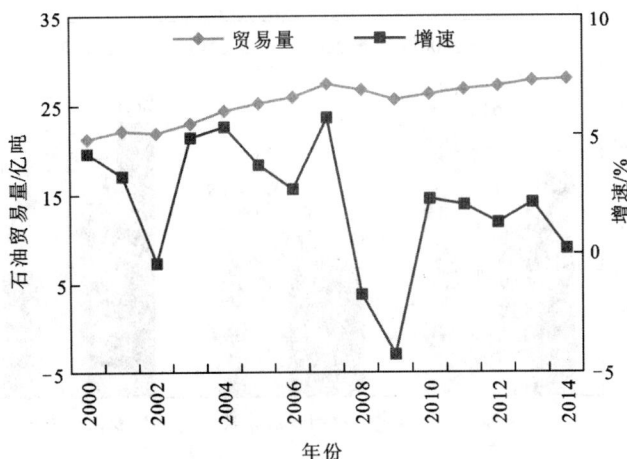

图 3-1　2000～2014 年国际石油贸易量

数据来源：BP

量的 45.9％和前苏联出口总量的 71.3％；美洲内部的贸易量 5.53 亿吨（其中 2.89 亿吨为美国进口）[①]，占美洲油气贸易总量的 69.6％（表 3-1）。

表 3-1　国际油气贸易流向

输出国/输出地区	输入国/输入地区	贸易量/亿吨
前苏联	亚太	—
	欧洲	4.3
中东	亚太	8.33
	欧洲	—
北非	欧洲	—
西非	亚太	—
	欧洲	—
墨西哥	美国	0.42
加拿大	美国	1.68
美国	加拿大	—
中南美洲	美国	0.79

数据来源：BP

　　2000～2013 年,原油贸易经历了由 OPEC 主导到三大贸易圈分离的发展过程,2014 年三大贸易圈受到冲击(图 3-2)。

　　美洲贸易圈：2000 年,美国进口油气主要由墨西哥、加拿大供应,美洲区域内油气贸易

---

　　① 根据 BP 世界能源统计报告的数据,美洲内部贸易量为美洲国家之间相互贸易量的总和,其中美国是美洲最大的石油进口国,自美洲其他国家的进口量达到 2.89 亿吨

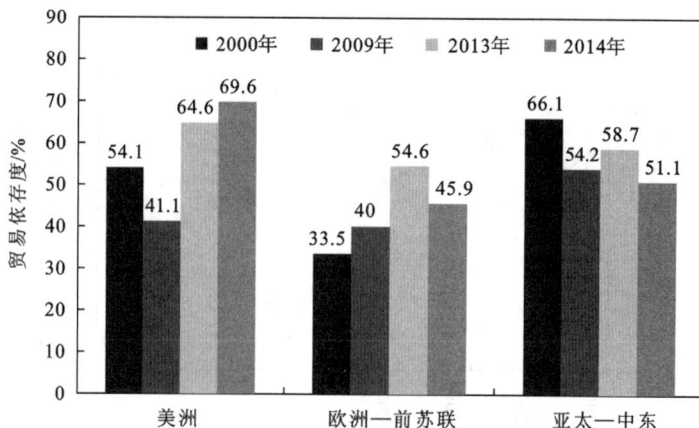

图 3-2 2000～2014 年三大贸易圈贸易比例变化图

数据来源:BP

比例为 54.1％;2009 年,由于常规油气产量下降、中南美洲新兴国家消费能力提升,美洲对 OPEC 的进口规模扩大,区域内贸易比例降至 41.1％;2013 年,非常规油气产量大增,加速美洲油气独立,区域内贸易比例大幅提高至 64.6％,2014 年进一步提高至 69.6％。

欧洲—前苏联贸易圈:2000 年,欧洲原油进口以中东、北非为主,对前苏联的进口依存度仅 33.5％,随后欧洲与前苏联贸易加速发展,2013 年贸易量 5.5 亿吨,欧洲对前苏联斯的进口依存度提高 54.6％,但 2014 年乌克兰危机影响了俄罗斯与欧洲的能源贸易,欧洲对前苏联的进口依存度降至 45.9％。

亚太—中东贸易圈:亚太地区始终保持对中东原油贸易的高度依赖。2000 年,亚太对中东的进口依存度高达 66.1％;2009 年,中东产油国产量大幅下降,亚太的进口依存度降至 54.2％;2013 年,进口依存度提升至 58.7％,2014 年这一比例降至 51.1％。

3.2 石油价格走势与波动

3.2.1 石油定价方式

石油是全球交易量最大的大宗商品,20 世纪初,石油贸易和现货交易快速发展,石油定价机制经历了三个主要阶段:1900～1970 年,油价由国际石油巨头控制,西方"七姊妹"跨国石油公司凭借带有殖民主义色彩的"租让协议"控制了中东地区的绝大部分石油资源,主导了定价机制,并将获取的石油资源以超低价格运送至本国。

1970～1980 年,世界石油产能向中东地区集中,产油国市场地位提升,OPEC 官方定价成为主导石油市场的主要定价方式,OPEC 部长级会议上公布的标准原油价格以沙特原油 API34 度的轻油为基准,成为当时统一的官方价格。此外,OPEC 还通过产量控制和协调机制对国际油价施加影响力。

1980 年至今,原油市场形成了以市场供需为基础的现货、期货相结合的定价模式。纽约、伦敦、迪拜、新加坡、东京、上海等地的主流商品交易所,原油及其冶炼产品的现货、期货合约交易活跃,价格透明度高。其中,纽约商品交易所的 WTI 结算价、伦敦洲际交易所的 Brent 原油结算价发展为并列的国际基准油价,早期 WTI 油价主要反映自加拿大及墨西哥湾进口、运至美国中西部与沿海地区提炼的原油价格,2015 年上半年,WTI 标准合约的日均交易量达到 100 万手/日,超越 Brent 合约成为全球交易量最大的原油品种,但美国页岩油产量大增导致北美地区的原油供需形势与国际市场整体出现分异,对国际市场的反应能力下降;Brent 油价早期主要反映欧洲北海油田所产原油价格,包括欧洲西北部、北海、地中海、非洲及也门等国家和地区,均以此为基准,交易量最大时全球石油交易量的 80% 以 Brent 原油为基准油价,2015 年日均交易量达到 87 万手/日。迪拜 & 阿曼油价反映中东所产原油价格,是 OPEC 官方定价的演变产物,20 世纪 80 年代起,OPEC 官方定价基本失效,继而推出以 7 种成员国原油出口的平均价格为基准价格,各国根据原油品质和运输成本上下浮动。迪拜 & 阿曼油价主要为现货结算价,期货交易量较小。当前定价机制下,欧美石油资本和以 OPEC 为代表的产油国市场势力的博弈主导了国际油价的基本走势。

3.2.2 油价基本走势

1960～2014 年国际油价经过短暂的平稳期(1960～1972 年)之后,波动逐渐加剧,经历了四次大幅上涨和三次大幅下跌过程,在此期间,原油的政治属性隐蔽化,金融属性不断增强。

1973 年,为报复美国对以色列的军事援助,OPEC 通过减产、禁运等手段缩减石油供应,爆发了第一次石油危机,1973～1974 年,油价由 3.3 美元/桶涨至 11.6 美元/桶,上涨至 3.5 倍。

1978 年,两伊战争爆发,伊朗、伊拉克的石油供应受到影响,直接导致了第二次石油危机。1978～1981 年,油价由 14 美元/桶涨至 36.8 美元/桶,上涨至 2.6 倍。

20 世纪 80 年代,OPEC 的市场控制力削弱,沙特放弃机动调节 OPEC 石油产量的职能,加大了市场供应水平,石油权利转向西方国家。1980～1986 年,油价经历了一轮长周期下跌走势,由 36.8 美元/桶跌至 14.4 美元/桶,实际跌幅 61%。

1997～2008 年,亚洲金融危机之后,新兴经济体拉动全球经济走强,油价进入长周期上升通道。OPEC 市场地位进一步下降,墨西哥湾飓风等供应危机事件不断冲击油价,价格上涨过程中,投机引起的市场风险也在集聚。10 年间,油价由 19.1 美元/桶涨至 97.3 美元/桶,最高位达 147 美元/桶。

2009 年金融危机爆发,投机资金迅速缩水,油价泡沫破灭,由 97.3 美元/桶跌至 61.7 美元/桶。

2009～2011 年,全球经济艰难复苏,油价呈恢复性上涨行情,由 42 美元/桶涨至 2011 年 4 月 123.15 美元/桶,上涨了 1.93 倍。

2011～2014 年,国际油价维持震荡走势。2014 年,油价快速下行,一度跌破 50 美元/

桶,创出金融危机以来的最大下跌幅度(图3-3)。

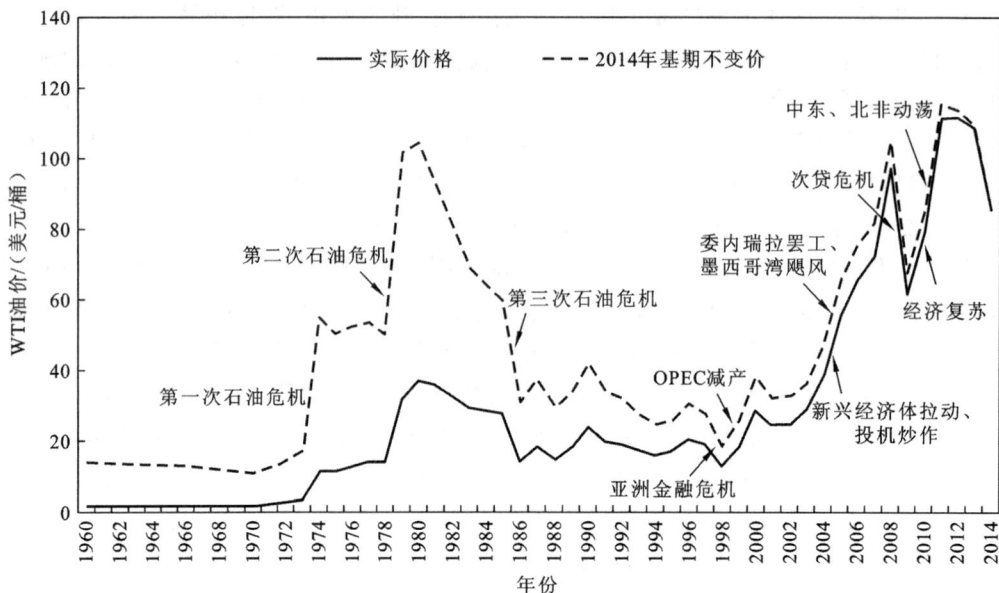

图 3-3　1960～2014 年 WTI 油价走势与相关热点事件

数据来源:EIA

自 2014 年 6 月中旬以来,国际油价从 110 美元/桶的高位持续快速下跌,至 2015 年 1 月中旬,WTI、Brent 和 OPEC 一揽子油价分别跌至 44.5 美元/桶、45.9 美元/桶和 41.5 美元/桶,与 2014 年油价最高点位相比跌幅达 58.6%、59.4% 和 62.4%。2015 年,WTI、Brent 和 OPEC 油价持续低位震荡,WTI 与 Brent 价差扩大至 10 美元/桶(图3-4)。

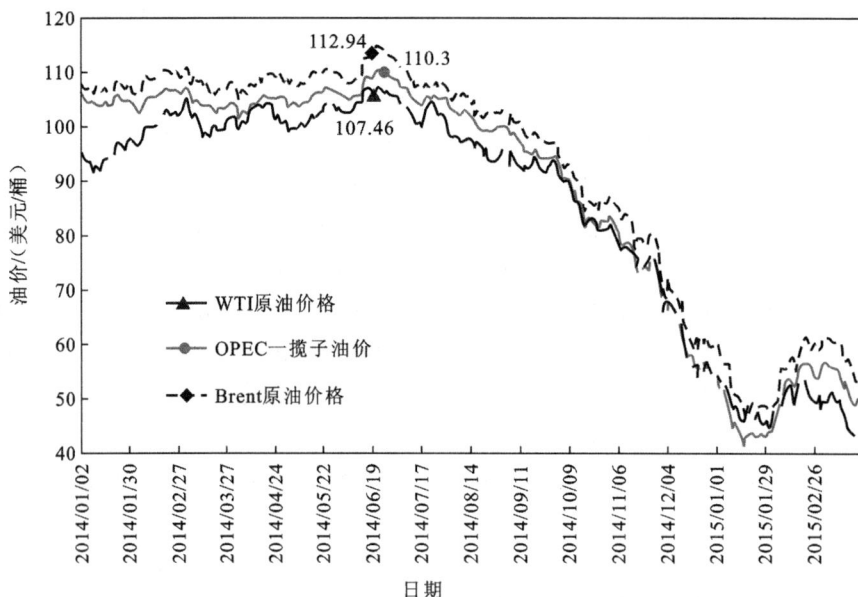

图 3-4　2014～2015 年 WTI、Brent 和 OPEC 原油价格走势

数据来源:EIA、OPEC 和 ICE

3.2.3　世界油价波动性分析

1. 油价波动的影响因素

国际油价的波动非常剧烈,且对外界因素的影响反应十分敏感,更多地表现出金融属性和战略诉求(鲍君洁等,2010)。因为原油作为全球最具代表性的金融化资源产品,期货市场运作成熟,交易量大,并且根据行情动态产生多方套利和资金流动,造成联动反应和风险溢出,所以多重因素都对原油市场产生直接或潜在的影响。本书将油价影响因素具体总结为以下四个方面。

1) 供需基本面的异动

供求关系是决定价格走势的最基本动因。对于原油市场而言,市场供求关系的变化更为明显和灵活,特别是近年来,随着新兴产油国的发展和开采技术的提高,原油及其替代品的产能快速提升,极大增强了市场供应弹性,并直接造成了高油价时代的阶段性终结。

2011~2014 年上半年,国际油价在 85~110 美元/桶持续剧烈波动,市场前景不明朗,各国原油库存维持高位,供求平衡关系十分脆弱。2014 年上半年,局势动荡的伊拉克、利比亚等国产能快速恢复,沙特阿拉伯、美国等产油大国也持续增产。2014 年上半年,世界原油日产量增长 154.26 万桶,市场供求平衡打破,油价快速下行(图 3-5 和图 3-6)。

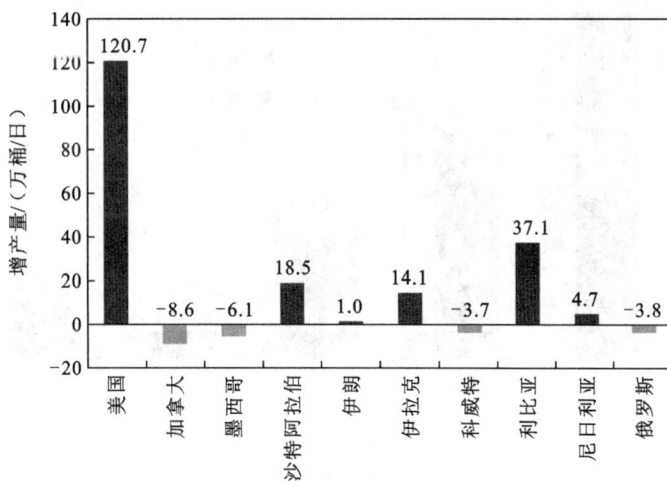

图 3-5　2014 年上半年主要产油国原油增量

数据来源:EIA 和 OPEC

全球原油产量的增长势头短期内仍将持续,具有成本优势的油田仍在增加产量。2013~2014 年,北美洲日均产量由 1820 万桶增至 1990 万桶,中南美洲由 480 万桶增至

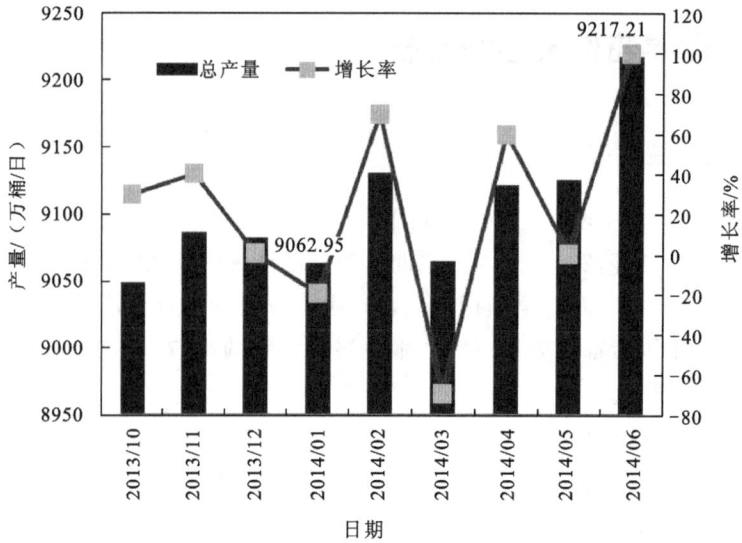

图 3-6　2014 年上半年世界原油总产量

数据来源:EIA 和 OPEC

510 万桶,前苏联日均产量小幅上涨 7 万桶,美国、加拿大和俄罗斯产量均创历史新高。2014 年全球原油总产量达 331.67 亿桶,较 2013 年增长 4.7%。2015 年美洲产量增速放缓,但全球原油总产量仍没有明显降低(图 3-7)。

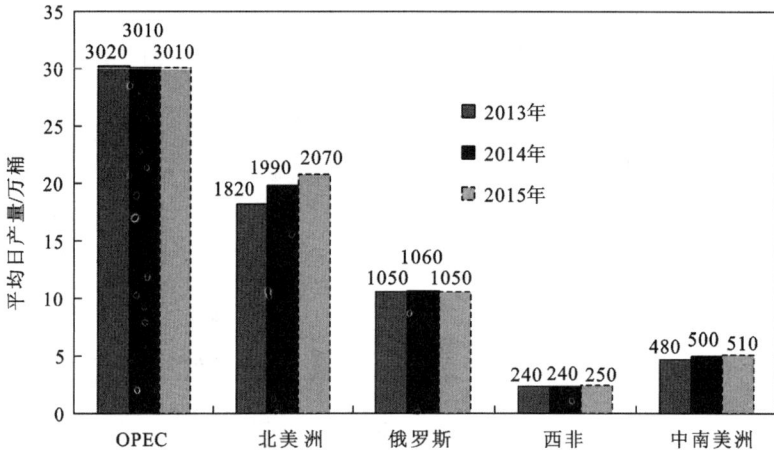

图 3-7　2013～2015 年国际石油产量走势

数据来源:OPEC

　　世界各主要经济体的原油消费水平却出现停滞,这与当前的宏观经济环境紧密相关。2013～2014 年全球主要经济体发展速度趋缓,世界经济形势依然维持弱势和深度调整中。发达国家中欧元区和日本经济形势持续低迷,欧元区 GDP 增速连续 12 个季度不足 1%,日本 2014 年 GDP 增速一度跌至-1.9%,仅美国经济形势有所好转(图 3-8);新兴经济体中,中国和印度 GDP 增速分别为 7％和 5％,增速下降(图 3-9)(何小明,2009)。

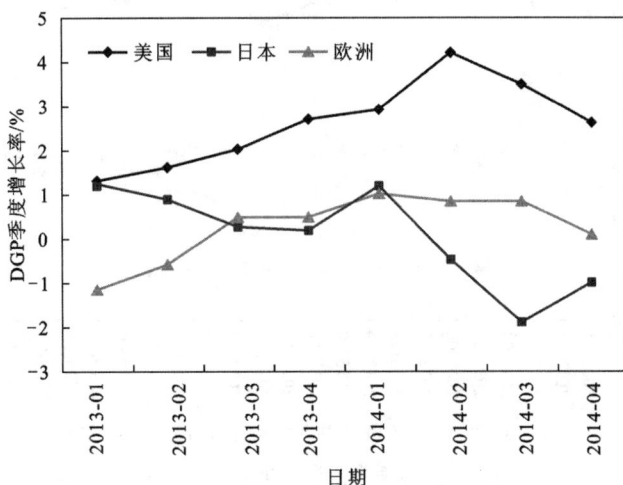

图 3-8　美、日、欧 GDP 增速走势

数据来源:中国金融信息网

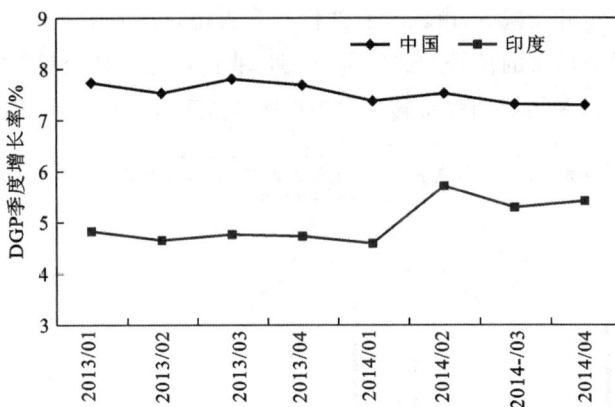

图 3-9　中、印 GDP 增速走势

数据来源:中国金融信息网

受此影响,市场对石化冶炼产品的总体消费需求相应减少。2014 年日本、美国主要石化冶炼产品的消费量出现明显回落,其中日本由 450 万桶/日降至 370 万桶/日,美国由 340 万桶/日降至 300 万桶/日。欧洲、中国、印度等国消费水平与 2013 年基本持平,世界石油需求总量略有回落(图 3-10)。

尽管全球原油市场需求并未明显提升,但各主要产油国为争夺市场份额持续增加产量,生产调整的滞后性也进一步加剧供需失衡,推动油价持续下跌、低位震荡。

2) 原油期货避险情绪高涨,头寸由多头转向空头

原油期货的交易量巨大,2014 年伦敦、纽约的期货交易所共交易原油期货 53300 万手(约合 730 亿吨),远远超过原油的实际贸易量。由于期货交易平台运作成熟,大量企

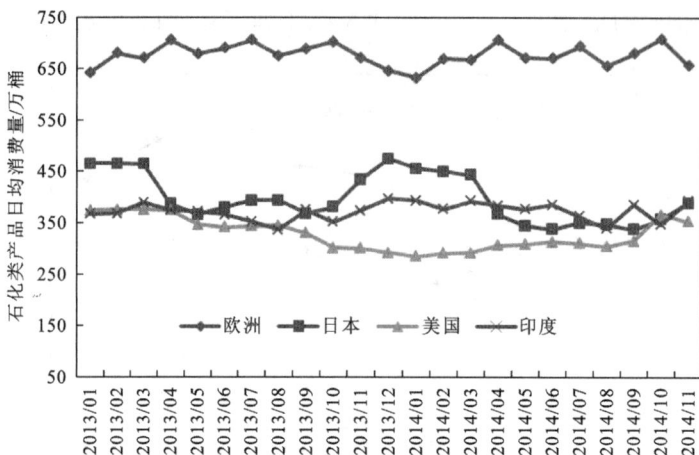

图 3-10　2013～2014 年主要经济体成品油消费量[①]

数据来源:OPEC

业、机构投资者、风险资本、游资进入寻找套利机会,投机资金的炒作加剧了油价的金融杠杆风险。2014 年 6 月,纽约商品交易所 WTI 期货合约非商业净持仓量[②]为 45.9 万手,7月起,非商业净持仓量开始减少,市场看涨油价的多头持仓量大幅下降,空头资金成为市场主力,释放强烈的看空后市的信号。2014 年 11 月,非商业性净持仓量降至 23.1 万手,较 6月份减少了 49.7%,投机资金由多头转为空头加速油价下行(图 3-11)(焦建玲等,2014)。

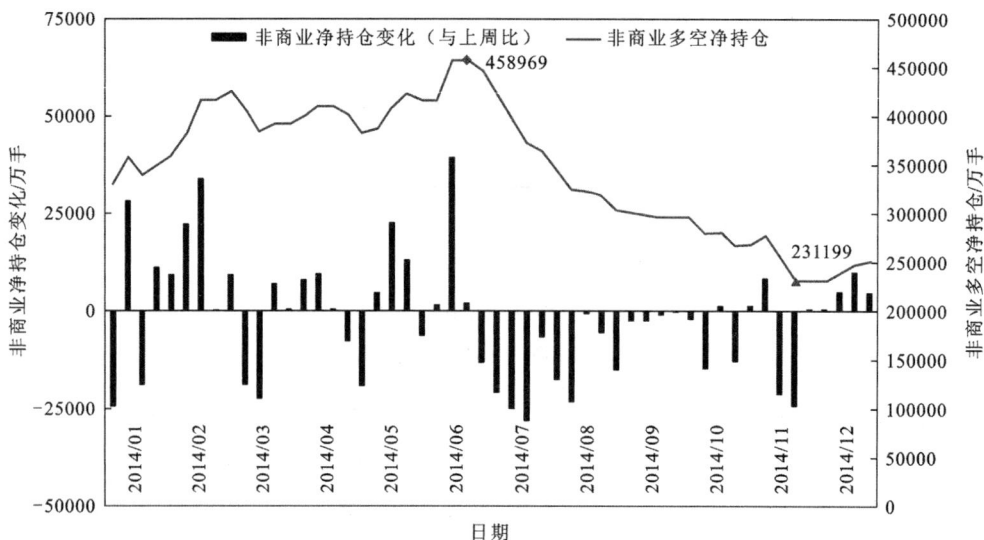

图 3-11　纽约原油非商业净持仓变化和多空净持仓

数据来源:CFTC

---

① 数据来自 OPEC 月度报告,主要统计了各经济体包括汽油、煤油、柴油、航空燃油、取暖油等在内的主要石油冶炼产品的消费量

② 非商业净持仓量反映期货市场中以套利为目的的头寸在未平仓前的合约持有量,该部分持仓量主要受对冲基金等大型机构投资者控制

3）美元走强对油价下跌推波助澜

美元汇率与油价的关联性也明显强于其他矿种,这主要得益于纽约和伦敦两大主要原油期货交易所均采用美元报价、结算,汇率波动将直接影响各国投资者能够投入交易的资本量,进而影响原油期货对于投资者的吸引力。2013 年 12 月,美国联邦储备局(美联储)宣布自 2014 年起逐步退出量化宽松政策,刺激了美元走强。美元指数自 2014 年 3 月起开始上行,至 2015 年 3 月涨至 100.72 点,涨幅达 25.2%,是油价走低的重要诱因。美元走强一方面降低了以美元标价的原油结算价格,另一方面降低了原油期货的市场流动性,增大了国际油价的下行压力(图 3-12)。

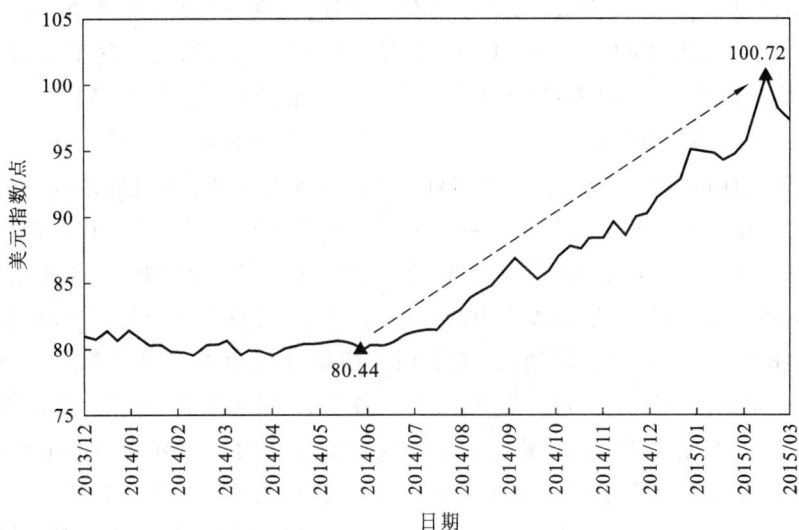

图 3-12　2014～2015 年美元指数走势

数据来源:ICE

4）地缘政治问题和敏感事件

除了金融属性,原油第二大特点就是作为重要的战略资源,对国际局势和地缘政治关系有很强的敏感性。早在 OPEC 主导国际石油市场的时期,中东局势成为决定油价走势的关键,海湾战争、两伊战争、科索沃战争等都曾引发市场恐慌,导致油价飙升。目前,地缘政治问题的复杂程度大大提升,各国由直接对抗转为彼此制衡,短期和中长期内对市场的影响性难以评估。2014 年以来,乌克兰危机、利比亚危机等问题同样一再引发市场各方的担忧。

国际油价是各种因素复杂作用的结果,但如果多重因素均利多或利空市场,则会放大油价的涨跌幅度。2014 年 7 月,市场基本面、美元汇率和期货投资等多方面共同导致原油市场行情在 7 月份急转直下,此番油价大跌不是对某一热点事件的短期反应,而是前期市场矛盾与风险积累的总爆发。

本书选取经验模态分解算法(empirical mode decomposition,EMD)对国际油价的波动特点进行深入分析。为保证数据的可靠性,本书选择了 WTI 原油期货主力合约价格的数据样本进行分析。根据数据尺度和起止时间的不同分为两组:第一组数据样本为 1985 年 1 月~2015 年 6 月的月度数据,共 365 个数据点;第二组数据样本为 2003 年 1 月~2015 年 6 月的周度数据,共 1223 个数据点,基于较长期的样本,可以提取出较大时间时间尺度上的模态,从而有利于分析序列的长周期性或者长周期中的动态性;而基于近期的高频数据样本,则主要用来解释短期震荡的情况。

根据 EMD 算法,数据样本 1 分解为 7 个 IMF 和 1 个残差序列,数据样本 2 分解为 5 个 IMF 和 1 个残差序列,所有 IMF 的频率和振幅都是随时间变化的。随着 IMF 的频率由低变高,其振幅也逐渐增大。与原始数据相应,IMF 函数在 2003 年之前都非常平稳,但之后波动快速增加,振幅加大。IMF_1、IMF_2、IMF_3 周期非常短,是典型的高频序列,其振幅均集中在 5 以内;IMF_4、IMF_5、IMF_6、IMF_7 周期逐步加长,振幅逐步增加,属于中低频序列,其振幅集中在 20 以内;趋势项则一直呈上升趋势(梁强等,2005)。

为进一步分析各组成成分的特点及具体意义,本书又相继计算了各组成部分的平均周期、方差等统计量(表 3-2 和表 3-3)。IMF 的平均周期为数据长度除以峰(谷)个数。同时使用皮尔逊相关系数和肯达尔相关系数来衡量序列之间的相关性。皮尔逊相关系数认为两个序列在同一个时点上的值同时超过或低于序列均值的比例越大,相关系数越高,主要用于衡量数量相关;肯达尔系数认为两个序列在同一时点上的值与上一时点相比,变化方向相同的比例越大,则相关度越高,主要用于衡量等级相关。同时考虑这两个相关系数,可以更全面地认识序列之间的关系。此外,各 IMF 相互独立,可以通过计算各成分的方差占所有成分方差之和的百分比来衡量各成分的变化对原序列变化的贡献度。但是,加总后的方差并不总是等于 100%,对数据样本 1 存在着 $+8\%$ 的偏差,数据样本 2 存在着 -9.34% 的偏差,这是由筛选 IMF 过程中的三次样条插值和终止的近似条件等引起的偏差,在分析中可以忽略。

表 3-2 IMF 和残差项统计(WTI 月度数据,1985 年 1 月~2015 年 6 月)

	平均周期 /月	皮尔逊 相关系数	肯达尔 相关系数	方差	方差占原序列 方差比例/%	方差占各模态(残差) 总方差比例/%
原序列				181.41		
IMF_1	3.09	0.10*	0.06*	0.59	0.34	0.33
IMF_2	6.90	0.07	0.05	0.64	0.38	0.35
IMF_3	13.43	0.14*	0.07*	0.89	0.49	0.45
IMF_4	26.85	0.17*	-0.00	2.95	1.64	1.53
IMF_5	60.42	0.29*	0.03	2.55	1.41	1.30
IMF_6	95.20	0.23*	0.01	7.29	4.36	4.02
IMF_7	133.50	0.34*	-0.01	32.53	17.93	16.61
残差		0.81*	0.75*	147.76	81.45	75.41
加总	.				108.00	100.00

* 表示相关性在 0.05 的水平上显著(双尾)

表 3-3　IMF 和残差项统计（WTI 周度数据，2003 年 1 月～2015 年 6 月）

	平均周期/月	皮尔逊相关系数	肯达尔相关系数	方差	方差占原序列方差比例/%	方差占各模态（残差）总方差比例/%
原序列				196.09		
IMF$_1$	0.78	0.07	−0.05	0.82	0.42	0.46
IMF$_2$	1.97	0.09	0.06	0.99	0.51	0.56
IMF$_3$	4.31	0.18*	0.12*	2.93	2.04	2.25
IMF$_4$	2.02	0.14*	0.10*	1.93	2.25	2.48
IMF$_5$	24.45	0.42*	0.27*	6.60	4.27	4.71
残差		0.77*	0.62*	164.50	81.17	89.54
加总					90.66	100.00

* 表示相关性在 0.05 的水平上显著（双尾）

从表中可见，对于两个数据样本，对原序列的变化趋势而言，最重要的模态都是残差项，而不是某一个 IMF。两个残差项与原序列的皮尔逊相关系数和肯达尔相关系数分别大于等于 0.75 和 0.80。同时，其方差贡献率均在 75% 以上。残差项之外，各成分的方差贡献率基本随频率的增加而递减，对样本 1 而言，IMF$_7$ 的方差贡献率为 16.61%，IMF$_6$ 的方差贡献率骤降至 4.02%，而 IMF$_1$ 仅占 0.33% 的方差贡献率。IMF 频率越高，对油价整体走势的影响越小。因此，IMF$_7$ 是样本 1 中第二重要的成分，是原序列分解出的最低频的模态，平均周期约为 10 年，方差贡献率为 16.61%。至于次低频的 IMF$_6$，虽然其方差贡献率仅次于 IMF$_7$ 和残差项，但 4.04% 的数值相比两者已经降低了不少。比较 IMF$_7$、IMF$_6$ 也具有较大的差别：两者与原序列的皮尔逊相关系数分别为 0.34 和 0.23，与原序列的肯达尔相关系数却分别为 −0.01 和 0.01，并且在 5% 的显著性水平上不显著。这是因为肯达尔系数主要衡量的是方向变化上的相关性，而低频 IMF 的方向变化是非常缓慢的，在较长期内都保持向上或者向下，这和波动剧烈的原序列经常发生方向变化，但大部分时间向上的特征不符，因此导致两者的肯达尔相关系数很低，IMF$_7$ 甚至出现负相关。与此不同的是，趋势项虽然变化很缓慢，但一直保持着上升趋势，而原序列在多数时刻的方向也是向上的，因此，趋势项和原序列的肯达尔相关系数很高。相反，最高频的 IMF$_1$、IMF$_2$ 之和的方差贡献率低于 1%。说明高频 IMF 对油价变动的贡献率非常小。对于样本 2，分解结果和样本 1 相似，其第二重要的模态也是低频 IMF，但方差贡献率已经急剧下降至 4.7% 以下。

对于数据样本 1 和样本 2，由于起止时间和频率的差别，提取出的高频 IMF 有所不同。但是，短样本由于数据点长度限制，根据奈奎斯特采样定律，其能提取出的最长周期为数据点长度的 1/2。因此，对于周期长于这个临界值的模态，长样本能提取出来，短样本却只能包含在趋势项内，这就导致两组数据提取的趋势项有差异。周度数据频率高，可分解出比月度数据更细的尺度，如周度数据的 IMF$_1$ 平均周期小于 1 月，这对于月度数据来说是不可能提取出来的。此外，由于近年来油价的波动更为剧烈，长期趋势不再显著，导致皮尔逊相关系数、肯达尔相关系数均有明显降低。

经过价格波动频率的分解后,可以进一步将影响油价的因素分解为不同影响程度的因素。

(1)趋势性因素。

趋势性因素是影响油价长期走势的确定性因素,油价的长期趋势项与油价序列具有高度的相关性,平均而言,原序列70%以上的变化都是由趋势项的变化引起的,这种趋势性因素主要体现了市场体系高度完善、价格发现功能充分发挥的长期均衡油价水平,主要由市场供需关系和原油开采技术、产能成本所决定。

观察历史序列,虽然油价在突发事件、短期供求失衡、投机基金操作等因素下剧烈波动,出现远离趋势项的情况,但当这些因素的影响逐渐消退之后,油价总是会回到趋势项附近。例如,1979～1980年石油危机造成油价由1979年年初的15.5美元/桶暴涨至39.5美元/桶,之后油价缓慢回落,1986年世界经济衰退造成油价大幅回落,又回到了当时的趋势项22.5美元/桶附近。

(2)重大事件影响。

重大事件对油价的影响主要体现在价格波动的中低频部分中。从IMF_4～IMF_7的平均周期来看,其周期在3.5～10年,说明市场自身难以消除重大事件的影响,其持续时间可能很长。此外,这部分在很多时点振幅都超过了10美元/桶,说明重大事件对油价的影响程度相当可观。战争等重大事件最具代表性,特别在20世纪中,对石油利益的争夺控制与政治局势交错,地区争端频发,严重影响了油价行情(周明磊,2004)。

通过将重大事件的影响从整个油价序列中分解出来,可以评估重大事件对油价的真实影响。例如,在1979年伊朗革命、1980年两伊战争期间,该组成成分共计上升了22.05美元/桶,粗略说明这两个事件对油价的最大影响在22.05美元/桶左右,并且这一事件的持续影响为1979～1985年,对历史上重大事件对油价影响模式、程度、持续时间的分析,可以为未来的类似情况提供参考。

(3)短期市场失衡和不规则事件。

除了重大事件和趋势性因素,还有许多其他因素影响着油价的走势,这类因素包含范围最广,如天气、罢工、库存变动、有关国家政策,以及金融投机因素等。这些事件往往持续时间很短,发生频繁,因此它们对油价的影响主要体现在高频部分,并一定程度上放大了趋势性因素和重大事件的影响程度。早期,这些事件对油价的影响幅度往往限制在±5美元/桶以内,但近年来短期因素导致的油价波动程度有所增大。

综上,国际油价主要由其内在的长期趋势性因素、重大事件的影响和市场短期波动三方面构成。突发事件的影响对中期油价的走势起到确定性的作用,趋势项则反映了在没有突发事件影响的情况下油价的正常走势,而各类短期因素则迅速放大了油价的波动频率和幅度(王安建等,2014a)。

3.2.4　油价波动对有关国家的影响程度

近期原油市场的剧烈波动正在迅速改变国际能源市场的局面,各产油国陷入以争夺市场份额为主的低油价博弈阶段。OPEC 为了打击新兴石油产地和非常规油气的开发，坚持通过稳产巩固市场份额，2014 年 9 月，OPEC 总产量达 3284 万桶/日，远超官方设定的 3000 万桶/日上限。2014 年 11 月 27 日，OPEC 决议暂不下调目前的产能限额，次日 WTI 油价即大跌 10.2%，Brent 油价大跌 4.1%。

2015 年 4 月，伊朗核谈判取得重大进展，虽然与会各方尚未达成全面协议，但西方国家已表示会根据伊朗对最新核协议的遵守情况分阶段解除对伊朗的经济制裁，届时伊朗的石油出口量会有明显提升，对油价下行持续施压。

2013 年年底，乌克兰危机爆发，俄罗斯与美国、欧洲关系进一步恶化，美国运用产能和金融手段打压油价，破坏俄罗斯财政与对外收支平衡，并借机同时打击中东产油国的经济，低油价效应进一步向欧洲和东亚等主要进口地区传导，以此巩固"石油美元"的霸权地位。

随着国际油价的大幅下跌，以 OPEC 成员国和俄罗斯为代表的主要石油出口国经济遭受打击，产油国之间矛盾激化，市场份额和潜在产能均面临挑战。油价下跌对主要进口国产生重大利好，有效刺激了美国经济复苏，有利于新兴经济体优化石油供应渠道，构建符合自身发展需要的能源保障体系。

2014 年，俄罗斯石油出口规模明显缩减，单月出口量比 2013 年同期减少近 6%，12 月出口量降至 1600 万吨。2014 年俄罗斯累计出口石油 1.87 亿吨，与 2013 年 2.35 亿吨相比，跌幅 20.43%。2014 年，俄罗斯石油出口量连续第三年下降（图 3-13）。

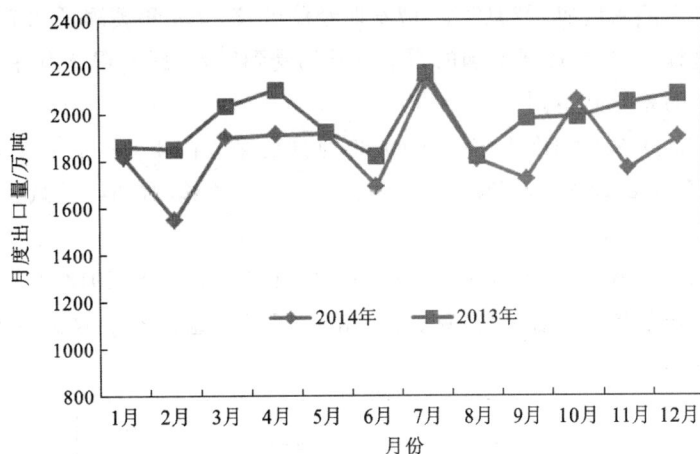

图 3-13　2013～2014 年俄罗斯月度石油出口量

数据来源：UN

国际油价的大幅下跌使俄罗斯石油出口出现了"量价齐跌"的局面，石油出口收入严重缩水。2013 年 Brent 均价为 98 美元/桶，俄罗斯全年出口额 1750 亿美元，2014 年俄罗斯出口额 1533 亿美元，下半年油价重挫 60 美元/桶，直接导致俄罗斯石油出口额损失约 217 亿美元（图 3-14）（张珣等，2010）。

俄罗斯经济发展高度依赖能源出口收益。2013 年石油出口额达 1750 亿美元，占 GDP 总量的 8.73%、外汇储备的 34.5%。石油出口提供了政府财政收入 1131.5 亿美

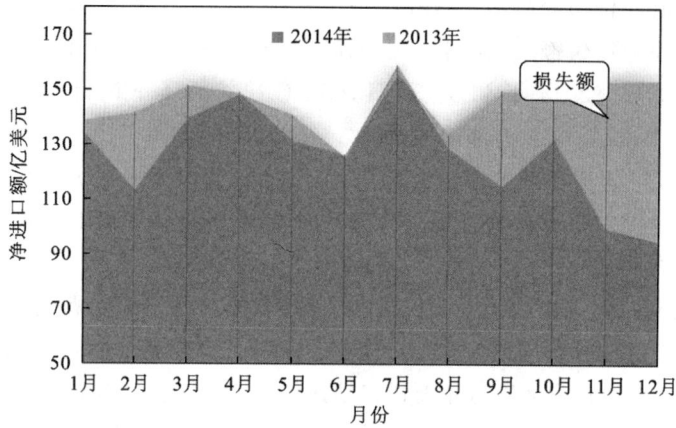

图 3-14　2013 年～2014 年俄罗斯月度石油出口额

数据来源：UN

元,占总财政收入的 27.81%。

粗放单一的经济结构严重削弱了俄罗斯经济应对油价下跌的调节能力。俄罗斯国家统计局的报告显示,2014 年油价大跌直接导致俄罗斯 GDP 增速降至 0.6%,财政收入缩水约 300 亿美元,外汇储备缩水约 880 亿美元。2014 年,卢布兑美元汇率年内跌幅达 57.28%,反映俄罗斯经济全面陷入危机。2015 年,俄罗斯经济已较 2014 年萎缩了 3.7%。

油价下跌过程中,OPEC 成员国的石油收益均受到影响,影响程度因各国经济实力和低油价承受能力的差异而不同。

2014 年,沙特、科威特和尼日利亚 GDP 增速分别保持在 4.6%、1.8% 和 7%,石油收入对 GDP 贡献率较 2013 年分别减少 8.3%、2.5% 和 1.2%,石油收益减少对 GDP 总量影响程度较低。

2014 年,伊朗、伊拉克、委内瑞拉石油收入对 GDP 贡献率与 2013 年基本持平,除了伊朗经济因外部环境转好获益,伊拉克、委内瑞拉 GDP 总量因石油收益减少而严重缩水(图 3-15 和图 3-16)。

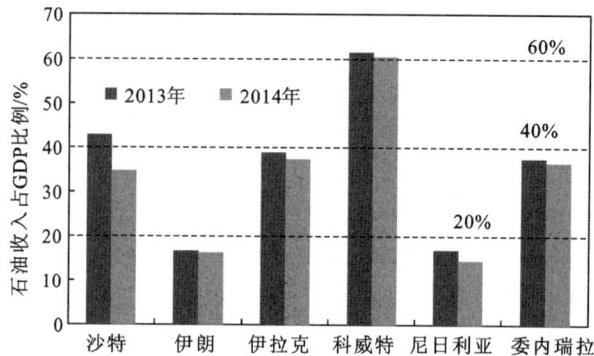

图 3-15　OPEC 主要成员国石油收入对 GDP 的贡献

数据来源：IMF 和 BP

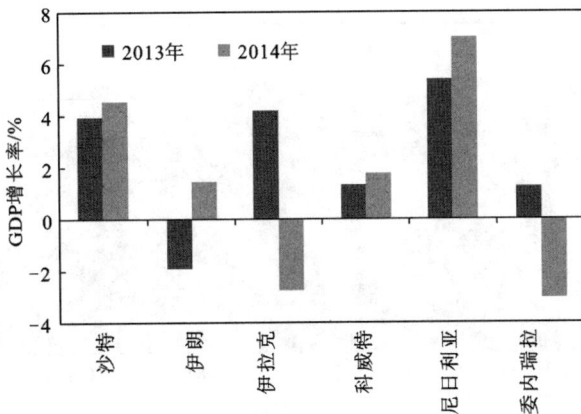

图 3-16　OPEC 主要成员国 GDP 增速变化
数据来源：IMF 和 BP

　　2014 年下半年，在石油收益缩减的冲击下，OPEC 成员国开始频繁调整产量，其中，沙特力主稳产争夺市场份额，委内瑞拉、利比亚、尼日利亚等受油价冲击严重的国家选择大幅减产，2014 年下半年委内瑞拉减产幅度高达 98.3 万桶/日。油价下跌加剧了 OPEC 内部分歧和发展不平衡，削弱了沙特平衡 OPEC 内部产量、主导政策方向的能力，弱化了 OPEC 整体对世界石油市场的控制能力（图 3-17）。

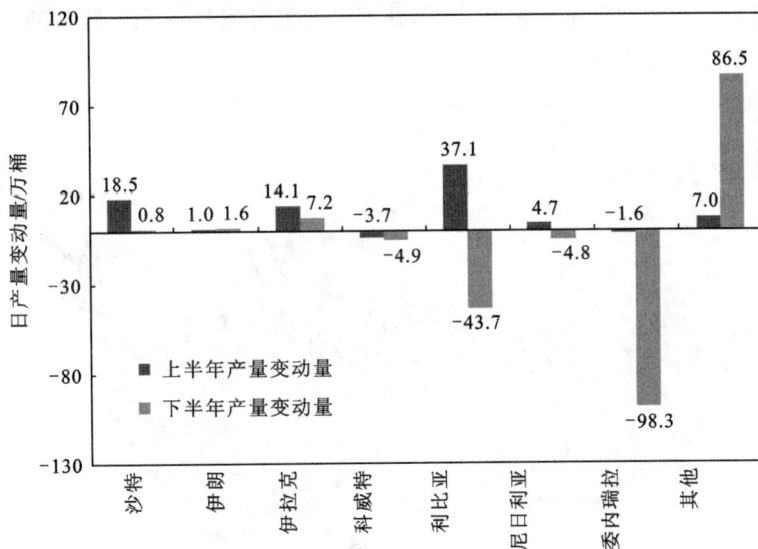

图 3-17　2014 年 OPEC 成员国石油产量变化情况
数据来源：OPEC

　　石油进口国在油价下跌过程中获得了多方面战略利益，市场地位提升。2014 年下半年，国际油价累计下跌达 60 美元/桶，每吨原油的进口成本降低 400 美元，美国的石油进口因此减少了 970 亿美元支出，促使美国在 2014 年的石油进口量增长至 3.7 亿吨（图 3-18）（何小明，2009）。

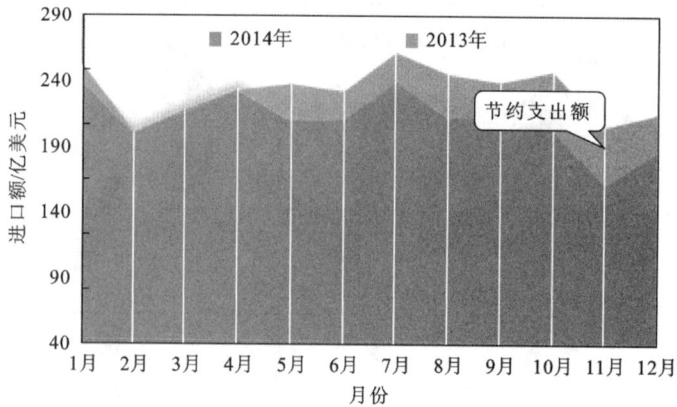

图 3-18 2013～2014 年美国月度石油进口额

数据来源:UN

美国现已成为继沙特之后的机动产油国,其石油产量调节和政策走向直接影响国际石油市场和油价走势,"石油美元"地位得以强化。油价下跌进一步刺激了美国经济增速,打击了主要竞争者,保障其战略东移的顺利实施,战略的灵活性提升。

此外,美国 2010 年兴起的页岩气革命受到 2014 年油价快速下跌的影响。2014 年下半年,美国页岩油主产区北达科他州石油钻井数量由 198 个下降至 162 个,得克萨斯州由 902 个下降至 810 个。在低油价的压力下,北美页岩油开发进入调整转型期,开发力度放缓(图 3-19)(陈其慎等,2013)。

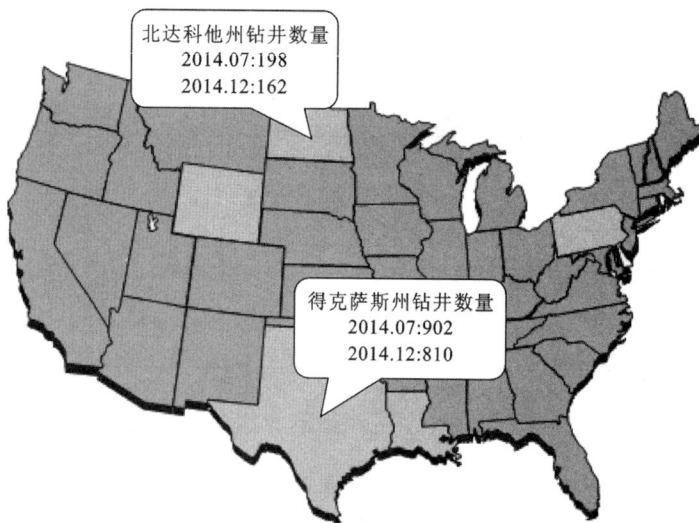

图 3-19 美国页岩油开采区分布及钻井平台数量变化

数据来源:Drilling Info

油价下跌同样对中国产生重大利好。2014 年中国石油进口量达 3.1 亿吨,受油价下跌的刺激,2014 年下半年单月进口量由 2500 万吨增至 3150 万吨,累计减少 750 亿美元的外汇支出(图 3-20)。

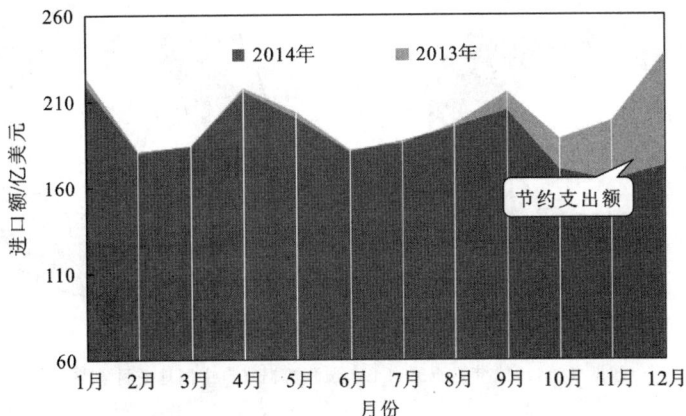

图 3-20　2013～2014 年美国、中国月度石油进口额

数据来源：EIA 和 Index Mundi

　　油价下跌过程中,产油国加大了市场份额的争夺力度,纷纷谋求与中国加强油气合作。以此为契机,中国与中亚、俄罗斯、中东及中南美洲的油气贸易、投资均有重大进展,加快构建符合中国战略安全的多元化石油供应体系,缓解经济增长的能源压力与风险。

3.3　未来石油市场趋势

3.3.1　石油市场格局展望

　　未来 10 年,化石类能源在能源消费结构中的主导地位仍然稳固,到 2020 年,化石能源在能源结构中的比例将小幅缩减至 84.7%,其中石油的比例减少 3.16%,仍然是比例最高的能源类型(图 3-21)。

　　未来 10 年,亚太新兴经济体成为主要的油气进口地,中东仍将是最主要的原油出口地,中东、非洲受制于自身消费能力的增长,出口能力下降,美洲对外出口能力增强,世界能源贸易重心由北美转向亚太。

　　IEA(国际能源署,International Energy Agency)《2013 年度世界能源市场展望》统计显示,未来 10 年,全球油气贸易将由 35 亿吨降至 30 亿吨,其中原油贸易量下降 20%,天然气贸易量增长 5%。中国将维持全球最大的油气进口国地位,印度、东南亚的进口量将翻番。2020 年,非 OECD(经济合作与发展组织,Organization for Economic Cooperation and Development)国家的原油进口量将超过 OECD 国家,占世界原油总进口量的 51%。

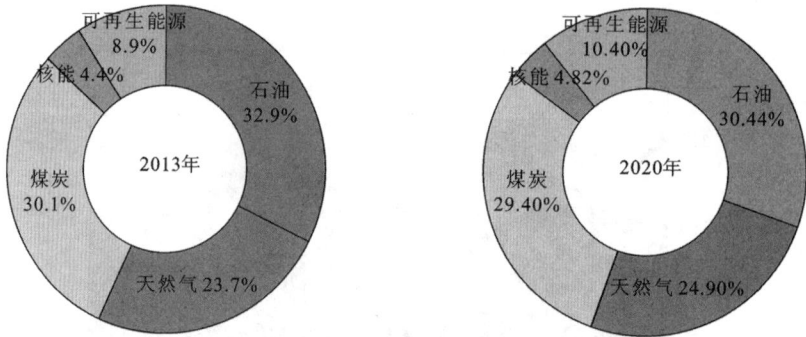

图 3-21 2013～2020 年国际能源需求变化

数据来源:2013 年数据来自 BP,预测数据来自中国地质科学院

出口方面,中东仍将是最主要的原油出口地,预计 2020 年中东油气市场份额将由 32.9%降至 30%,俄罗斯油气市场份额维持在 15%～20%,随着美国油气产能持续提升,美国已经启动原油出口,中国等发展中国家将加快谋求与中南美洲国家的能源合作,到 2020 年美洲油气市场份额将达 25%,美洲贸易圈将实现由区域自给向区域外输出的转变。俄罗斯的出口重心由欧洲向亚太转移,中东不仅失去了原有的北美市场,还将与美洲、俄罗斯争夺亚太市场,石油市场的竞争将加剧(图 3-22)。

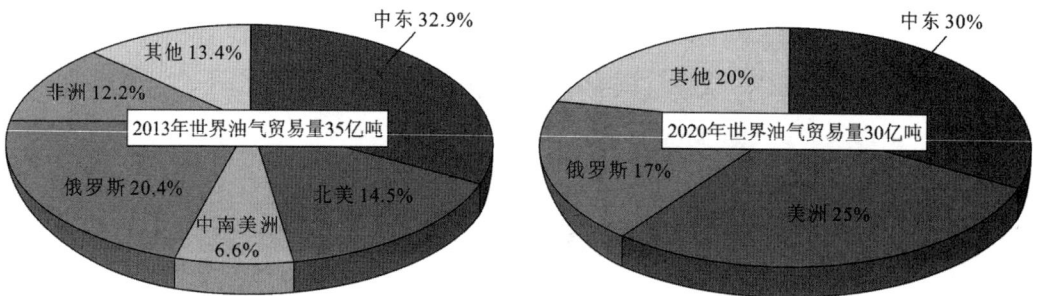

图 3-22 2013～2020 年主要油气产地市场份额变化

数据来源:IEA

3.3.2 国际油价预测

结合生产成本和产能利用率,美洲、欧洲—前苏联油气贸易圈的支撑价位为 40～50 美元/桶。

本书结合各石油主产地的生产成本[①]及产能利用率综合评估油价下方支撑价位。从生产成本来看,常规石油明显低于非常规石油,其中,中东地区的生产成本依然具有较大

---

① 生产成本主要包括原油的开采成本和运费,数据来自瑞士国家银行

优势,仅 15 美元/桶,产能利用率在 70%~75%。由于 OPEC 成员国的石油收入主要用于维持国内基础建设等刚性需求,OPEC 的生产动机强于其他产油国,油价长期低位波动有利于 OPEC 巩固市场份额。

美洲是目前世界油气产能最充足的地区,产能利用率约 65%。世界新增油气产量超过 90% 集中在美洲,但美洲的新增产能中 60%~70% 为页岩油、油砂、盐下原油等非常规油气,生产成本平均 40 美元/桶,最高可达 70 美元/桶,市场竞争能力较差。若油价跌破40 美元/桶,美洲油气产量将缩减,美国将重新加大区域外的进口比例,美洲油气贸易圈一体化趋势将弱化。

俄罗斯的原油生产成本为 30 美元/桶,产能利用率已达 80%,油价持续低迷不仅影响俄罗斯石油产业的资金链,还将迫使其搁置在东西伯利亚、北极圈附近多项规划中的开发项目,影响其后续产能水平和市场地位,加上政治因素对俄欧贸易的影响,若油价持续低于 50 美元/桶,欧洲—前苏联贸易圈将弱化。综合两方面因素,油价支撑价位在 40~50 美元/桶,在此价格水平上,美洲及俄罗斯的石油产业盈利获取困难,产能收缩促进油价回升(表 3-4)。

表 3-4　世界石油主产地生产成本及产能利用率[①]

国家/地区	生产成本/(美元/桶)	最大产能/(万桶/日)	产能利用率/%
北美	40	3100	65
中南美洲	45	1400	70
亚洲	35	1750	88
俄罗斯	30	1400	80
中东	12	3860	75
非洲	25	1860	83
欧洲	40	820	90

数据来源:瑞士国家银行和 IEA 相关报告

从能源替代角度分析,替代能源开发的支撑价位为 80 美元/桶。根据瑞士国家银行的成本估计,以目前的技术条件,非常规油气仅北美页岩油气生产有所突破,世界范围内页岩油气要实现量产至少需要 60 美元/桶的价位支撑,深海油气的开发成本可达 75~85 美元/桶。长期来看,油价持续高于 80 美元/桶价位,才能促使能源企业对非常规能源和可再生能源的技术和商业投入,实现对石油资源的替代。

基于生产成本、产能利用率和替代能源开发成本等因素,预测油价的最低价位在40 美元/桶,2016 年油价将维持在 60 美元/桶左右,未来 3 年,油价将回调至 60~80 美元/桶,但很难回调至高位。

---

① 各国产能利用率主要根据 IEA、IMF(国际货币基金组织,International Monetary Fund)、OPEC 等机构对各国原油生产运营情况和主产油田的开发进展的相关分析估算得到

3.4 中国增强国际石油市场话语权分析

中国是石油生产消费大国,随着工业化的快速推进,年均原油进口量直线上升。由于原油对于整个国民经济事业发展至关重要,世界上任何国家都不能忽视原油供应安全问题。长期以来,围绕原油市场的利益博弈不断升级,但中国始终在市场中处于被动跟随的状态,难以满足国家的战略部署及相关利益诉求。北美的页岩油气革命进一步提升了美国能源战略的空间,令中国倍感压力。当前,国际油价深陷低谷,市场转型的方向为中国提供了更多机遇,如何加紧解决自身能源市场的突出问题,以前瞻性眼光把握市场机遇,成为当前的迫切议题。

3.4.1 降低中国石油进口通道风险

中国原油进口量在 20 世纪 90 年代开始快速增长,2000～2007 年年增速最快时达到 60.3%,2004 年进口量首次突破 1 亿吨,2009 年首次突破 2 亿吨,2014 年成功突破 3 亿吨,2015 年达到 3.34 亿吨,超过美国首次成为全球第一大原油进口国。与此同时,原油对外依存度也急速上升至 64%。其中,自中东的进口量 1.7 亿吨,占进口总量的比例达到 51%,西非 5700 万吨,占比 17%,俄罗斯 4600 万吨,占比 14%,中南美洲 3700 万吨,占比 11%,这四个地区集中了我国 93% 的原油进口量,并且这些地区或者属于长期处于局势动荡和地缘关系敏感的地区,或者属于经济结构单一、经济基础薄弱、基础设施条件较差的边缘地区,因此这些地区的原油市场经常出现波动,影响进口方的能源供应安全。从进口通道来看,我国经由海路运输的原油占进口总量的 90%,管道、铁路运量十分有限。海路运输主要依靠以下 3 条航线。中东航线:波斯湾—霍尔木兹海峡—马六甲海峡—台湾海峡—中国。非洲航线:北非—地中海—直布罗陀海峡—好望角—马六甲海峡—台湾海峡—中国。东南亚航线:马六甲海峡—台湾海峡—中国。可以看出,中国进口原油的运输过于依赖马六甲海峡,这里几乎成为中国原油的生命线。为了扭转这种局面,中国正积极从西部、西南部、东北部分别修建由哈萨克斯坦、缅甸、俄罗斯等国通向国内的原油通道,只是相对于巨大的进口总量,这些工程暂时依然难以改变中国原油进口通道单一的问题。

3.4.2 提高国内石油自给能力

中国是世界第四大产油国,1978 年原油产量首次突破 1 亿吨,跻身世界产油大国行列,2009 年产量突破 2 亿吨,2014 年为 2.1 亿吨。与原油消费水平大幅攀升形成鲜明对比,国内原油产量近 10 年增长缓慢,大庆、胜利、渤海、长庆、延长、新疆、辽河 7 大主力油田多数已进入高含水开发后期阶段,采收率严重下滑。以开采年限最久的大庆油田为例,自 1960 年开发建设以来,年产量峰值水平曾突破 5000 万吨,但经历了连续 27 年稳产 5000 万吨,连续 12 年稳产 4000 万吨以上的高强度开采之后,油田早已不堪重负,2015 年大庆油田正式启动减产计划,年减产量约 150 万吨。

一方面是传统开采区的没落,另一方面是新兴油田接续能力不足。国家高度重视地质勘探和找矿工作,加大矿业勘探投入,原油勘探也不断取得新突破。2015 年新增探明储量 39.5 亿吨,发现鄂尔多斯、塔里木和渤海湾等 8 个亿吨级油田,但这些新兴油田主要分布在戈壁沙漠和沿海大陆架区域,开发难度大,技术要求高,短期内规模量产的概率不大。

原油生产的另一个亮点页岩油领域,虽然前景十分乐观,但短期依旧困难重重。中国的页岩油储量仅次于俄罗斯和美国,位居世界第三位,主要分布在辽宁、吉林、内蒙古、四川等地。2010 年之后,美国的页岩油产量大增,有力地增强了其原油自给能力,这种变化促使中国更加关注国内的页岩油资源。但相比之下,中国的油页岩储层地质条件复杂,基础设施条件差,目前的主流开采技术——水平压裂技术耗水量极大,对于水资源匮乏的中国而言也构成制约,亟须在开采技术上有所突破,得到更适应国内储藏环境的开采方式。我国的页岩油开发已经投入实际运作,部分油井已出油,但能否复制美国的成功仍属未知。总体来看,国内石油产能的突破面临不少挑战,短期我国的对外依存度仍难以下降。

3.4.3　积极实施"一带一路"战略

2013 年,中国领导人首次提出了共建丝绸之路经济带和 21 世纪海上丝绸之路两大倡议,即目前为大家所熟知的"一带一路"战略,全面深化与西部、南部周边各国的区域战略合作。油气资源合作是这一战略的重要组成部分,"一带一路"沿线上储量排名前 23 位国家和地区 2014 年石油产量为 24.048 亿吨,约占世界石油产量的 57%,多数主产国希望借助东亚经济发展快车,将本国资源优势转化为经济财富,因此沿线国家地区间存在广泛的利益互补与合作空间。"一带一路"战略以外交为先导,以市场牵引为手段,双边、多边交流活跃,中国与俄罗斯、哈萨克斯坦、土库曼斯坦、伊朗、沙特等国在油气贸易、投资、勘探与开发、技术合作、运输通道建设等方面合作进一步深化。

围绕着"一带一路"的能源格局十分微妙。俄罗斯、美国、印度是在"一带一路"沿线中具有关键影响力的大国,它们在区内拥有广泛的战略利益,与区内一些国家政治、经济关系紧密。首先,美国在东南亚、中亚、中东地区具有一定的势力优势,并且进一步将战略重心向东亚倾斜,在地区事务上多方面制衡中国,对区域能源合作的政治环境造成不利影响。其次,俄罗斯将中亚地区视为其重要的战略后方,难免忧虑中国与中亚加强合作将削弱其对独立国家联合体成员国的控制力。最后,中国和印度两大能源消费国在能源贸易中的竞争关系必将不断加深,近两年,印度同样在积极地强化与东盟、中亚和中东的能源合作。欧洲也在积极推动能源渠道多元化,未来将加大从中东和北非地区的能源进口,增加对中亚国家的上游投资和管道建设。通过分析可以看出,中国的"一带一路"战略实施和能源外交形势不容乐观,中亚、中东地区各方势力交错,博弈升级。需要通过有效的沟通、协调、对话机制推动合作的落实,也要规避地缘风险和敏感问题,这将考验中国处理对外关系的能力。

3.4.4 加紧推出石油期货品种

原油期货品种有着悠久的历史,目前伦敦洲际交易所、纽约商品交易所的原油期货月均交易量分别达 6.6 亿桶和 4.1 亿桶,是最活跃的交易品种。但是亚太地区缺乏一个独立的、权威的原油期货市场,长期承受高额的市场溢价,推高了经济运行成本。亚太具有庞大、活跃的原油现货市场,这是发展原油期货市场的良好基础,伴随油价的断崖式下跌,世界原油市场格局正在发生一系列的变化,给亚太地区,特别是中国提供了绝佳的契机,中国正在利用低油价期加大原油储备量,人民币的国际化程度不断加深也为中国建设自己的期货市场提供了助力,发展中国自己原油期货的时机已经成熟。上海国际能源交易中心(INE)已上市推出中国自己的原油期货,这是中国期货市场第一个真正国际化的交易品种,是我国对外开放的又一重大突破。对于中国年轻的资本市场而言,上市交易量如此巨大的品种无疑是一个挑战,除了群策群力,多方配合协调制定完善相关交易机制,吸引足够的国内外机构,保障其顺利运作,也要防范来自多方的风险和压力。对于中国的原油期货能否改变中国大部分交易品种被动跟随国际主流交易所价格走向的历史,成为国际市场的新亮点,值得期待。

第4章 世界天然气市场分析及展望

人类对天然气的利用距今已有 4000 多年的历史,但 19 世纪初期在英国和美国才相继出现了规模化的商业开发。由于管线技术的进一步发展,20 世纪 20 年代起,长距离天然气管道输送成为可能。1970 年,苏联建成世界上最长的天然气输气管道,由西西伯利亚气田直达东欧市场,至此,欧美区域天然气市场持续发展。自 21 世纪以来,受能源结构低碳化、清洁化趋势影响,世界天然气产业在开发层次、技术创新和市场开发等方面均取得重大进展。

4.1 世界天然气贸易格局

4.1.1 天然气贸易发展历程

天然气贸易在 20 世纪 50 年代才开始,比石油、煤炭等化石能源晚得多,并且直到 20 世纪 70 年代,天然气主要还是在区域内贸易,加拿大对美国的天然气出口占主导地位。20 世纪 70 年代,欧洲的天然气取得积极进展,随着苏联管道气和阿尔及利亚 LNG(liquefied natural gas,液化天然气)相继送达欧洲,天然气贸易第一次实现国际化。天然气国际贸易的重大发展是以日本 LNG 进口为标志的,LNG 贸易的快速发展改变了输气管道对天然气流动性的局限,一定程度上弱化了管道气占贸易主体时期的地域垄断性。

4.1.2 当前天然气贸易的两大区域中心

进入 21 世纪,由于天然气总体贸易增速有所放缓,2000～2013 年,管道气与 LNG 贸易总量由 5300 亿立方米增至 10400 亿立方米,年均增速 5.3%,2010 年之后,贸易增速逐年下滑,2014 年出现近 14 年首次负增长,较 2013 年下降 3.4%,至 10000 亿立方米。从贸易品种来看,天然气贸易下滑主要受管道气贸易量减少的影响,2000 年,全球管道气贸易量 3890 亿立方米,占总贸易量的比例达到 73%,但从 2011 年起,管道气贸易量便开始持续缩减,到 2014 年贸易量 6600 亿立方米,在天然气总贸易量中的比例降至 66%。相比之下,LNG 贸易有很大发展,贸易量年均增速明显高于管道气增速,2014 年 LNG 贸易量已达 3300 亿立方米,占全球天然气贸易的比例上升到 34%(图 4-1)。

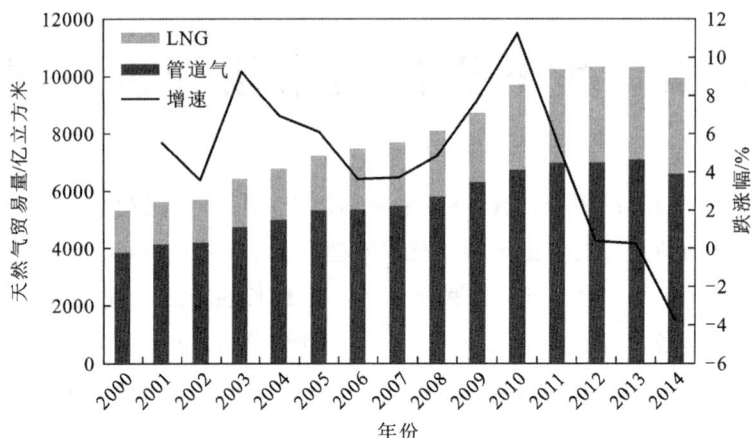

图 4-1　2000~2014 年全球天然气贸易量及涨跌幅

数据来源:BP

从贸易流向来看,管道气受到设施的局限,主要在欧亚大陆和美洲内部贸易,目前,俄罗斯和加拿大是管道气的两大贸易中心(表 4-1)。俄罗斯对东欧和西欧各国的天然气出口自 20 世纪 70 年代兴起以来保持了较快的发展势头,2013 年贸易量已达 2900 亿立方米,年均增速为 6.7%。俄罗斯出口的天然气资源 77% 流向欧洲其他国家,而欧洲进口的天然气资源有 41% 来自俄罗斯,由此可见双方在管道气贸易方面的密切程度。相比之下,俄罗斯对中国和日本等亚洲国家的出口量则十分有限。

表 4-1　2013 国际油气贸易流向

输出国/输出地区	输入国/输入地区	贸易量/10 亿立方米
俄罗斯	白俄罗斯+乌克兰	48.9
	西欧	136.3
	土耳其	26.2
土库曼斯坦	中国	27.4
加拿大	美国	78.9
美国	加拿大	25.8
	墨西哥	18.6
玻利维亚	巴西	10.7

数据来源:BP

　　但 2014 年,这一贸易格局出现了变化,随着俄罗斯与西方国家政治关系的恶化,西欧各国开始采取多种途径降低对俄罗斯的天然气依赖度,双方的天然气贸易量较 2013 年下降 147 亿立方米,俄罗斯开始加紧战略东移的步伐,与中国政府签订多项能源合作备忘录,并在西伯利亚地区修建通往我国东北地区的输气管道,但由于基础建设周期较长,东北亚的管道气贸易尚未实现突破。

　　与管道气的地域局限性相比,LNG 贸易的活跃程度较高,但主要集中在亚太地区。天然气贸易的第二大中心即为以出口 LNG 为主的中东,卡塔尔 LNG 出口量在 2014 年达到 1034 亿立方米,占全球 LNG 贸易的 31%,第二大出口国澳大利亚在 2014 年出口量为 316 亿立方米,占比仅为 9.5%。进口方面,亚太进口持续活跃,2014 年进口量达到 2427 亿立方米,占世界总贸易量的 73%,其中,中国、日本、韩国三国进口量合计 1988 亿立方米,28% 来自中东地区,16% 来自澳大利亚(表 4-2)。

表 4-2　2013 国际 LNG 贸易流向

输出国/输出地区	输入国/输入地区	贸易量/10 亿立方米
卡塔尔	日本	21.8
	西欧	23.4
	中国	9.2
	韩国	14.2
	印度	15.3
俄罗斯	日本	11.6
马来西亚	中国	3.6
印度尼西亚	中国	3.3
	日本	20.3
澳大利亚	中国	14.2
	日本	24.4

数据来源:《BP 世界能源统计年鉴(2014)》

4.2　天然气价格走势与波动

4.2.1　天然气区域定价方式

　　天然气并未形成统一的国际市场,也没有统一的定价标准。由于不同地区的市场结构和供应渠道各有差别,北美、欧洲和亚太三大区域市场各有不同的定价基准。北美市场以 Henry Hub 结算价为基准定价。北美的天然气流通量大,管网发达,市场化程度高。纽约商业交易所于 1989 年率先推出了全球第一款天然气期货合约,交割地点是路易斯安那州的 Henry Hub,这里的天然气管网横穿美国东海岸、墨西哥湾及中西部地区,并与加拿大边境相连,有稳定、充足的天然气交割储备。在天然气期货交易的运行过程中,交易所期权交易和期权差价交易作为风险管理工具,平衡天然气、石油、电力等品种的价差,同时不断推出一系列互换期货合约,应对 Henry Hub 与世界其他天然气价格中心的价格差异,从而保证了 Henry Hub 结算价充分反映天然气市场的行情走向。

欧洲市场以英国 NBP(national balancing point)结算价为基准定价。自 1998 年以来,欧洲天然气市场共进行了三次改革,深入推进了天然气交易市场发展。1998 年第一次改革提出了天然气基础设施的第三方准入,开放了各国的天然气市场;2003 年第二次改革加强了对天然气基础设施成本的监审力度,各国成立了独立监管机构,推进跨国管道建设;2007 年开始的第三次改革进一步强调了天然气基础设施经营管理的独立性、公平性和透明度,建立了统一的监管框架。三次能源改革还推动了欧洲各国间天然气管道的联网和市场大融合,由此出现了英国、荷兰、德国等天然气交易中心,2013 年欧洲约 50% 的天然气采用交易中心价格,并衍生了天然气期货与期权交易。欧洲天然气交易市场开始走向成熟。英国 NBP 是欧洲历史最悠久的天然气现货交易市场,也是欧洲天然气市场流动性最强的交易中心,NBP 天然气价格是欧洲天然气现货市场的风向标,同时也是英国洲际交易所指定的天然气期货交割地。

亚太市场没有固定的天然气交易中心,管道气价格由供需双方协议确定,大量 LNG 现货以日本 LNG 进口价为基准定价。

4.2.2 天然气区域价格走势

1984~1998 年,三大区域气价基本平稳,价差保持稳定。北美气价的波动区间为 0.05~0.08 美元/立方米,欧洲气价为 0.07~0.15 美元/立方米,亚太气价为 0.1~0.18 美元/立方米,价差维持在 1:1.8:2.4。该时期天然气区域垄断程度高,气源稳定,苏联主要供应欧洲,东南亚主要供应日本,加拿大主要供应美国。

1999~2008 年,三大区域气价持续走高,价差缩小。北美气价年均增幅 14.1%,2008 年达 0.25 美元/立方米,欧洲气价年均增幅 15.7%,2008 年达 0.39 美元/立方米,亚太气价年均增幅 13.7%,2008 年达 0.42 美元/立方米,价差缩小至 1:1.4:1.5。该时期天然气作为清洁能源受到更多关注,新兴市场消费能力快速崛起,促使气价上涨。中东 LNG 出口量增长 1.5 倍,至 58.12 亿立方米,一定程度缓解了欧亚天然气供需矛盾,价差缩小。

2009~2014 年,国际气价大幅下跌,三大市场走势分化。北美气价跌至 0.12 美元/立方米,欧洲气价小幅攀升,维持在 0.3~0.35 美元/立方米,亚太气价大幅上涨至 0.58

美元/立方米,价差扩大至 1:2.3:3.9。金融危机之后,美国页岩气产能释放,促使气价持续走低;中东 LNG 垄断亚太地区市场供应,市场溢价明显(图 4-2)。

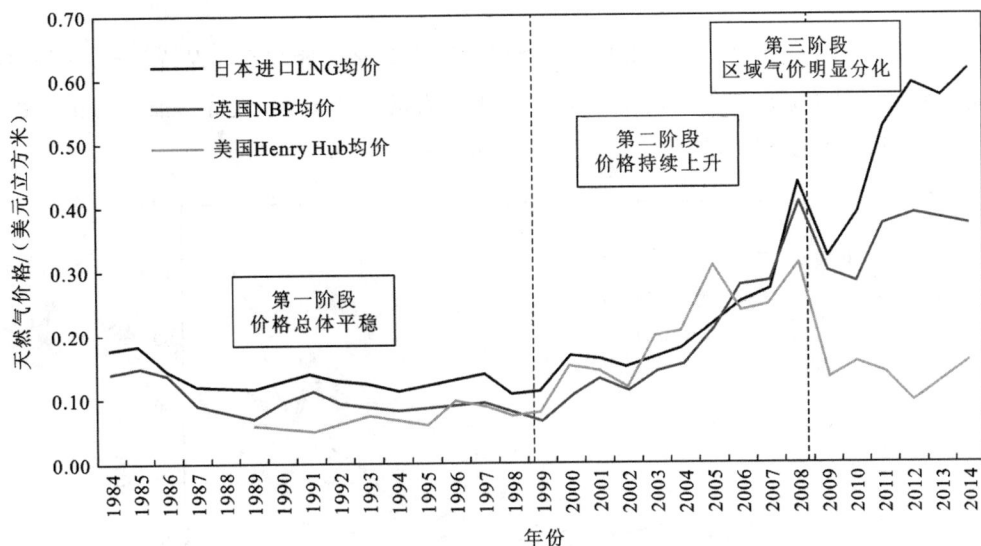

图 4-2　1984～2014 年天然气三大区域市场价格

数据来源:BP、IMF 和 Index Mundi

4.2.3　天然气价格影响因素

天然气价格的两大最主要影响因素是供需基本面和油价走势,三大区域气价的大致走势相似反映了气价以国际油价为指导、价格走势基本与油价走势相关联的状态,而三大市场的价格波动幅度与频率上的差别则显示出三个区域市场在供需基本面情况及市场垄断性上各有差异。美国天然气市场化程度很高,如果将天然气按照同等热值换算成石油,其价格的波动率要强于石油,反映了与石油的垄断程度相比,天然气市场中的大量中小型公司竞争更充分。根据换算结果,2007 年之前,北美天然气价格成本较高,价格高于油价,2007 年之后,北美天然气成本不断下降,供应能力增强,气价低于油价,价差不断扩大。

欧洲市场的天然气 50% 为协议定价,50% 为现货交易,尽管现货市场的运行较规范透明,但长期协议价格依然对现货市场有指导作用,加上欧洲的供气方垄断程度较高,供气稳定性得到保障,欧洲气价波动幅度较小,由于管道气的前期投资规模大,单位天然气分摊的成本较高,欧洲气价总体水平高于北美但低于亚太。

亚太地区是近 10 年天然气消费增速最大的区域,也是世界 LNG 贸易最主要的进口集中地,短期内,亚太地区仍然对天然气有很大的刚性需求,这是气价高企的重要原因。此外,亚太地区没有统一的天然气现货市场,天然气交易和流通不够充分,亚太市场以日本 LNG 进口价为基准，而日本 LNG 86％来自卡塔尔，这种高度垄断的市场关系不仅进一步推高气价，还使其他供应国在与亚太国家协议天然气供应价时取得有利地位。

在三大天然气市场中，欧洲和亚太天然气进口主要来源地与石油保持一致，气价与油价联系紧密。其中，亚太的 LNG 进口价受中东因素的影响较大，气价与油价的相关性达到 95.4％，属于高度相关，油价波动领先于气价（图 4-3）。

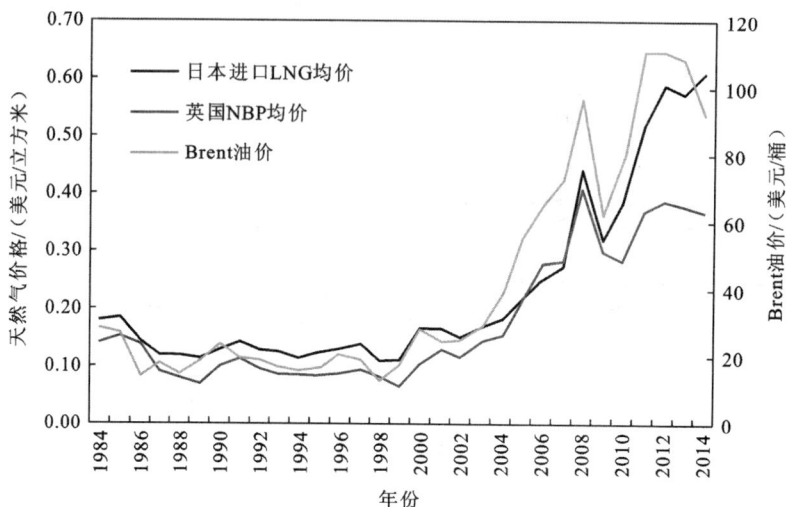

图 4-3　天然气价格与油价走势的关联性

数据来源：BP 和 IMF

美洲油气贸易圈供需基本平衡，天然气市场流动性较充分，气价与油价关联性较弱。2008 年之后，美国页岩气产量持续增长（图 4-4），美洲油气自给能力显著增强，促使北美气价迅速走低，最低价位不足 0.1 美元/立方米，仅为亚太气价的 1/4。油价走高刺激页岩气产量增加，反之页岩气产量下降，Henry Hub 价格与 WTI 油价逐步呈现出负相关趋势（图 4-5）。

4.3　未来天然气市场趋势

4.3.1　天然气市场格局展望

未来 30 年，环境气候的恶化与能源技术的快速发展推动能源结构持续向更高效、更清洁的多元化方向发展。根据《BP 2035 世界能源展望》报告的分析预测，天然气是未来30 年唯一一个消费增速快于能源总体消费增速的化石类能源，2035 年总消费量将达 56

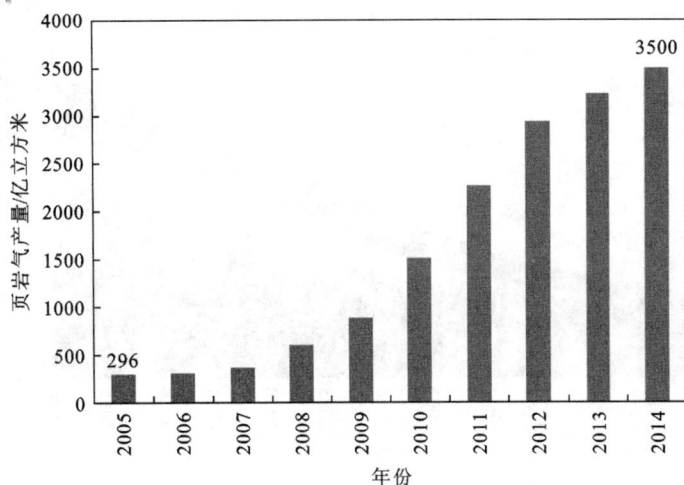

图 4-4 美国页岩气产量

数据来源:EIA

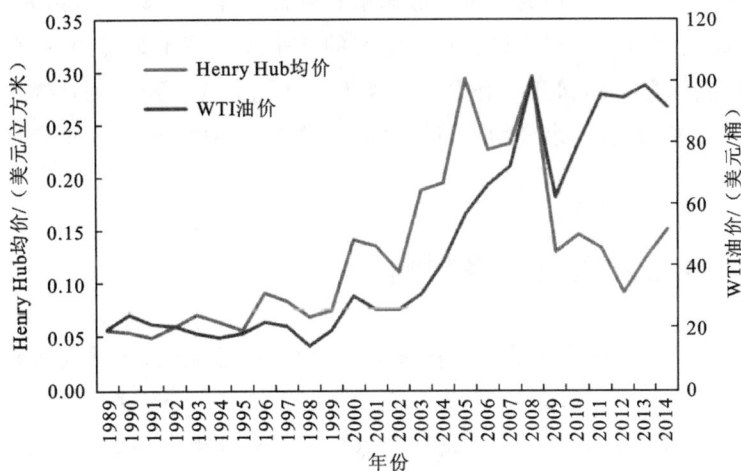

图 4-5 Henry Hub 气价与油价关系

数据来源:EIA

亿吨油当量,在能源消费中的比例将稳步提升至 25% 左右,与煤炭基本持平,略低于石油的消费总量。伴随着新兴国家能源消费能力的持续释放,以及加大推动能源结构改善的力度,天然气的消费规模和占比可能比预估值提升更快。

在生产方面,天然气的生产也将进入黄金时代,未来 30 年国际天然气产量年均增速 2%,明显快于石油(0.9%)和煤炭(0.6%),2020 年天然气产量有望达 4.1 万亿立方米,产量增长最快的地区主要为亚洲和俄罗斯。这些区域天然气远景储量可观,目前勘探率较低,部分气田由于技术和投资不到位等因素尚未有效开采,未来一段时间的开采潜力很大(图 4-6)。

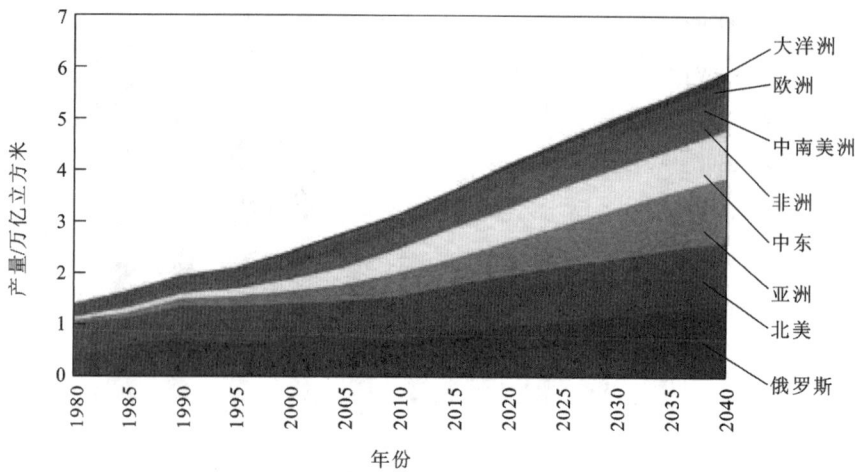

图 4-6　国际各地区天然气产量预测
数据来源:历史数据来自 BP,预测数据来自中国地质科学院

未来 30 年,常规天然气田的产量将低速增长或保持稳定,页岩气、致密气、天然气水合物等的开发将成为新的热点。尽管目前它们的开采成本高于常规油气,部分技术瓶颈还有待突破,但其储量基础和开发潜力却明显优于常规油气。预计到 2030 年,页岩气产量约 5900 亿立方米,天然气水合物也将迎来第一轮产量高峰,天然气总产量在油气产量中的比例将增至 41.2%。

4.3.2　区域天然气价格预测

美国"页岩气革命"、中俄天然气合作及 LNG 贸易高速成长,天然气贸易将由相互分割向更加全球化的方向发展,北美、欧洲和亚洲三大天然气市场价差有望缩小。

北美天然气价格稳中有升。受非常规天然气大规模开发的影响,北美地区天然气供应充足,气价一度跌破 0.12 美元/立方米。为了维持页岩气开采的规模经济性,美国将加大天然气输出力度,北美地区的天然气价格有望小幅上涨,预计未来 3～5 年,气价将维持在 0.2～0.3 美元/立方米。

欧洲天然气价格保持平稳。欧洲天然气市场供需形势相对稳定,随着天然气市场化进程的不断推进,欧洲天然气市场流动性将显著增强,气价将更有效地反映市场供需变化,未来天然气价格将保持较平稳水平。预计未来 3～5 年,欧洲天然气价格将维持在 0.3～0.5 美元/立方米。

亚太天然气价格稳中有降。未来亚太市场的天然气进口将更多地受到其他油气贸易圈的冲击,市场流动性和竞争性加强。美国拟向日本出口的 LNG 将以 Henry Hub 结算价为基准定价,亚太市场的计价方式更趋多元化。东亚天然气进口大国的深化合作将增强需求方的市场势力,减少亚洲溢价。预计未来 3～5 年,亚洲天然气价格将降至 0.4～

0.6 美元/立方米(图 4-7)。

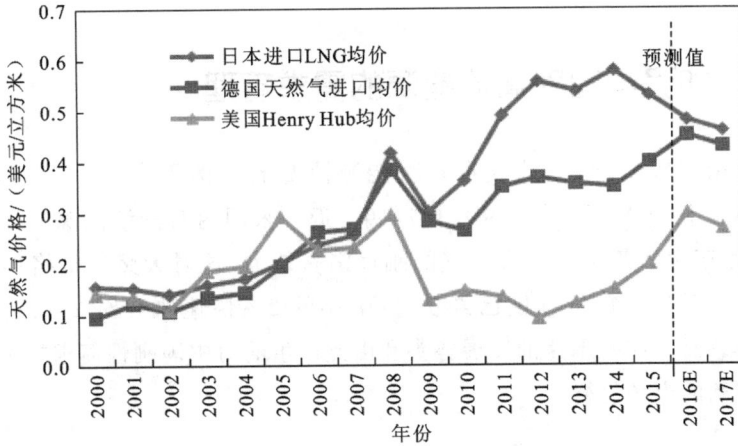

图 4-7　三大区域天然气价格未来走势预测

数据来源:BP 和 Index Mundi

4.4　中国增强国际天然气市场话语权分析

与其他矿产品相比,中国天然气进口量较小,但自 2010 年起,进口量出现快速增长,到 2014 年进口量已达 5400 亿立方米,主要进口来源是土库曼斯坦的管道气,卡塔尔、澳大利亚的 LNG。在亚太市场中,日本占据着绝对的优势地位,但国际社会普遍看好未来中国能源结构转型过程中的天然气消费能力,近年来,中国先后签订了一系列天然气进口大单,丰富天然气供应渠道,同时尝试改变单一的定价方式,规划天然气交易中心,以期改善在亚太市场的议价能力,为不断增长的天然气进口提供支持和保障。

4.4.1　提高中国在国际天然气市场的定价能力

天然气市场实行区域定价模式,三大市场中亚太气价最高昂,这主要受制于亚洲天然气消费增长旺盛、供需矛盾突出,以及进口集中度高、市场流通性差等问题。纵观天然气的主要进口方,美国是独立国家,欧盟是一个国家间联系紧密的区域组织,两个区域市场内部联系十分紧密,天然气的交易运输十分灵活便利。以中国、日本、韩国 3 国为主体的亚洲进口方涉及的国家众多,各国发展程度差异较大,长期在市场交易中各自为战,在进口过程中缺乏协调策略,相关运输、存储设施没有互联互通,进一步削弱了进口方的议价能力,导致原本就十分有限的天然气供应方能够更轻易地获取令自己满意的成交价。

2012 年,由中国石油天然气集团公司(简称中石油集团)牵头的亚洲 LNG 采购商组织正式成立,成员来自中国、日本、韩国、印度四个国家,各方已签订合作协议,希望通过加强合作拓宽进口气源,扭转"亚洲溢价"的局面。但中日要在区域合作取得实质性进展依然困难重重。

4.4.2 加强中国对清洁能源的需求管理

我国能源结构较低端,天然气在一次能源消费的比例不到 5%,远远低于国际上 23.8% 的平均水平,未来天然气消费空间广阔。近年来国内对清洁能源的重视程度极大增强,激发了生产生活各领域对天然气的刚性消费能力,这对天然气价格形成重要的支撑。我国天然气对外进口依存度已经从 2007 年的 2% 快速飙升至 2012 年的 28.9%,2013 年上升至 32%,如此迅速的发展势头和由此产生的对中国刚性需求的市场预期不利于中国争取有利的市场价格。

4.4.3 主导亚太天然气市场建设

目前,卡塔尔、澳大利亚、俄罗斯、加拿大、美国等天然气主产国纷纷将市场重心转向亚太地区,随着新贸易协定的逐步落实,未来 3～5 年,亚太的天然气贸易将大幅提升,贸易量将占据世界总贸易量的 40% 以上。与这种贸易体量不相符的是,亚太缺乏一个交易量可观的现货市场及相应的期货市场,使相关市场主体难以有效实现天然气的价格发现和风险规避。中国只有抢占亚太天然气交易中心的先机,才能更好地树立起亚太天然气进口的标杆价格,在亚太市场掌握主动权。

第5章 世界煤炭市场分析及展望

煤炭是人类最早开发利用的化石能源,18世纪,煤炭的大规模开发利用直接推动了资本主义工业文明的进程,欧美形成了一批以煤炭产区、煤钢产业为基础的传统工业中心,比较有代表性的包括英国诺森伯兰、约克郡、南威尔士,美国阿巴拉契亚,德国鲁尔,法国洛林和俄国顿巴斯等。自20世纪70年代起,石油对煤炭的替代效应逐步增强,发达国家能源结构中煤炭占比已逐步降至20%以下,但发展中国家的煤炭消费比例仍然高达60%,世界范围内,煤炭仍将长期保持基础能源的地位。

5.1 世界煤炭贸易格局

5.1.1 煤炭贸易的历史沿革

世界煤炭贸易的兴起可以追溯到19世纪,但直到第一次世界大战之前,煤炭贸易都仅局限在北美、西印度群岛及欧洲少数区域内部,第一次世界大战期间,欧洲煤炭减产、需求增加,美国借机向西欧扩大煤炭出口,跨区域的煤炭贸易兴起。但伴随着第一次世界大战的结束,欧洲煤炭产量恢复,国际煤炭贸易转入低潮。第二次世界大战之后,发达国家对石油的利用范围和程度逐步扩大,油价平稳低廉,使得煤炭在能源市场的竞争力下降,贸易规模增速缓慢。从20世纪中期起,煤炭和石油的国际贸易即表现出较显著的互补性,历次石油危机或油价大幅上涨的周期都会促使煤炭贸易的短期繁荣,但总体而言,煤炭贸易的发展速度仍然落后于石油和天然气。煤炭贸易最近一次快速发展得益于20世纪末中国经济高速增长带动的能源需求,煤炭贸易重心由欧美转为亚太。

5.1.2 环太平洋煤炭贸易圈

2013年国际煤炭贸易量13亿吨,较1980年增长3.4倍,年均增速6%。1999~2007

年煤炭贸易呈现快速增长趋势,2010 年之后增速下降,2013 年贸易增速仅为 1.3%。

中国、日本、韩国、印度和西欧是煤炭的主要进口地。2003~2013 年 10 年间,发达国家的煤炭进口量基本平稳,贸易份额由 36% 降至 24%;中国和印度的煤炭进口量分别由 1080 万吨、2330 万吨增至 26670 万吨、16070 万吨,两国贸易份额由 4.5% 增至 32.9%。2011 年中国超越日本成为全球第一煤炭进口国。

国际煤炭贸易已形成了太平洋贸易圈(印尼和澳大利亚煤炭出口中国、日本和韩国等)和大西洋贸易圈(俄罗斯和美国煤炭出口欧洲各国),其中,亚太地区煤炭进口量占全球的比例超过 60%(表 5-1)。

表 5-1　全球煤炭贸易流向

输出国/输出地区	输入国/输入地区	贸易量/100 万吨标煤
澳大利亚	日本	124.6
	西欧	10.9
	中国	88.1
俄罗斯	中国	25.1
	西欧	35.1
蒙古	中国	18.2
越南	中国	9.8
南非	印度	21.3
	中国	13.1
印度尼西亚	中国	89.8
	印度	116.8
	日本	37.8
美国	韩国	12.6
	西欧	30.4

数据来源:UN

5.2　世界煤炭价格分析

5.2.1　煤炭价格走势

国际煤炭市场并没有基准定价,煤炭出口大国澳大利亚的动力煤现货价格是反映市场走势的重要参考价格。中国是世界第一大煤炭生产国与消费国,中国国内的煤炭市场行情对国际煤炭价格有重要的影响力。1984~2014 年煤价走势从基本平稳到"三起三落"。

（1）基本平稳：1984 年～2003 年 7 月，煤价总体平稳，保持在 25～40 美元/吨，市场供求较稳定。

（2）一起一落：自 2003 年 7 月起，煤价从 32.1 美元/吨逐渐上升到 65.76 美元/吨，达到 1984 年以来的历史最高。2003 年下半年，山西等地的煤炭安全事故造成中国煤炭产量下滑、库存紧张，进而波及国际动力煤市场。2004 年煤价开始小幅回落，价格区间为 40～60 美元/吨。

（3）二起二落：自 2006 年起，由于中国高耗能产业的快速发展，煤炭市场供不应求，价格逐步走强。2008 年上半年，受其他能源产品价格上涨和前期市场惯性的影响，煤价上涨至 192.86 美元/吨；随着金融危机的爆发，下游相关产业消费能力急剧萎缩，煤价最低跌至 68.1 美元/吨，7 个月累计跌幅 64.7％。

（4）三起三落：金融危机之后，煤价出现短期恢复性上涨，2011 年 1 月上涨至 141.94 美元/吨。2011 年至今，产能过剩与下游产业需求不足共同导致煤炭市场陷入持续低迷，截至 2015 年 7 月，煤价已跌至 63.6 美元/吨（图 5-1）。

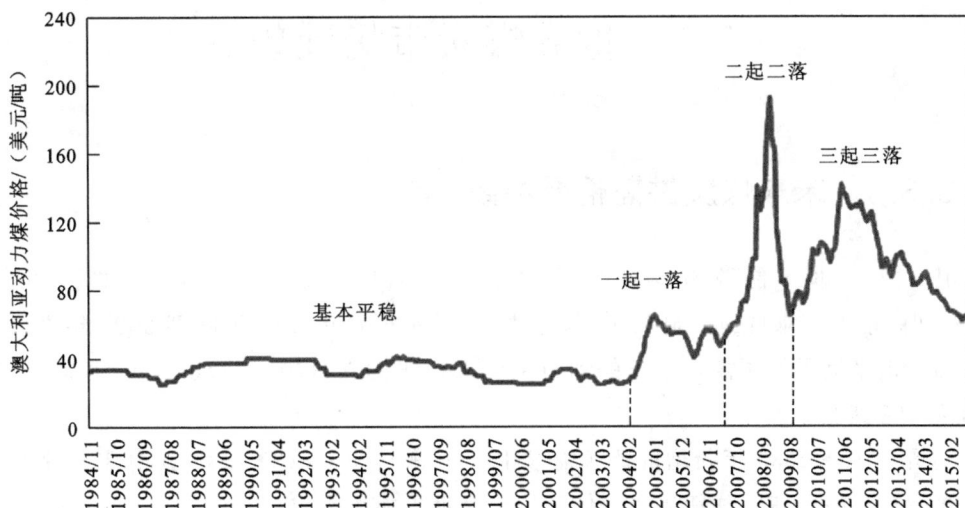

图 5-1　1984～2015 年澳大利亚动力煤价格走势

数据来源：BP、EIA 和 Index Mundi

5.2.2　煤炭价格影响因素

2000～2014 年全球煤炭产量年均增速 4.1％，产能持续扩张。由于世界经济增长乏力、环境问题突出，发达国家加快优化能源结构，中国致力于淘汰落后产能，控制高耗能产业的发展，对煤炭的需求持续下降。2000～2014 年煤炭消费年均增速 3.9％，2014 年增幅仅 1.4％，2002 年之后，煤炭市场的供需差额开始扩大，最高达到 13850 万吨油当量，产能过剩、需求不足持续压低煤价（图 5-2）。

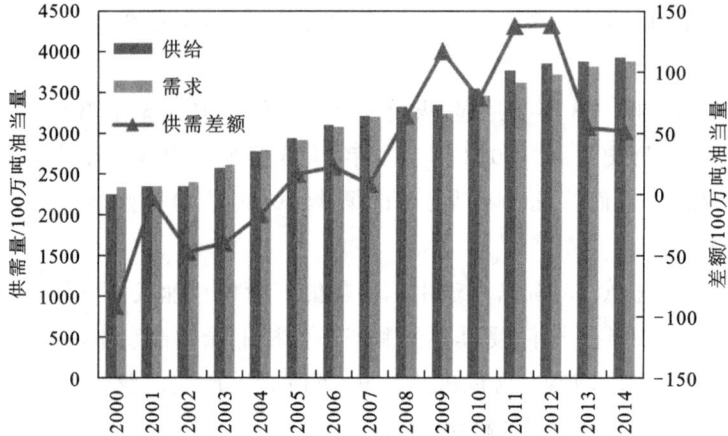

图 5-2 2000~2014 年全球煤炭市场供需情况

数据来源:BP

5.3 世界煤炭市场展望

5.3.1 未来煤炭供需格局展望

IEA《2014 世界能源市场展望》报告指出:2014~2030 年,全球能源需求增长 37%,期间能源需求增速明显放缓,从过去的 20 年里每年 2%,下降到 2025 年之后每年 1%。未来世界能源需求增长的动力主要来自非 OECD 国家,特别是中国、印度、东南亚及中东地区。

世界 2010~2030 年新增的能源需求中 90% 来自非 OECD 国家,其中 35% 来自中国,20% 来自印度,东半球新兴经济体已经成为世界能源需求增长的主要来源(图 5-3)。印度、东半球经济体所在的太平洋煤炭贸易圈,煤炭资源充足,而天然气和油气资源相对匮乏。新能源技术尚未完善,对发展中国家来讲,其开发成本较高,短期内无法大量投入使用。因此,从长期来看,全球煤炭需求仍会持续增加。

2014 年,中国消费煤炭 1962.4 百万吨油当量,居世界第一,较 2013 年增长 0.1%。印度消费煤炭 360.16 百万吨油当量,较 2013 年增长 11.1%,印度煤炭消费量正在快速增长,考虑印度社会、人口、经济等因素,未来其对煤炭的需求巨大。印度位处于印度洋,是太平洋贸易圈和大西洋贸易圈的中点,而煤炭贸易成本较低,煤炭贸易的全球化将是大势所趋。

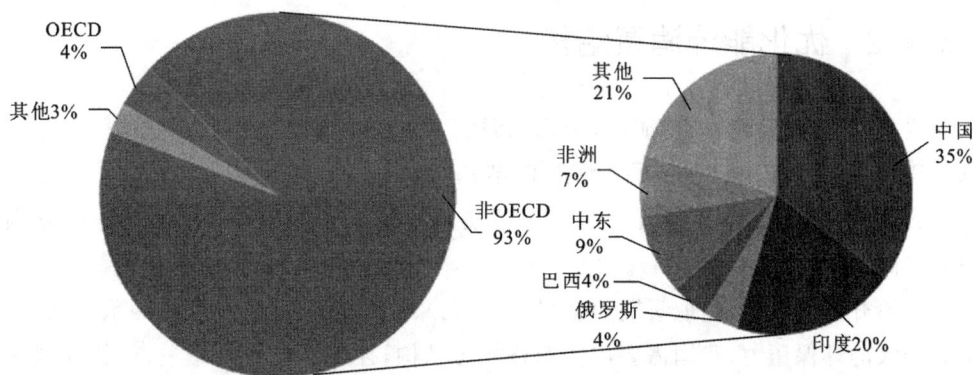

图 5-3　2010～2030 年世界能源需求增长来源及所占比例

数据来源：IEA

5.3.2　未来煤价走势预测

煤炭国际市场依然呈现小幅度波动，未来形势不容乐观。中国经济进入"调速换挡期"，对煤炭等能源需求虽有增加，但是增速明显放缓。自 2014 年 4 月 1 日起，日本政府将消费税由 5％上调至 8％，对出口产品价格优势形成一定打压，企业生产积极性将受到明显影响。韩国从 2014 年 7 月起，对进口动力煤征收进口关税，税率一律为 19.95 美元/吨，未来税率将进一步提高至 28.36 美元/吨，并相应削减天然气进口关税，韩国煤炭消费量和消费份额将受到严重挤压。根据国际能源署预计，2015 年，全球煤炭需求将会在 80.87 亿吨左右，较 2014 年仅增长 0.5％左右。

5.4　中国增强国际煤炭市场话语权分析

5.4.1　化解中国煤炭过剩产能

中国是煤炭消费大国，中国的市场供需面情况对全球煤炭的行情走势有非常重要的影响。2014 年中国煤炭产量 38.7 亿吨，全国共有煤矿 9000 余处，其中大型煤矿 970 多处，占总产量的 67％，主要分布在内蒙古、陕西、山西、山东等地。当前，我国的经济大环境发生了深刻变化，经济结构处于调整期，GDP 增速放缓，煤炭需求增长减缓。在煤炭需求疲软，价格持续下跌的情况下，各煤炭企业纷纷采取扩大产能、增加产量的策略，通过低价销售获取竞争优势，催化了煤炭产能过剩。为化解中国煤炭过剩产能，第一，要控制投资规模，限制产能扩张；第二，健全市场退出机制，化解过剩产能；第三，提高产业集中度，淘汰落后产能。

5.4.2 优化能源消费结构

煤炭是中国最重要的能源矿产,中国能源消费结构中煤炭占比过高,加大了生态环境问题的压力。2013年世界一次能源消费结构中,石油、煤炭和天然气的占比分别是33%、30.1%和23.7%,而我国一次能源消费总量中,石油、煤炭、天然气占比分别为18.8%、65.7%和5.7%(图5-4)。2013年以来,全国大部分地区频繁遭遇雾霾天气,雾霾的产生离不开天气因素,但取暖锅炉燃煤、工业污染物排放也是引起雾霾的重要因素,面对不断加大的环保压力,我国需要加快调整能源结构,控制煤炭消费总量,加快煤炭清洁利用和清洁能源替代利用。

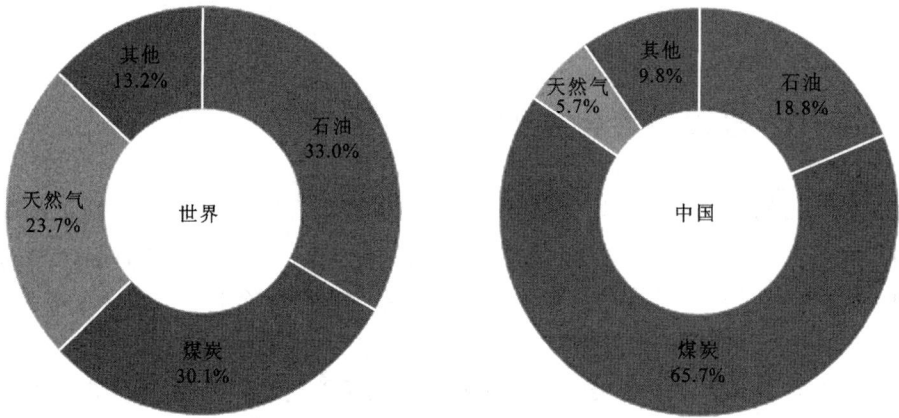

图 5-4 2013 年中国及世界平均能源消费结构

数据来源:BP

第6章 世界地热市场分析与展望

地热资源主要指地表以下5千米深度内的有用及可及热储,广泛分布于世界各地,具有巨大的开发潜力。地热能是指以岩浆、热水、热岩或土壤为载体的热能,是一种开发利用技术相对成熟的可再生能源。由于地热能相较其他能源具有环境负面影响小、利用效率高、系统稳定性能好等优势,受到了世界各国的广泛关注。

地热资源的开发利用可分为供暖制冷、发电、医疗、洗浴等许多方面。随着地热资源开发利用技术的不断成熟,因地制宜、梯级开发成为地热资源开发的主流思想:高温地热资源(150℃以上)主要表现为地热蒸汽、干热岩等形式,分布相对集中于地质运动较活跃地区,可直接利用携带的热能进行发电,尾水余温可进一步作为低温地热资源梯级开发;中低温(150℃以下,40℃以上)地热资源分布广泛、利用方式多样,以直接利用为主,包括地热采暖、工业利用、温室种植、温泉保健等方面,值得一提的是,利用70℃以上的中低温地热水发电正逐渐成为趋势(刘传江等,2006)。另外,浅层地温能(20℃以下)是指赋存地表以下200米内土壤、水源中的热能资源,可通过热泵技术用于供暖和制冷。

截至2013年,全球已探明地热储量约为 1.45×10^{26} 焦,相当于 4.95×10^7 亿吨标准煤。共有78个国家利用地热能,其中24个国家拥有地热发电厂,全球地热发电的总装机容量为11.7吉瓦,全球地热供暖总装机容量达到50.1吉瓦。2015年全年,地源热泵的总利用能量为325 028太焦,同比2010年增长了1.62倍,总设备容量为49 898兆瓦,同比2010年增长了1.51倍,平均年累计增长率为8.65%。

6.1 世界地热资源能源市场格局

6.1.1 地热资源类型

地热能按照自然中的赋存状态可划分为蒸汽型、热水型、地压型、干热岩型和岩浆型。其中,蒸汽型和热水型统称为水热型地热资源,是目前开发利用的主要对象。地压型、干热岩型和岩浆型地热资源有很高的开发潜力和价值，但由于技术和经济条件限制，目前实际应用范围较小。广义而言，浅层地温能也是地热能的一种，主要是指赋存在土壤中的大地温度，通过地源热泵等设备实现热能交换。

深层地热资源可利用的温度范围为 20～250℃ 不等，通常高温地热资源发电经济效益较高，而 100℃ 以下的中低温地热资源则以供暖、制冷或温泉旅游等直接开发形式居多。当前地热发电可利用的最低温度为 75℃，其中，水热型地热资源发电技术较成熟，主要有闪蒸法发电（包括一次闪蒸和二次闪蒸）和双工质发电等（刘冬生等，2002a）。增强型地热系统（EGS）在干热岩技术基础上提出，生产过程中不产生废水、废气等污染，同时不受地理限制，更具开发潜力和前景，是未来地热发电的发展方向。中低温地热资源以直接利用方式为主，即通过热能交换实现建筑供暖、制冷，或进行工业烘干、温室养殖等。另外，低温地热水可直接用于温泉洗浴、旅游、医疗等，部分矿化度较高的地热水可直接用于工业加工生产。图 6-1 为地热资源开发利用示意图。

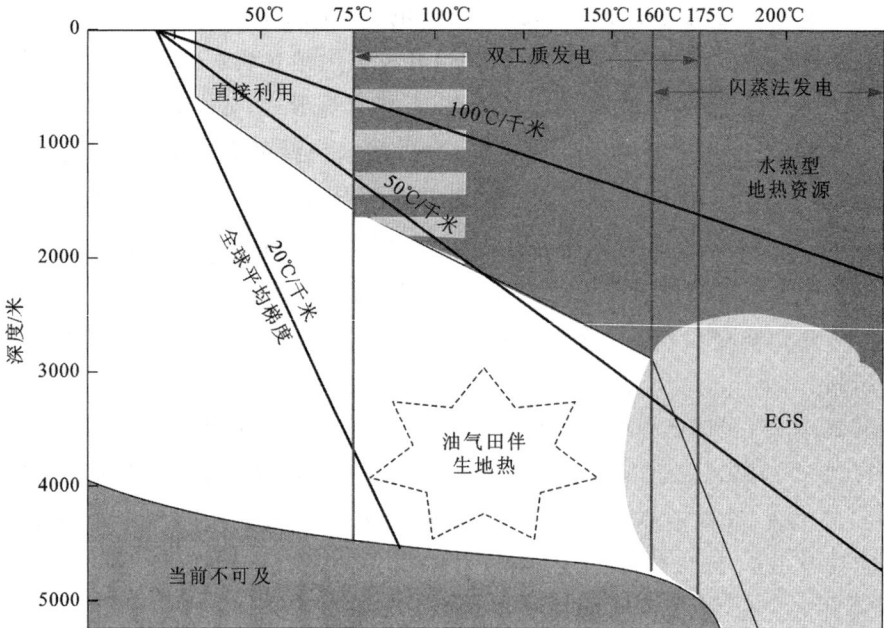

图 6-1 地热资源开发利用示意图

浅层地温能资源通常分布于地表以下 200 米范围内，平均温度低于 25℃。地源热泵技术的快速发展，使得浅层地温能在地热资源建筑市场领域异军突起。尤其是在城市地区，地源热泵冬季供暖、夏季制冷的技术日臻成熟，具备了更广阔的市场和发展潜力。与地热发电相比，直接利用的热能使用效率高达 50%～70%，且相对开发时间短、投资少，应用范围广，更具开发优势。

6.1.2 地热市场划分

受资源禀赋和开发利用成本限制,国际地热资源市场主要集中于地热资源富集区域内因地制宜地发展。加上地热资源的开发利用行为通常受到区域内政治、经济、社会等因素影响,IEA 根据地热资源分布特点和区域发展特征,将全球地热资源利用市场分为北美经合组织地区、欧洲经合组织地区、太平洋经合组织地区、印度和中国、亚洲发展中地区与非洲和中东地区 6 个大区。

国际地热利用中间市场主要涉及地热勘探、钻井、施工等过程中的相关设备和耗材贸易,形成了一定的竞争市场。地热发电机等技术水平和生产条件要求较高,以三菱等大企业为主,市场相对垄断。地源热泵由于技术原理相对简单,市场准入门槛低,中国热泵生产企业占据一定出口市场。此外,国际地热人才资源形成了一定的流动市场。

依据地热产品种类划分,国际地热产品市场主要由地热发电市场、地热建筑市场和温泉旅游市场三部分组成。地热发电市场涵盖了地热发电、传输和使用的所有环节。高温地热水通过热能转化为机械能、机械能转化为电能的过程,可稳定生产清洁电力。地热建筑市场又可进一步细分为深层地热水供暖和地源热泵两个细分市场,主体是采暖、制冷供给侧和需求侧。温泉旅游市场主要利用水热型地热资源,即温泉水。大部分地热水富含锂、硫、氟、氡、偏硼酸、偏硅酸、锌等多种矿物质,具有一定的医疗、保健、养生作用,具备水资源和矿产资源双重属性,是地热开发利用中的主要产品之一。

6.1.3 国际地热开发利用市场概况

IEA 结合当前地热市场开发利用现状,对北美经合组织地区、欧洲经合组织地区、太平洋经合组织地区、非洲与中东地区和亚洲发展中地区未来 30 年世界地热能利用情景进行了科学预测,同时,机构考虑到作为金砖五国成员的印度和中国快速发展的国情,突出了两国对于区域地热发展的贡献(图 6-2)。

从世界范围看,欧洲经合组织地区、印度和中国的主要利用方式是地热供暖,尤其是但随着技术的进步,地热发电市场将逐步扩大。非洲与中东地区,加上以菲律宾为代表的亚洲发展中国家,由于靠近板块边缘的火山地震带,地热水温度高,地热发电市场蓬勃发展,并在本国电力市场的供给中占据一席之地。北美经合组织地区和太平洋经合组织地区得益于先进的技术和政策,地热发电与供暖市场均衡发展,并更多以联合生产、综合利用的方式创造更大的市场价值。

地热资源开发利用受到地理条件的限制,但由于热能是可以传递的,这就意味着同一块地热田可以根据利用温度不同进行多种方式的开发利用,资源禀赋不同所选择的开发方式各异(刘峰彪,2009)。另外,国际地热开发利用市场具有突出的区域性特征,资源条

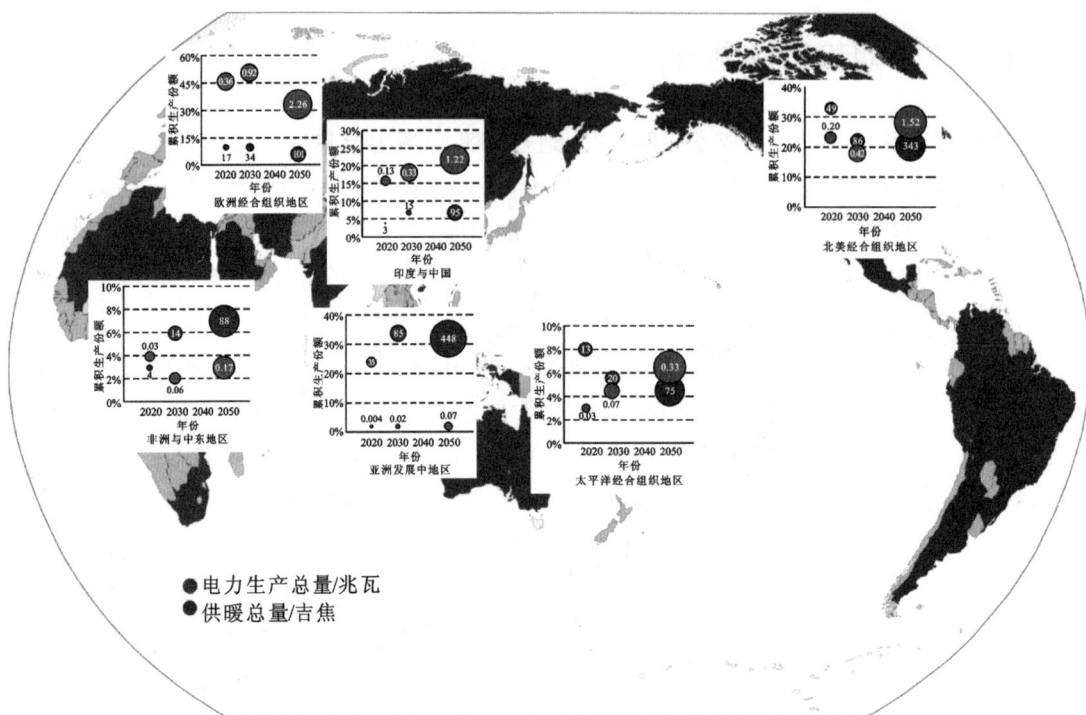

图 6-2 国际地热能源市场开发利用概况

数据来源:IEA,2013

件、技术水平和经济发展方式的不同程度影响了区域内的地热资源开发利用活动。因此,
以地热最终产品为划分依据,有助于直观地体现地热供给和需求市场波动,分析对比国际
地热产业发展的主要影响因素。

6.2 世界地热能源发电市场分析

6.2.1 国际地热发电市场概况

当前,国际电力市场主要来源仍是化石能源,可再生能源电力约占全世界发电总量的
22.8%。其中,水电是主要的可再生能源电力来源。目前,地热能发电尚未形成规模,伴
随着可再生能源发电比例的不断上升,地热发电市场将成为最具发展潜力的电力来源市
场之一(图 6-3)。

1904 年,意大利拉德瑞罗首次利用地热蒸汽发电成功,至 20 世纪 90 年代末期,地
热装机容量形成美国第一位,菲律宾第二位,墨西哥、意大利紧随其后的格局。进入 21
世纪,新兴发展中国家利用成熟的技术,大力开发高温地热能源,印度尼西亚在政府政

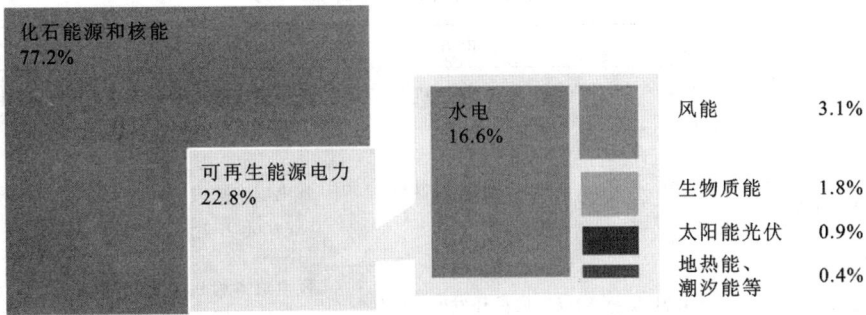

化石能源和核能 77.2%		
可再生能源电力 22.8%	水电 16.6%	风能　3.1%
		生物质能　1.8%
		太阳能光伏　0.9%
		地热能、潮汐能等　0.4%

图 6-3　2014 年地热发电在全球电力市场中的地位

数据来源:《可再生能源报告》,2015

策的大力支持下地热装机容量翻了一番,一跃成为世界第三大地热发电国家(图 6-4)。

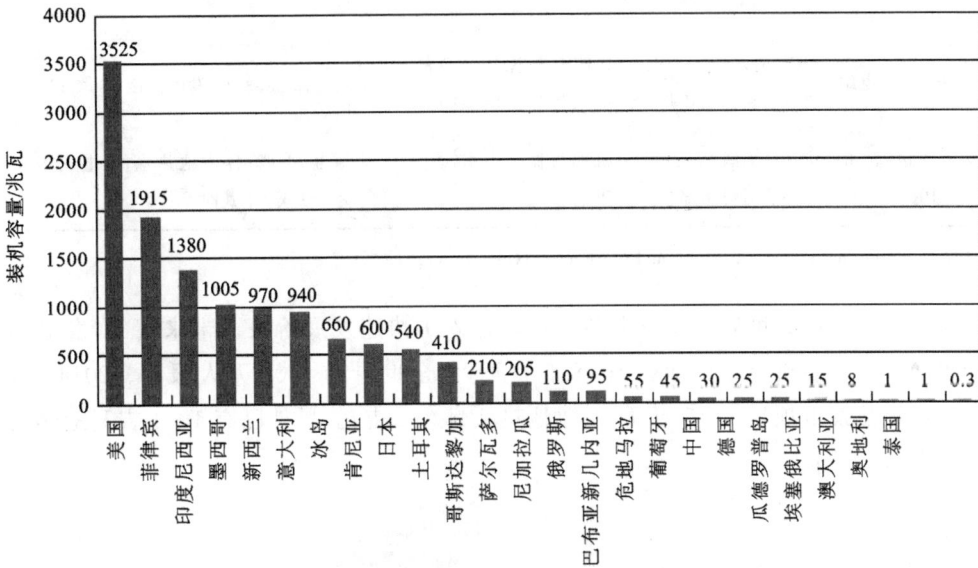

图 6-4　世界各国及地区地热发电装机容量

数据来源:Geothermal Energy Association,2014

截至 2014 年,世界上共有 24 个国家利用地热发电,总装机容量达到了 12.8 吉瓦,平均利用系数达 72%。地热发电装机容量的世界排名前十位如下:美国(3525 兆瓦)、菲律宾(1915 兆瓦)、印尼(1380 兆瓦)、墨西哥(1005 兆瓦)、新西兰(970 兆瓦)、意大利(940 兆瓦)、冰岛(660 兆瓦)、肯尼亚(600 兆瓦)、日本(540 兆瓦)、土耳其(410 兆瓦)。

值得注意的是,高温地热发电仍是国际地热发电市场的主要增长点。但从中国、土耳其和美国在中低温地热发电技术上积累的经验来看,双工质循环地热发电站在利用中低温地热水发电过程中效率最高(表 6-1)。

表 6-1 世界各国典型地热发电站概览

项目	地点	发电方式	特点
Chena 地热站	美国 阿拉斯加	ORC 循环发电机组装机容量 250 千瓦	投资成本约为 1300 美元/千瓦,发电成本约为 7 美分/千瓦时,投资回收期为 4～5 年
Geysers 地热电站	美国 加利福尼亚	干蒸汽(总装机容量 1477 兆瓦)	发电成本约为 5 美分/千瓦时,年平均收益 67000 万美元
Simav 地热田	土耳其	双工质循环发电	发电成本约 9.5 美分/千瓦时,投资回收期 7～8 年
Hatchobaru 地热田	日本 大分县	二次闪蒸发电 110 兆瓦	发电成本约 15 美分/千瓦时,发电温度 150～250℃
		双工质循环发电 2 兆瓦	发电成本约 38 美分/千瓦时,发电温度 50～150℃
Cerro prieto 发电站	墨西哥 北下加利福尼亚州	一次闪蒸发电 62.5 兆瓦 二次闪蒸发电 140 兆瓦	平均井深 2353 米,发电温度 180℃ 以上
Teapot Dome 油田 (NPR-3)	美国 怀俄明州北部	有机朗肯循环(ORC)250 千瓦	热源为 76.6℃ 伴生地热水,发电成本大约为 5 美分/千瓦时

资料来源:Geothermal power: international market overview,IEA,2013

　　自 2010 年以来,世界地热发电装机容量进入了快速发展阶段。未来 5 年,发电国家可能增至 34 个,装机容量预计达到 18.5 吉瓦,为全世界近 4700 万人服务。2014 年,全球新建成地热发电项目 12.7 吉瓦,在建地热项目 2.9 吉瓦,另外已有 10.1 吉瓦地热发电项目提上日程(图 6-5)。

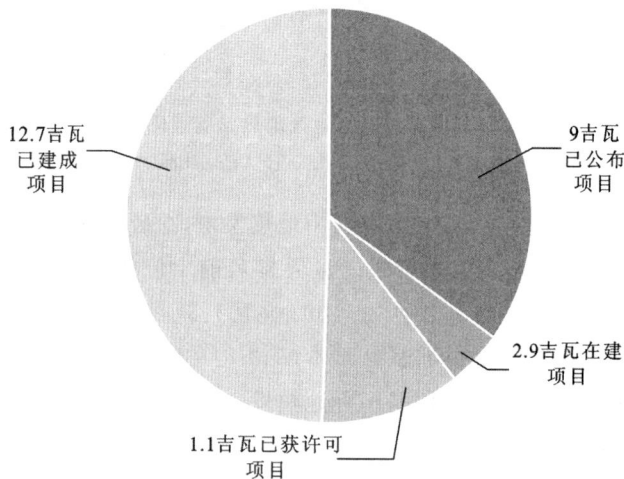

图 6-5 全球地热项目进度安排

数据来源:Geothermal Energy Association,2015

在建地热发电项目大多集中在印度尼西亚、肯尼亚、冰岛等高温地热资源丰富的新兴经济体。2008 年,印度尼西亚总统苏西洛宣布了 4 项地热发电站工程正式启动,总投资额 3.26 亿美元。截止到 2014 年年底,印度尼西亚共有在建地热发电项目 62 个,计划装机容量 425 兆瓦。埃塞俄比亚政府计划到 2020 年,40% 的电力来源于地热发电(图 6-6)。

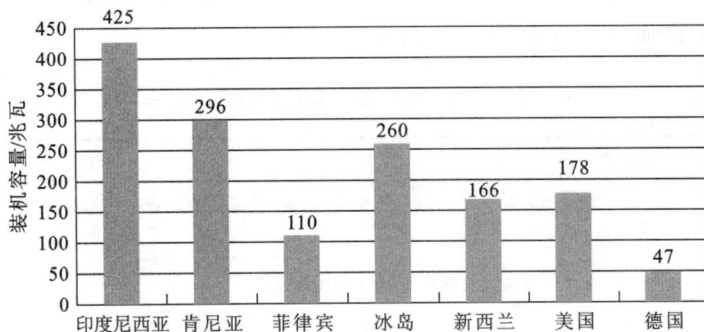

图 6-6　各国在建地热发电项目装机容量

数据来源:Geothermal Energy Association,2015

全球地热发电市场仍处于起步阶段,由于对政策的依赖性较强,大部分国家和地区的地热发电市场尚未投入市场化竞争中,电力供应区域有限。但随着发电规模的扩大和并网技术的提升,地热发电市场将迎来一次快速扩张(图 6-7)。

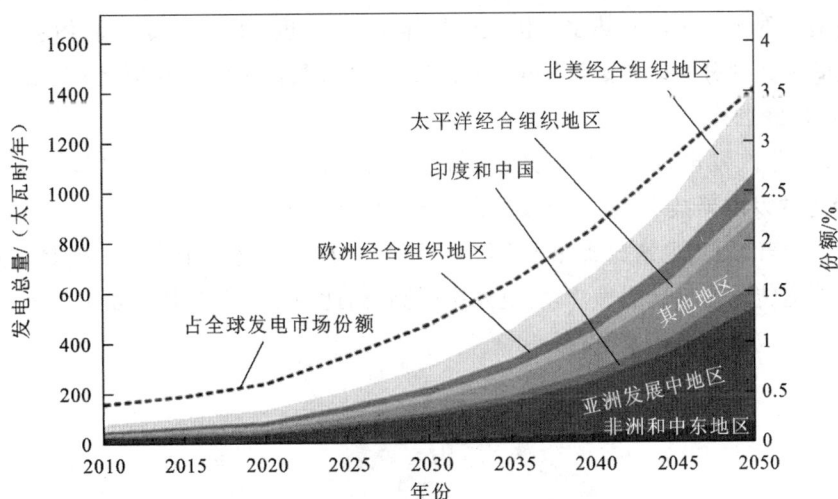

图 6-7　全球地热发电总量及份额趋势预测

数据来源:IEA,2010

IEA(2010)报告中预测,到 2050 年全球地热发电将达到 1400 太瓦时/年,约占全球电力生产的 3.5%,减排 CO_2 等温室气体 8×10^8 吨。其中,北美经合组织地区的地热发电市场已初具雏形,随着在建项目的商业化运营,地热发电将成为该地区重要的电力来源。

另外,亚洲地热发电市场将在未来的 35 年里完成技术更新,扩大项目规模和资源利用范围,成为最大的地热发电市场。

6.2.2 地热发电的关键技术

地热资源开发利用包括地热资源勘查、评价、开采、管输、利用和管理等过程与环节,每个过程与环节都涉及多种技术(表 6-2)。

表 6-2 地热资源开发利用的主要技术简介

技术名称	技术简介
地热勘探技术	以电阻率测深法为热田勘探的主要手段,以重力、磁法为勘查的辅助手段,并配以联合剖面法等综合物探方法
地热钻探技术	包括普通水文钻探技术和定向地热井施工技术
地热资源开发利用技术	地热资源可持续发展利用的关键技术包括地热采灌平衡技术、热泵技术、低温供热工艺、地热资源梯级开发循环利用的集约化技术等
地热发电技术	包括直接蒸汽发电、扩容(闪蒸式)发电、中间介质(双循环式)发电法、全流循环式发电法、联合循环发电、干热岩发电

地热发电和火力发电的基本原理相似,都是将蒸汽的热能经过汽轮机转变为机械能,再带动发电机发电。不同的是,蒸汽热能来源于地热能。目前能够被地热站利用的载热体主要是地下的天然蒸汽和热水。按照载热体类型、温度、压力和其他特性的不同,可把地热发电的方式划分为地热蒸汽发电、地下热水发电、联合循环发电及干热岩和岩浆发电 4 类(刘芳等,2012)。

其中,干蒸汽发电占 25%,地热水发电占 58%,双工质发电占 14%,背压、扩容和 EGS 作为地热发电新技术,市场份额约占 3%。由于干蒸汽发电对地热资源的初始温度要求极高,干蒸汽地热电站分布并不广泛,主要集中在火山地震带附近。但是,地热蒸汽可直接将热能转化为机械能做功,发电效率较高,因此单个干蒸汽地热发电站的设计容量往往要大于其他种类地热发电(图 6-8)。

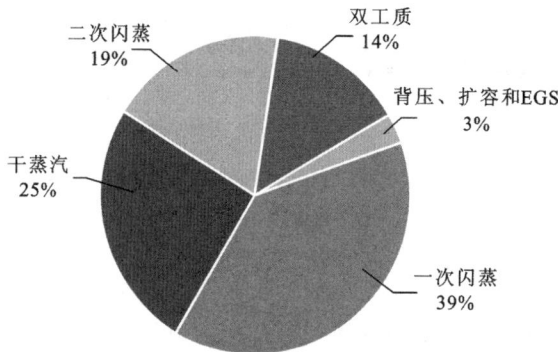

图 6-8 2015 年地热装机容量利用种类

2014 年,地热能涡轮机生产商之间继续保持着激烈的竞争。东芝以 3.67 吉瓦累计产量超越三菱的 3.12 吉瓦,成为全球累计产量最大的生产商,三菱退居次席;富士以 2.72 吉瓦保持在第三位(图 6-9)。由于地热能发电项目需要大量资金,目前仍然只有少数大公司在市场中占据主导地位。2014 年,Chevron 公司从 2013 年的第四位跃居全球地热能电站持有企业的榜首,总装机容量为 1.33 吉瓦。2013 年的冠军 Calpine 公司退居次席,总装机容量为 1.31 吉瓦,Energy Development 公司以 1.16 吉瓦位居第三。

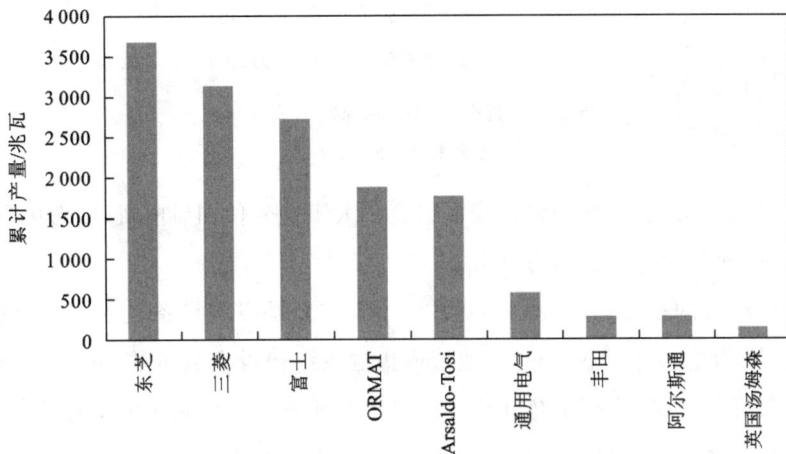

图 6-9　地热能发电市场主要设备生产商的累计产量排名

数据来源:中国产业信息网,2015

6.2.3　地热发电经济性分析

加利福尼亚能源协会(CEC)估测 50 兆瓦双工质地热发电站的平准化发电成本为 92 美元/兆瓦时,50 兆瓦二次闪蒸地热电厂发电成本为 88 美元/兆瓦时。新建地热项目平均成本约为 6~8 美分/千瓦时,包括生产许可税(图 6-10)。

值得注意的是,地热项目的成本会随着运行寿命而变化。地理位置、区域、国家和全球商品价格变化,如钢铁、水泥和施工设备等价格上涨,都会导致地热项目的成本提升。从各类能源发电成本估算比较中可以看出,虽然新能源和可再生能源发电成本随着规模扩大效应、技术水平突破和管理经验积累而逐渐降低,但是与传统化石能源相比,新能源和可再生能源占有能源主要市场仍需经历一个较长时期。如果按照商业化的市场竞争规则运作,新能源和可再生能源电力无论从电能质量,还是从经济性和发电规模,都无法与传统化石能源竞争,其发展在很大程度上依赖于政府的政策扶持力度。

地热发电站建设成本增加,平准化发电成本变低。地热电力价格与化石能源发电价格相比更加便宜、稳定,与其他可再生能源相比,地热发电项目建成后,可 24 小时持续不

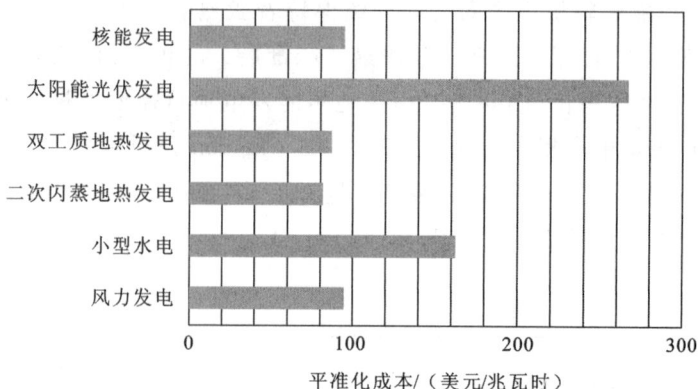

图 6-10 部分可再生能源发电成本对比

数据来源:CEC,2014

间断地稳定发电。虽然,前期的建设成本略高于太阳能光伏和风电机,但考虑项目整体效益和长远打算,地热发电项目潜力巨大。

地热发电项目的投资构成(图 6-11)中,约有 55% 是发电设备投入,钻井成本占总成本的 23% 左右,勘探成本约占 5%,其他管道集输系统建设占成本的 16%。另外,在地热市场成熟度较高的国家,取得地热开采的许可也是成本中不可缺少的一部分。因此,较高的固定资产投入增加了地热项目的融资风险,这也与大部分建成项目中政府提供较大比例贷款的现实相印证。

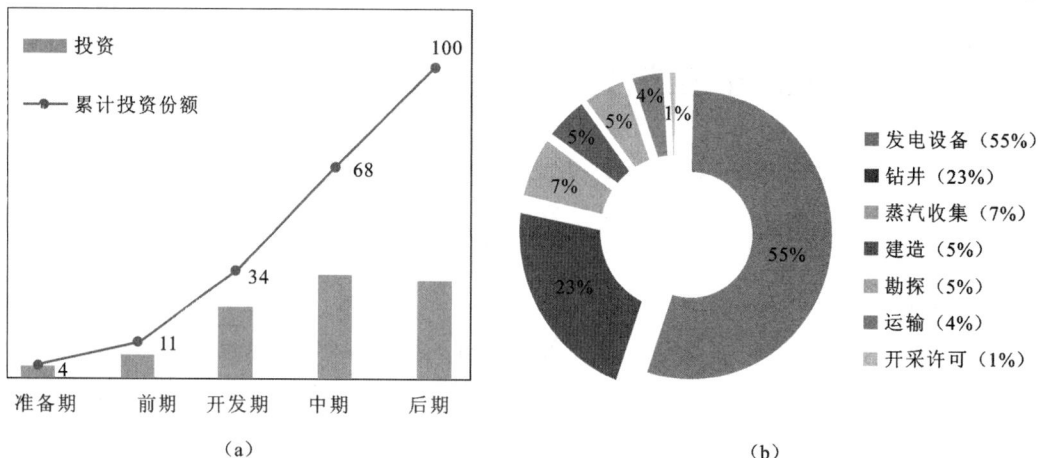

图 6-11 地热发电项目投资构成

资料来源:Geothermal Energy Association,2005

6.3　世界地热能源建筑市场分析

6.3.1　国际地热直接利用概况

地热的直接利用即对热量的直接交换,以进行采暖、加热为主,广泛运用于浴疗保健、娱乐、旅游、种植、养殖和矿产开采等。虽然地热能直接利用的领域非常广泛,但建筑供暖、制冷是地热能直接利用的最主要方式。

随着地热资源勘探规模的扩大和技术的进步,地热资源直接利用种类的丰富度获得极大的提升。其中,地源热泵、采暖、洗浴和游泳池是主要的利用方式(图 6-12)。

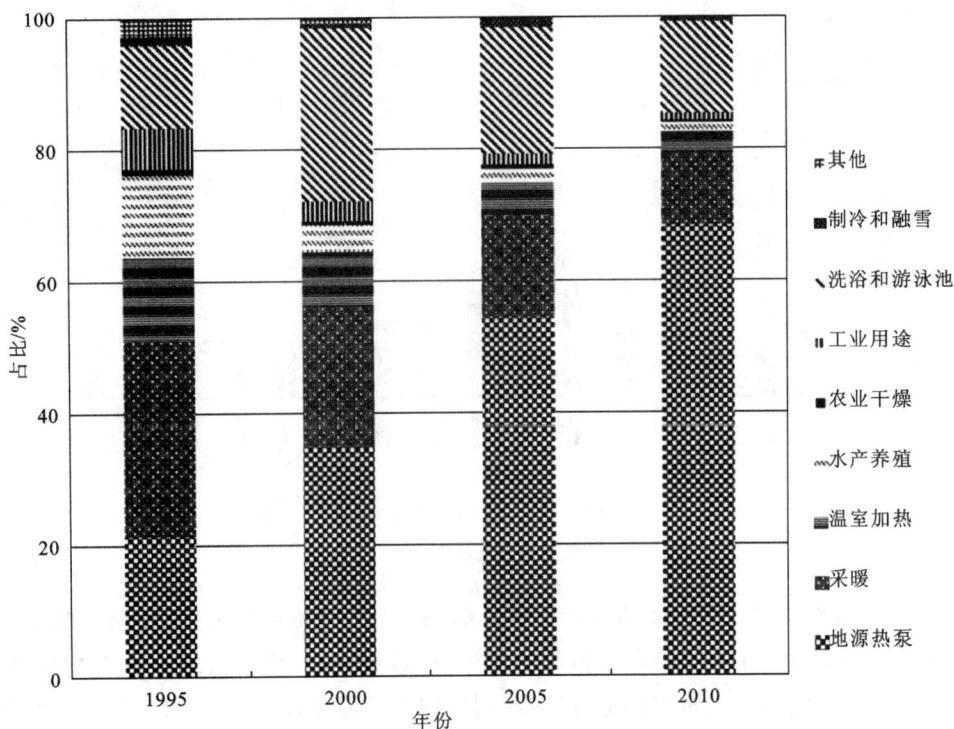

图 6-12　全球地热直接利用方式装机容量分布

数据来源:Lund,2010

根据 WGC(世界地热大会)的数据及各个国家提供的资料,Lund(2010)总结了世界范围内地热能各种直接利用方式的装机容量变化趋势及分布情况。1995~2010 年,地源热泵快速发展,从最初占直接利用总量的 20% 左右增长至 70%。相比于地源热泵,传统水热型地热采暖的装机容量逐年减少,从 1995 年的 29.77%,下降至 11.12%。洗浴和游泳池虽受技术因素影响较小,但对宏观经济环境较敏感,稳定在 15% 左右。制冷和融雪、农业干燥、水产养殖等多响应当地市场需求,具有地域性。

目前,世界范围内共有 78 个国家直接利用地热资源。截至 2010 年,全球地热直接利用装机容量为 48493 兆瓦。冰岛于 20 世纪 30 年代开始利用地热供热,是地热采暖的创始国,首都雷克雅未克由于基本完全地热化供暖,被誉为"无烟城"。全国地热资源利用占能源利用总量的 55%,地热供暖占地热资源利用总量的 64%。中国温泉广布,地热资源的直接利用具有上千年历史,地热采暖面积居全球第一位,地热采暖区主要位于华北的天津、北京等地。美国已安装地源热泵机组 70 万个,主要分布在中西部和东部各州,并以每年 15% 的速度增长。在过去几年内,土耳其的供暖增长了 50%,能够满足约 65000 户住家的需求,到 2010 年,全国 30% 的供暖依靠地热能。瑞典已经安装了 3 万个地源热泵,每年新增 1000 个井眼;来自排水管道的废水通过再次加热,可为附近的村落进行供暖;此外,一些用于融化地面积雪的地热项目也正在开发中(图 6-13)。

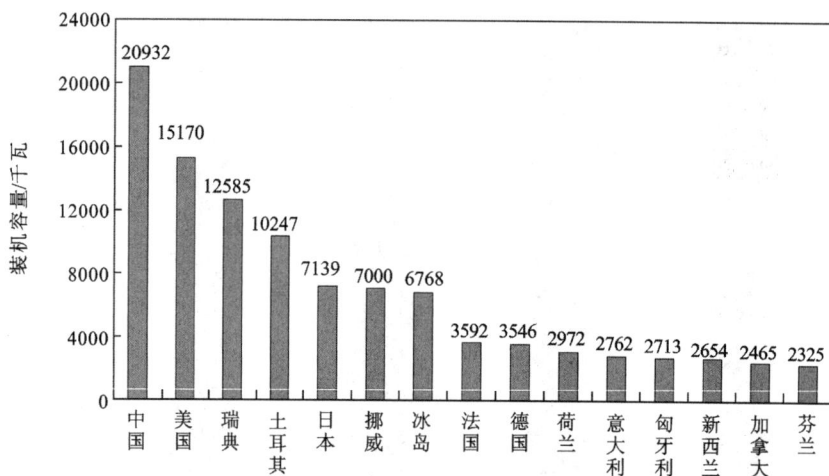

图 6-13 地热直接利用装机容量前 15 名国家

数据来源:Lund,2010

2015 年世界地热大会公布的最新资料显示,近 10 年来地源热泵供暖、制冷是地热能直接利用装机容量的主要增长点。传统的水热型地热供暖装机容量虽然稳中有升,但一直未能取得快速突破。建筑市场上对供暖、制冷的大量需求,以及人们日渐提升的环保意识对地源热泵的发展利用有着举足轻重的作用(图 6-14)。

IEA(2010)报告中指出,预计到 2050 年,地热供暖的生产总量将达到每年 5.8 艾焦(图 6-15),约占全球总热量的 3.9%。由于清洁环保政策的逐步施行,欧洲经合组织地区将成为主要的地热供暖市场,而印度和中国将作为地热供暖大国,年产 1 艾焦热量。全球地热供暖市场产量将是当前供暖总量的近 6 倍。地源热泵技术的快速发展受资源禀赋的约束小,更使得地热供暖面积呈指数型增长,地热供暖、制冷的潜力无限。

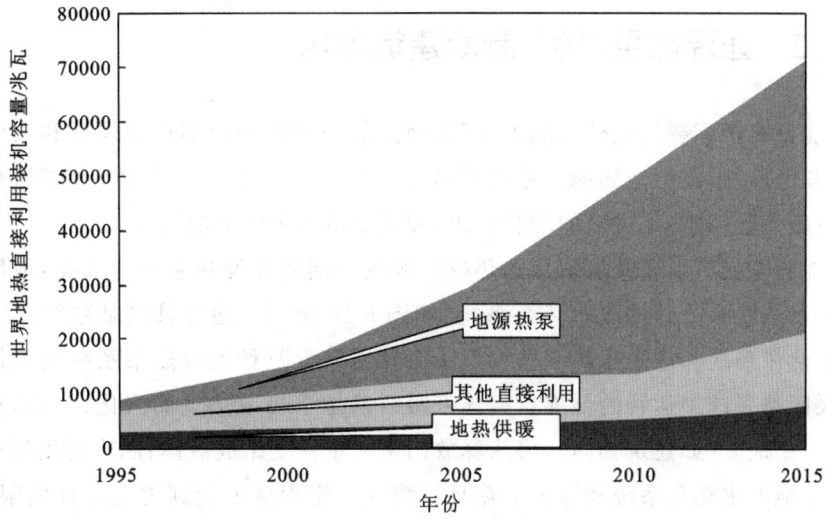

图 6-14　1995～2015 年世界地热直接利用装机容量

数据来源：世界地热大会，2015

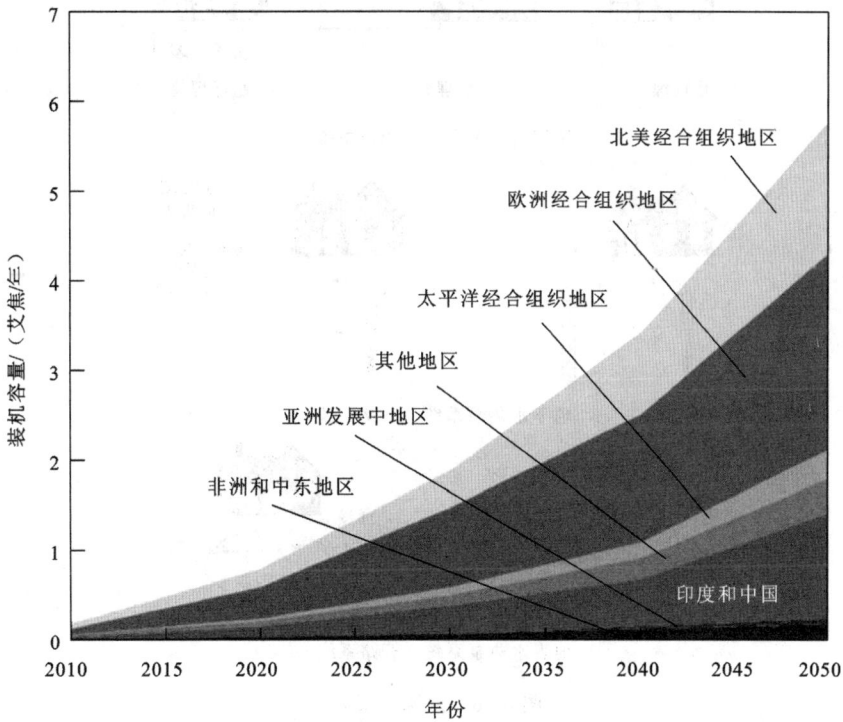

图 6-15　国际地热能直接利用装机容量现状及趋势

数据来源：IEA，2010

6.3.2 地源热泵供暖、制冷建筑市场

地热能富有担当替代重任的能力,高温地热能的发电利用不存在风电和太阳能电力的波动性和间歇性,浅层地热能依靠地源热泵技术开发利用,可以为建筑用能提供优质服务,满足供暖、制冷和热水供应的增长需求,而且是清洁无污染的能源。

根据地热能交换形式及所取用的热(冷)源的不同将地源热泵分为 3 类:地埋管热泵系统、地下水热泵系统和地表水热泵系统,如图 6-16 所示。地埋管热泵系统属于闭路系统,地下水热泵系统和地表水热泵系统属于开路系统。三种地源热泵系统的工作原理相似,在热泵闭路系统中运转的低沸点流体采暖时从地下吸取热量而汽化,之后,蒸汽被压缩并在另一个地方(如建筑物内),将热释放出来而重新凝结成液体;制冷时则进行相反的过程。由于地下水热泵系统和地表水热泵系统在一定程度上受到地理条件的限制,所以地埋管热泵系统最具发展潜力(刘冬生,2002b)。

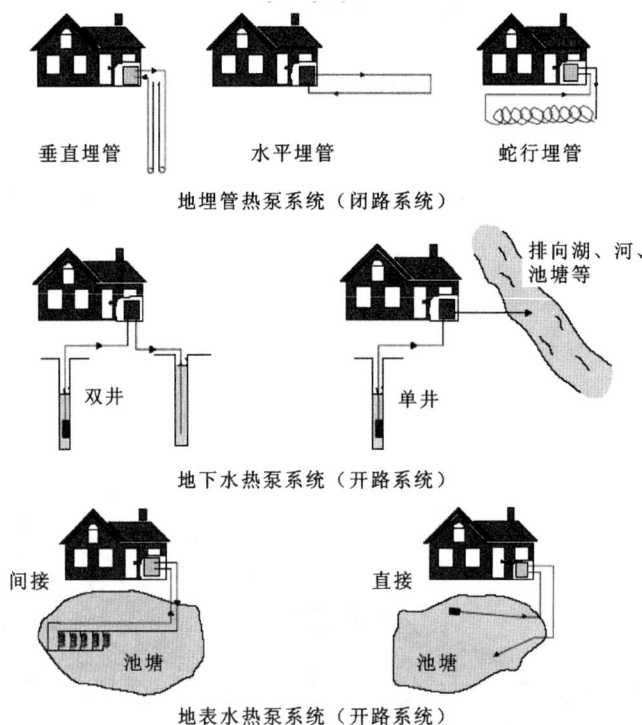

图 6-16 地源热泵分类

自 1995 年来,地源热泵装机容量快速增长,但其利用热能的总量却实现了指数式增长,见图 6-17。这充分说明,地源热泵在建筑市场上供暖、制冷效率突出,受到了市场的广泛欢迎。2010 年以后,受国际原油价格下跌的趋势影响,地源热泵的世界发展增速略

有放缓,同时由于前 5 年装机容量的快速积累,各国放缓了地源热泵新增装机的进程。

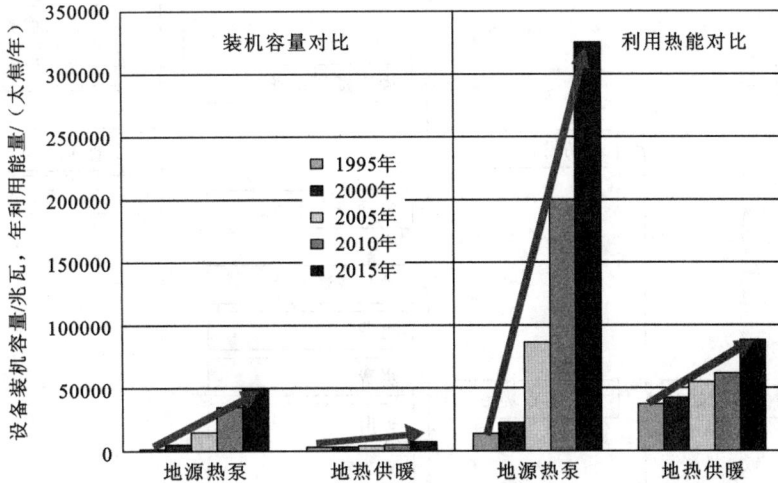

图 6-17　地源热泵与水热型地热供暖增长趋势图

数据来源:世界地热大会,2015

　　2015 年,世界有 48 个国家在利用地源热泵,比 5 年前增加了 5 个。设备容量的世界前 5 名是美国、中国、瑞典、德国和法国,利用能量的世界前 5 名是中国、美国、瑞典、芬兰和加拿大。与 2010 年相比,中国的浅层地温能利用水平大幅度提升,2015 年中国的地源热泵年利用能量 100311 太焦,已超过美国的 66670 太焦,居世界第一,但地源热泵的设备容量中国(11781 兆瓦)仍落在美国(16800 兆瓦)后面,居世界第二。

　　从世界范围看,发展中国家仍是地热能开发利用的主力增长点,地源热泵在绝对增长数量减少的同时,能量利用率得到了提升。2015 年,全球地源热泵设备容量增长率最大的国家分别是泰国、埃及、印度、韩国和蒙古,年利用能量增长率最大的国家是泰国、埃及、菲律宾、阿尔巴尼亚和白俄罗斯。

6.3.3　地热建筑市场关键影响因素分析

　　按照地源热泵系统的工艺流程,地源热泵系统所选用基本设备主要包括地热井设备、热力管网设备、换热站设备。地热井设备有井口装置及附属设施、井管、井泵、过滤器、沉砂管等。热力管网设备主要是输送管道。换热站设备主要有除砂器、换热器、热泵主机、循环水泵、补水泵、补水箱等。地源热泵项目建设成本示意图如图 6-18 所示。

　　按照如图 6-18 所示的计算原则得出,热网(热电联产)＋冷水机组、热网(燃煤锅炉)＋冷水机组系统年运行费用最低。采用地下水地源热泵系统年运行费用为 83.81 万元,仅高于热网＋冷水机组系统,与燃油锅炉＋冷水机组系统、电热锅炉＋冷水机组系统相比分别减少 30.76 万元、27.9 万元,比燃油锅炉＋冷水机组系统低 26.7%、较电热锅炉＋冷水机组系统低 25.0%,见表 6-3。

```
                                                          ┌─────────────────────┐
                                                          │ 设备及工、器具购置费  │
                                                          ├─────────────────────┤
                                                          │ 建筑安装工程费        │
                                        ┌──────────────┐  ├─────────────────────┤
                                        │ 固定资产投资  │──│ 工程建设其他费        │
                                        └──────────────┘  ├─────────────────────┤
                        ┌──────────┐                      │ 预备费               │
                        │ 初投资   │                      ├─────────────────────┤
                        └──────────┘                      │ 建设期利息            │
                                        ┌──────────────┐  ├─────────────────────┤
                                        │ 流动资产投资  │  │ 固定资产调节税        │
                                        └──────────────┘  └─────────────────────┘

                                        ┌──────────────┐
                                        │ 地热资源费    │
                                        ├──────────────┤
                                        │ 电费         │
                                        ├──────────────┤
    ┌──────────────┐   ┌──────────┐    │ 水费         │
    │ 成本费用与效益 │───│ 年运行费用│───├──────────────┤
    └──────────────┘   └──────────┘    │ 折旧         │
                                        ├──────────────┤
                                        │ 人工费        │
                                        ├──────────────┤
                                        │ 维护费        │
                                        └──────────────┘

                                        ┌──────────────────┐
                        ┌──────────┐    │ 供暖、制冷营业收入 │
                        │ 经济效益 │────├──────────────────┤
                        └──────────┘    │ 补贴             │
                                        ├──────────────────┤
                                        │ CDM项目收入       │
                                        └──────────────────┘
```

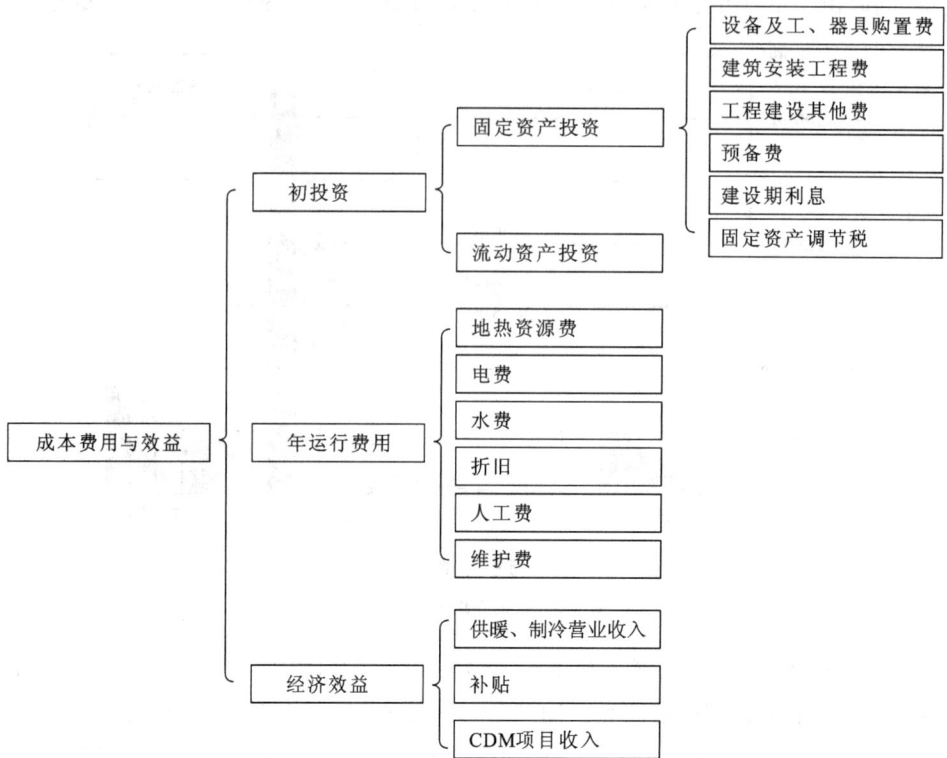

图 6-18 地源热泵项目建设成本示意图

表 6-3 地源热泵系统与其他供暖方式经济性对比

系统名称	地下水地源热泵系统	热网+冷水机组	燃油锅炉+冷水机组	电热锅炉+冷水机组
初投资/万元	316.32	375.8	358.45	355.86
单位建筑面积初投资/(元/平方米)	287.56	341.66	325.86	323.5
年运行费用/万元	83.81	60.54	114.57	111.71
单位面积年运行费用/(元/平方米)	75.98	54.89	103.87	101.28
费用年值/万元	125.40	109.95	162.60	159.40
单位建筑面积费用年值/(元/平方米)	113.69	99.68	147.41	144.51

从全球看来,开发利用新能源已成为国际上大多数国家的战略选择。目前已经有60多个国家制定了法律、法规或者行动计划,通过立法的强制性手段保障战略目标的实现,发展本国的新能源,并在世界竞争市场中争取占有一席之地。2006～2014 年全球地热能融资的资金类型构成如图 6-19 所示。

自 2006 年以来,亚太地区地热融资份额不断增长(2012 年全球经济严冬导致地热融资市场大幅缩水除外),成为全球地热能融资额最高的地区,年融资总额超过 18 亿美元。相比之下,世界其他地区融资市场份额不大,但增速可观。欧洲地区 2014 年的融资额达

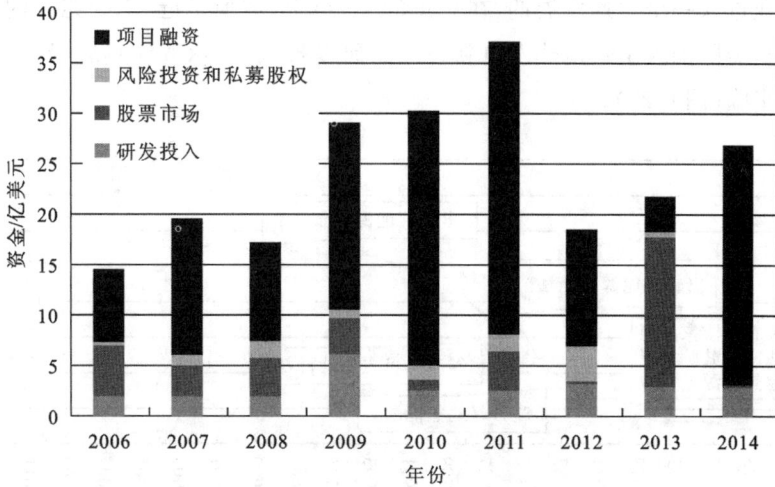

图 6-19　2006～2014 年全球地热能融资的资金类型构成

到 1.6 亿美元,同比增长 60％;中东与非洲地区的融资额从 2013 年的 0.9 亿美元增至 2014 年的 1.3 亿美元,同比增长 44.4％;美国 2014 年的融资额达到 2.1 亿美元,同比增长 110％;其他美洲地区的融资额从 2013 年的 0.5 亿美元增至 2014 年的 3.8 亿美元,同比增长高达 660％(图 6-20)。

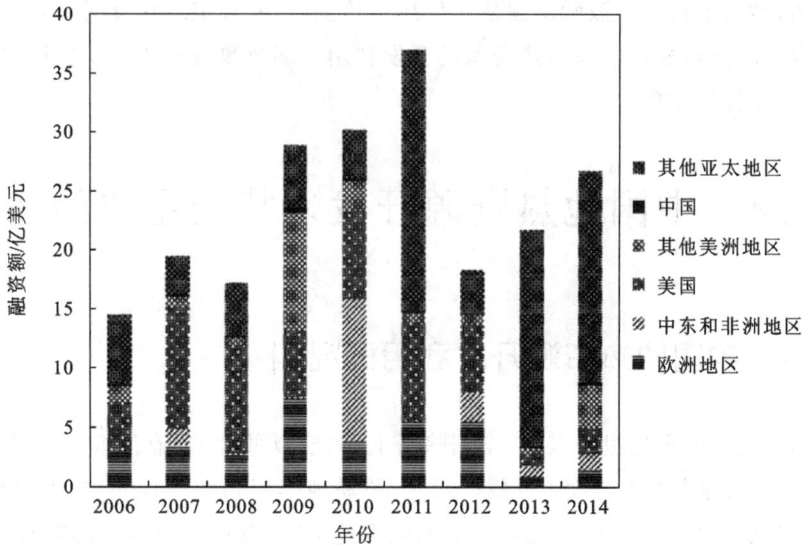

图 6-20　2006～2014 年全球地热能融资区域分布

美国的新能源发展战略的核心是技术创新和市场扩张。在这一战略的指导下,美国的新能源科技开发和设备制造能力世界第一,市场占有份额不断扩大。19 世纪 70 年代的石油危机让美国政府充分意识到能源安全的重要性,美国相继出台了多部有关能源安全的法律,同时重金投入可再生能源勘探和使用技术开发。随着政策法规的逐步施行,美国的地热产业进入一个快速发展期，在短短的 20 年中，增加了近 2500 兆瓦的装机容量。进入 21 世纪，美国加大了对地热发电新技术的研发投入，预示着地热装机容量又一个增长高峰期的来临(图 6-21)。

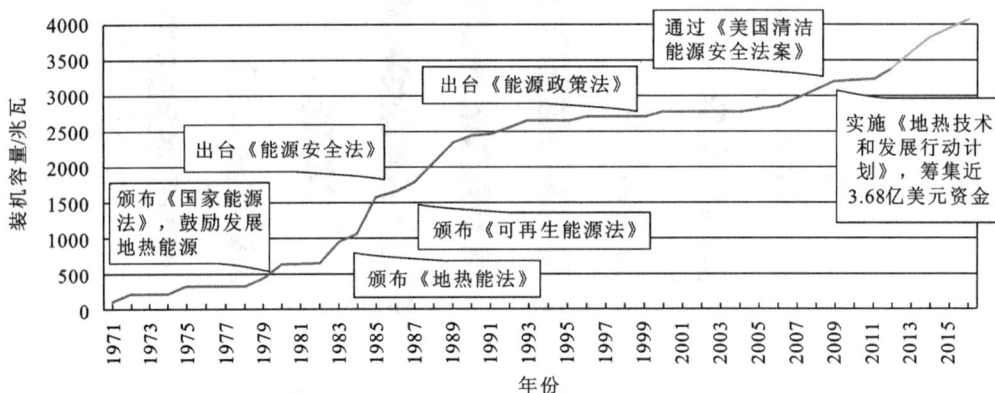

图 6-21 美国地热市场发展历程

通过美国地热市场的发展历程，不难看出，地热产业的发展进步离不开政府政策的支持和鼓励。除了颁布相关的法律法规，日本政府致力于制定地热发电的长期规划，放宽地热发电开发地区限制，并为发电设备提供补助，以此鼓励本国地热发展。德国政府偏重于地热市场的开发，出台规定鼓励新建建筑使用地热供暖，并规定地热管网享有优先权。冰岛政府成立能源公司统一管理地热资源的开发利用。瑞典政府对热泵项目贷款给予利息补助，对热泵项目提供现金补贴。

6.4 中国地热资源开发现状及主要问题

6.4.1 中国地热资源开发利用概况

地热田的规模和温度勘查表明，全国除了上海、宁夏两地，现有 738 处地热田(点)可供开发利用，高温地热田仅 2 处(西藏羊八井、羊易地热田)，90～150℃ 的中温地热田 26 处，占地热田勘查总数的 3.8%；90℃ 以下的低温地热田(点)708 处，占地热田勘查总数的 96%。全国已勘查地热田的平均温度约为 55.5℃；各省(区、市)地热田的平均温度以西藏最高，达 88.6℃，湖南最低，为 37.7℃。

许多油气田具有丰富的中低温地热资源，但大部分还没有有效开发和利用。开发油气田伴生地热不仅可以对油区供暖、供热，改善油区生活条件，更重要的是，地热能还可以替代油气开发过程中的能源消耗。此外，在综合开发的过程中，有效降低了勘探和基础设施建设部分成本，是未来地热资源综合开发利用的方向。中国地热能发展战略目标如表

6-4 所示。

表 6-4 中国地热能发展战略目标

年份	地热发电/兆瓦			直接利用/兆瓦	
	高温地热发电	中低温地热发电	EGS 地热发电	中低温地热直接利用	浅层地温能利用
2012	25.18	0.5	无	3239	3000
2020	75	2.5	试验	4000	10000
2030	200	20	25	6500	20000
2050	500	100	200	10000	50000

中国是以中低温为主的地热资源大国,资源潜力约占世界的 7.9%,约合 2000 亿吨标准煤。其中,可供开发的高温发电约为 60 兆瓦,中低温供暖的地热资源相当于 33 亿吨标准煤。干热岩地热资源埋藏深、分布广,但由于技术障碍尚处于探索阶段。

中国高温水热系统主要集中分布于藏南、滇西、川西和台湾北部,西藏羊八井地热电站已成为拉萨供电网的重要组成。低于 70℃ 的中低温地热水、热尾水和浅层地温能资源广泛应用于建筑供暖、制冷,主要集中在北方如北京、天津、辽宁等省市和南方省会城市。

地质学家李四光是中国地热资源开发的引路人。1970 年,广东邓屋率先建成中国第一座地热试验电站,随后又在湖南灰汤、江西宜春、河北怀来等地利用 100℃ 以下地热水建立了 6 座 50~300 千瓦地热试验电站,取得了一些试验数据和建站经验。中国地热发电站概览见表 6-5。

表 6-5 中国地热发电站概览

地热电站名称	机组编号	地热水温度/℃	循环方式	机组容量/千瓦	投运年份
广东丰顺	1 号机	90	一次闪蒸扩容	86	1970
	2 号机	90	双工质循环	200	1976
	3 号机	90	一次闪蒸扩容	300	1982
江西温汤		65	双工质循环	50	1971
河北怀来		68~78	双工质循环	200	1971
山东招远		90	一次闪蒸扩容	200	1973
湖南灰汤		90	一次闪蒸扩容	300	1976
西藏羊八井	1 号机	145	一次闪蒸扩容	1000	1977
	2 号机	145	二次闪蒸扩容	3000	1981
	3 号机	145	二次闪蒸扩容	3000	1982
	4 号机	145	二次闪蒸扩容	3000	1985
辽宁熊岳	1 号机	80	双工质循环	100	
	2 号机	80	双工质循环	100	

据 2015 年世界地热大会统计,我国大陆地区发电装机容量为 25 兆瓦,在世界 24 个地热发电国家中排名第 18 位。中低温地热水发电技术近年来取得了较大的发展。2008年,西藏羊八井利用地热蒸汽,新增 2 兆瓦螺杆膨胀机发电系统,标志我国的地热蒸汽发电技术取得重大突破。2011 年年底,中国华北油田建成一座 400 千瓦的油田中低温地下热水示范性地热电站,年可发电 270 万千瓦时,并可实现年增油 1.2 万吨,年节约燃油4100 吨,"油-热-电"综合效益明显,而我国大庆、胜利、辽河、大港油田都有这样的开发潜力。预计 2050 年,若地热能替代燃煤发电,有望每年减少二氧化碳排放 10 亿吨,替代天然气可每年减排 5 亿吨。图 6-22 为我国地热发电装机总量和电力生产总量。

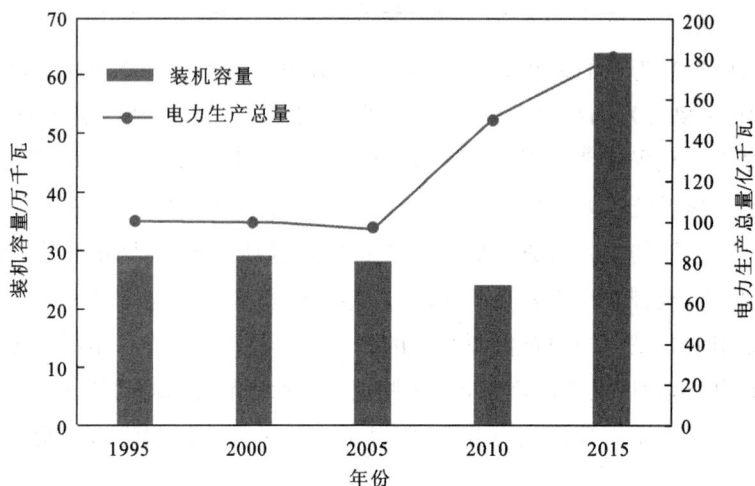

图 6-22　我国地热发电装机容量及电力生产总量

地源热泵技术是开发浅层地热的有效途径,我国地源热泵产业起步于 20 世纪 90年代中期,自 2006 年以来地源热泵得到了迅速发展。WGC2015 数据表明,我国地源热泵的年利用能量为 325028 太焦,同比 2010 年增长 1.65 倍,地源热泵总设备容量为49898 兆瓦,同比 2010 年增长了 1.51 倍,如图 6-23 所示。

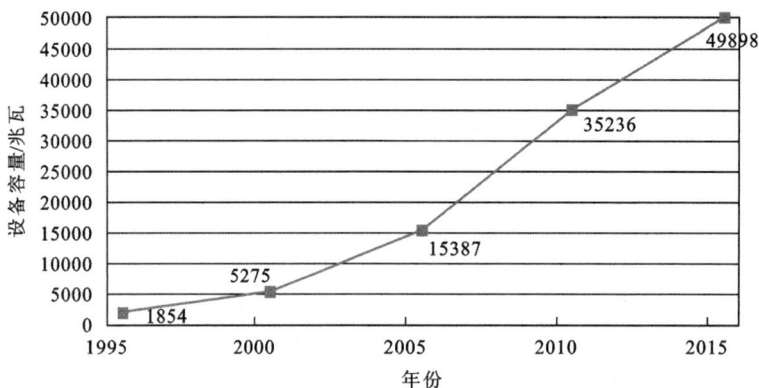

图 6-23　我国地源热泵年度增长曲线

随着治理大气污染的需求愈加紧迫,把地源热泵技术应用于建筑供热领域是当前我国浅层地温能发展的重点和难点。诚然,中国的低劳动力成本为地源热泵市场提供了优质的先天条件,但热泵的发展离不开政府的倡导和政策支持。

当前,我国的地源热泵项目呈现集中开发、规模开发的特征,由此产生埋管用地紧张和土壤温度变化不均等独特的问题。攻关地源热泵开发利用技术,需要多学科、多部门、多主体协作创新,推广应用地源热泵,更需要勘察、设计、施工、监理、运行管理等相关部门和设备供应商的紧密配合,形成完整的地源热泵技术发展产业链。

6.4.2　中国地热资源开发利用的不足

近年来,由于资源环境压力日益增大,地热能的开发与利用普遍受到各国政府的重视,我国也不例外。国内相继出台了《节能中长期专项规划》《可再生能源建筑应用专项资金管理暂行办法》和《国务院关于鼓励和引导民间投资健康发展的若干意见》等政策法规。我国地热产业以每年近10%的速度稳步增长。

但在我国地热开发利用工作中,缺少系统有针对性的规划指导。一是现有地热资源勘查程度偏低,各区域地热资源类型、品位定位不清。二是使用地热水(气)过程中,热能利用效率低,资源浪费现象严重。三是技术障碍和管理混乱导致的环境污染、地下水生态破坏普遍存在。地热开发和利用过程中发展现状、存在问题及发展方向见表 6-6。

表 6-6　地热开发和利用过程中发展现状、存在问题及发展方向

项目	发展现状	存在问题	发展方向
地热地质勘查	1. 利用国家地热地质普查资料、油井资料和已成地热井资料从异常区域进行选择可开发区域勘查评价,勘探程度低 2. 采用物探和电法及石油、水文开发使用相关手段进行资源评价 3. 充分利用现有地质构造资料、区域地质资料和已成地热井资料进行论证开发井	1. 地热资源综合评价方法不完善 2. 专业地热资源评价单位较少 3. 单井论证方法标准不统一 4. 地热勘探的程度较低	1. 向配套一体产业化发展 2. 地热开发资源评价和单井论证趋于统一和标准化发展 3. 针对地热评价设备方法逐步专业化
地热开发利用设计	1. 目前设计单位以建筑类设计单位和热力设计单位居多 2. 地热水输送管网、地热站、设计水平趋于成熟化和逐步专业化 3. 设备材料设计与暖通和给排水设计结合密切	1. 地面与地上设计统一性差 2. 专业从事地热开发设计单位少,技术差异较大 3. 创新性和地域应用设计灵活性差	1. 向地面地下资源统一化设计目标发展 2. 走专业化设计道路,将地热开发利用从设计中走出可持续性

项目	发展现状	存在问题	发展方向
地热钻井工程	1. 目前大部分设备利用石油淘汰钻机和水文钻机生产 2. 管理人员专业化程度低 3. 成井工艺技术发展速度快,从投粒到虑管止水 4. 抽水试验技术应用水文地学抽放水试验方法	1. 设备简陋,安全性能差,事故处理能力低 2. 钻机技术人员缺乏,成井风险大 3. 钻井液研究程度低,地层保护性能差	1. 向专业化发展 2. 城市钻井方法和适合城市钻井设备环保成套研究方向发展
地热地面工程建设	1. 结合暖通与机电安装规范实施安装技术地热行业应用 2. 地热输送管网无补偿技术得以应用 3. 城镇地热供热工程技术规程正在起草 4. 换热设备、保温材料选择趋于节能环保化	1. 技术规范不统一,没有专门针对地热开发工程建设的标准,工程建成后验收出现标准困难 2. 没有针对地热开发专业的工程施工队伍	1. 规范标准统一 2. 逐步向专业化发展 3. 地热工程规模发展趋于地热工程研究队伍集中化
地热梯级利用	在间接供暖利用中,末端有暖气片和地辐热采暖系统,温度从90℃降至50℃,在利用二次换热解决地辐热供暖中,降到38℃,利用热泵提热降到20～15℃	1. 末端地暖和暖气片供暖配套或全为地暖,受到末端限制 2. 利用区域受到限制,高温区地热开发,如果在非供暖区就不能得到利用 3. 地热尾水排放存在环境困难,处理成本高,回灌难度大	1. 在国家地热供暖区域,国家层面出台地热供暖建筑末端设计规范 2. 通过技术革新逐步提高地热发电和供暖效益
地热综合利用	地热发电、供暖、制冷、烘干利用后,尾水得到充分利用,目前主要包括温泉、种植、养殖、提取矿物质等综合利用,提高附加值	1. 各地水质成分不同,利用相互影响,同时受地域影响,利用并不充分 2. 尾水利用后处理成本高	观光生态地热种植、养殖方向发展;地热温泉旅游开发、地热制冷等方向发展

6.5　中国地热资源市场发展分析

6.5.1　中国地热市场发展展望

　　干热岩是热能开发潜力巨大的新型地热资源,是未来能源开发利用的重要组成部分。经济的快速发展、社会需求的不断增长、环境意识的普及,为开发利用干热岩提供了客观环境,但由于中国干热岩资源开发及其技术研究具有复杂性和特殊性,需要能源专家和地质工作者付出更多的努力,艰苦攻关。图 6-24 为我国西藏地区高温地热发电装机容量及年发电量。

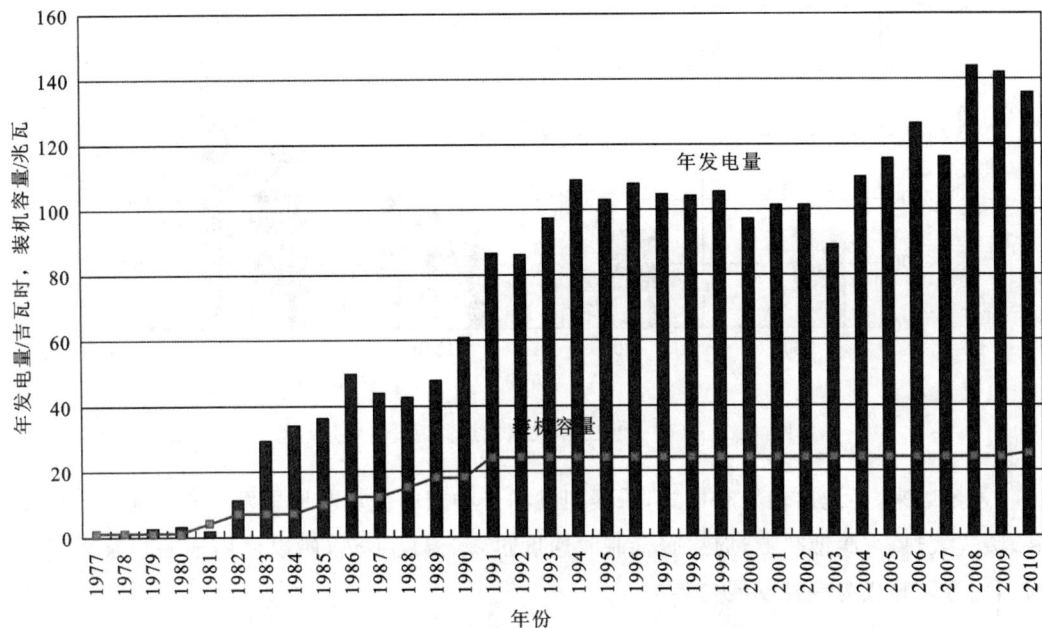

图 6-24　西藏地区高温地热发电装机容量及年发电量

我国重点城市浅层地温能资源量为 $7.71×10^{13}$ 千瓦时/年,相当于 94.86 亿吨标准煤完全燃烧所释放的热量,如果城市建筑面积系数取 0.25、浅层地温能可采系数取 0.3、利用效率取 0.5,则每年浅层地温能可利用资源量为 $2.89×10^{12}$ 千瓦时(3.56 亿吨标准煤)。浅层地温能的开发利用需要消耗一定量的电能,浅层地温能开发利用能耗比取 30%,则每年可节能 $2.02×10^{12}$ 千瓦时,折算标准煤 2.48 亿吨,减少二氧化碳排放 6.52 亿吨。

我国浅层地温能开发利用发展迅速,以利用浅层地温资源的面积每年递增 60% 计算,到 2015 年,我国利用的浅层地温能资源量达到 $4.26×10^{11}$ 千瓦时,相当于 5269 万吨标准煤(占我国浅层地温能可利用资源总量的 14.8%),通过浅层地温能的开发利用每年将减少二氧化碳排放 1.38 亿吨。图 6-25 为 2000~2015 年我国地热资源开发利用趋势。

早在 1989 年,上海就有了第一个地源热泵试点,虽然是由美国人投入技术设备支持,但这毕竟为上海后来的地源热泵发展起了良好的带头作用。目前,上海地区对地源热泵节能工程的推广力度加大,已经有超过 500 个工程应用地源热泵,其地源热泵应用涵盖办公、商业、图书馆、别墅、公寓住宅等诸多领域。

北方已有多年集中供暖经验,采暖方式也多样化,但至今还无法提供最佳的采暖方

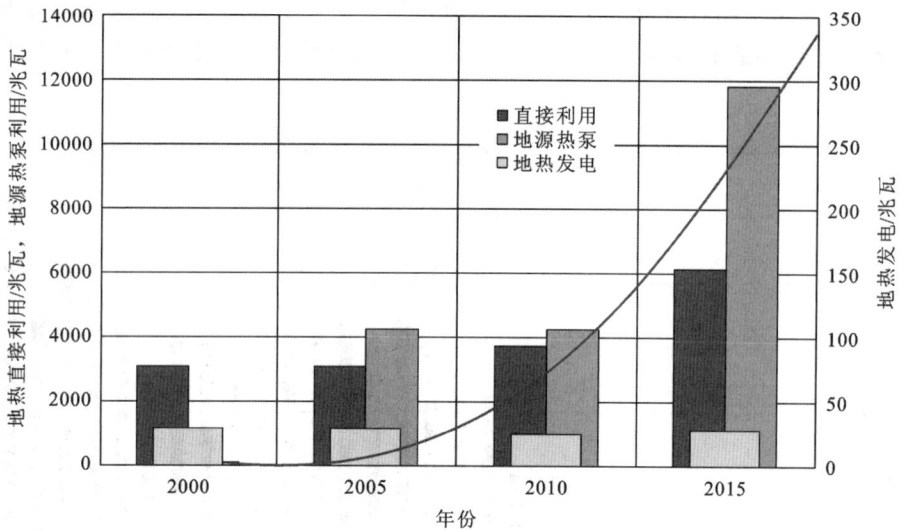

图 6-25 2000~2015 年我国地热资源开发利用趋势

式。入冬以来,各地启动采暖模式,采暖引发的各种问题也不断地爆发。不少北方市民反映,暖气太热、采暖散热器过热、暖气制暖速度过慢、温度不热,所以使用地源热泵采暖应对南北方采暖成为一种发展趋势。

根据我国供暖市场的需求,新能源节能、环保、安全、舒适的优势十分突出,水地源热泵、空气能热泵等新能源产品大显身手,将迅速成为节能家族的后起之秀。

6.5.2 中国地热资源市场发展的相关建议

(1) 以缓解能源危机为目的,加速新能源勘探、开发利用,保障国家能源安全。我国资源贫乏、人口众多且全面依赖制造业,能源负担沉重。应对能源危机,开发新能源已是当务之急。面对能源危机,许多国家都在下大力气研究和开发利用"绿色能源"的新技术、新工艺,并且取得了相当可观的成就。

我国也在开展地热资源勘查工作,查明重点地热区(田)的地热分布和地热储层埋藏规律及其特征,探明各热储层物理场、压力场、地热流体化学场特征;查明地热流体形成条件,建立热储模型,综合评价各热储层地热资源量、可开采量和地热开采潜力。对全国地热发电资源的类型、资源潜力进行评价及区划,圈定适宜开采的地区及适宜的开发利用方式,建立地热发电资源数据库,为科学规划发展地热发电提供依据。此外,我国还启动干热岩资源潜力评价,积极推进高温地热发电与干热岩开发利用。

以气候变化为核心的全球环境变化,对自然生态系统和人来生存环境产生了严重影响。我国人口众多、经济发展水平低、气候条件差、生态环境脆弱,是最易受气候变化不利影响的国家之一,同时,我国正处在经济快速发展阶段,应对气候变化形势严峻,任务艰巨。

化石能源利用造成气候恶化,大力推进地热资源开发利用,改善能源结构,对于解决日趋严重的全球环境问题具有重要的意义。

(2) 优化地热供暖精细化调解方案,加快国内技术创新。虽然地热能供暖已经在很大程度上节约了常规能源的能耗和浪费,但在利用地热能供暖的过程中仍存在大量不必要的浪费。这些主要是由供暖系统及运行方案决定的,因此,优化供暖调解方案是至关重要的。合理评价质调节、量调节、分阶段变流量的质调节和间歇调节等精细控制方法的经济效益,选择适合于供暖单位的调节方式,才能真正实现节能环保的目标。

人才资源匮乏、研究力量薄弱及缺乏扶持政策制约着地热的发展,一方面,注重引进国际先进人才,另一方面,有针对性地加强地热能源领域人才的培养。在战略层面,重视地热能源的开发利用,鼓励地热能科技自主创新,提升地热能源与经济效益间的转换效率。加强与国外地热利用技术先进国家(冰岛、美国、新西兰、意大利等)的合作交流及人才联合培养,引进国外先进技术,提高自主创新能力。

(3) 加强法律法规及制度建设,完善和改进地热开发利用方案和保护措施。完善的自上而下的法律法规体系能够为地热产业的发展提供有效的政策依据和支持,促进地热产业又好又快的发展。

目前,地热资源的相关规定主要包含于《中华人民共和国可再生能源法》(自 2006 年 1 月 1 日起施行)的配套法律规章中。《中华人民共和国可再生能源法》《国家可再生能源中长期发展规划》(2007 年 8 月由中华人民共和国国家发展和改革委员会印发)《可再生能源建筑应用城市示范实施方案》(2009 年 7 月 6 日由财政部和住房和城乡建设部印发)《可再生能源发展专项资金管理暂行办法》(2006 年 5 月 30 日由财政部印发)《国土资源部关于大力推进浅层地热能开发利用的通知》(2008 年 12 月由国土资源部印发,[2008]249 号)及地方相关的各种规范是地热资源开发利用的主要依据。基于我国当前的法律体系,建议国家相关部委加强地热开发利用管理的法律法规建设,理清管理程序,出台配套法规、技术标准、发展规划等,形成统一规范的管理制度体系。

要使各项法律法规能够真正得到落实,其本身必须具有可操作性。首先,在《中华人民共和国可再生能源法》的基础上,应该构建地热资源基本法,作为地热资源领域的法律法规统领,并以此为依据,出台地热资源行政管理法、地热科技促进法、地热产业促进法等,从而形成完整的地热资源配套法规。

(4) 出台支持和鼓励政策,因地制宜地开展地热资源利用工程。出台鼓励采用地埋管地源热泵系统开发利用浅层地热能资源的财政税费政策,对采用地埋管地源热泵系统开发利用浅层地热能资源的项目给予适当财政补贴和电价优惠。对符合财政部、国家税务总局、国家发展和改革委员会发布的《环境保护 节能节水类项目企业所得税优惠目录

(试行)》的浅层地热能资源开发利用项目,可以免征、减征企业所得税。凡引用地源热泵等可再生能源技术供热制冷的区域,除了享受国家转向资金扶持,还可以享受地方政府关于应用燃煤锅炉供热区域的全部优惠政策。对应用地源热泵等可再生能源技术的供暖制冷项目,如果节能减排效果显著,各级政府应该给予适当的资金补助。对规模较大、效果较好的此类项目,优先上报可再生能源建筑应用示范项目。此外,安排专项资金对地源热泵等技术供暖制冷标准和规范的制定给予适当的补助。各类金融机构要切实加大对采用地埋管地源热泵系统开发利用浅层地热能资源项目的支持力度,鼓励设立专门的贷款业务。

鼓励在新建或改造的公共建筑及居民住宅小区采用热泵系统,鼓励燃煤、燃油锅炉改用地源热泵系统或联合系统,并以取暖费折扣的形式给予使用者奖励。此外,鼓励国内外企业在本土投资建设专业化能源公司,从事热泵系统的研发、建设、经营和服务,对这些公司给予投资补助和价格优惠等。

浅层地热能采集装置作为能源基础设施由国家投资。地源热泵系统与直接燃烧供热方式相比,在为国家节省大量能源的同时,也减少了财政投入。地源热泵系统的能量采集系统应作为能源基础设施由国家有规划地以不同方式发展投入。

进一步深化有偿使用制度的改革,针对目前地热有偿使用价格偏低、资源浪费严重等问题,逐步征收地热的矿产资源补偿费,健全和完善相关规费的征收管理办法。对地热资源费用的征收,应该按照"取之于地热,用之于地热"的原则执行。费用所得要用于地热资源的管理、保护、科研立项、回灌实验、动态监测、综合利用、设备的更新维护、与开发利用地热有关项目的支出等,并对在保护资源、综合利用、科学管理、节能降耗等方面作出突出贡献的单位和个人给予奖励。

6.6 案例分析:世界地热旅游市场

养生保健是温泉的基本功能。温泉的养生保健特质很早就被人类所认识。在中国,从《诗经》《论语》,到《水经注》《本草纲目》,都有人们利用温泉沐浴健身、疗病的记述。直到今天,人们对温泉的钟爱,仍然是因为它所具有的养生功能。因此,在宣传、开发、利用温泉的过程中,始终不能脱离这一根本。在温泉这种独特自然属性的拉动下,温泉旅游乃至温泉产业经济应运而生。温泉洗浴是温泉旅游或温泉经济的基础,但很显然,温泉旅游和温泉产业经济包括的范围更广。

随着地热资源利用领域的逐步扩大和利用程度的不断提高,地热资源开发利用的经济效益也日益显著。扬州地区自2003年将废弃油井改造成地热井以来,至2012年7月,已有地热井11眼,其中6眼地热井已开发利用,主要开发利用方向为供暖、医疗、洗浴等方面(表6-7)。

表 6-7　扬州地区地热井开发利用状况表

	日平均开采量/m³	水温/℃	开发利用方向	备注
1	1000	73	供暖	
2	504	74	医疗洗浴	试开采
3	1500	38.5	医疗洗浴	试开采
4	150	34	医疗洗浴	
5	240	70	医疗洗浴	
6	500	40	医疗洗浴	
7	27	42	医疗洗浴	
8		42	医疗洗浴	项目正在建设中
9		38.5	医疗洗浴	项目正在建设中

　　将扬州地区地热资源开发利用所产生的静态投资效益估算以单口生产井为例进行重点分析。某旅游企业,依托 1 号井建成了温泉休闲度假园,建筑面积达 20 万平方米,主要经营项目有中餐餐饮、温泉洗浴、理疗、休闲娱乐等。用于地热资源的开发投入 2010 年为1100 万元,2011 年为 1200 万元,产生的营业收入分别为 2700 万元和 3100 万元,年利润分别为 780 万元和 900 万元。2010 年和 2011 年温泉绩效表和温泉地热开发带来的年度效益图分别见表 6-8 和图 6-26。

表 6-8　温泉绩效表

项目	2010 年	2011 年
地热方面投资/万元	1100	1200
地热开发带来的收入/万元	2700	3100
地热带来的利润/万元	780	900

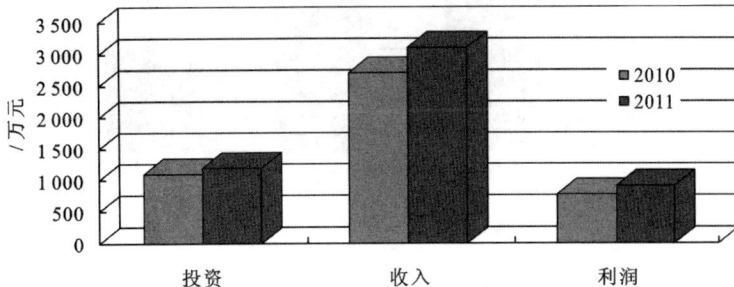

图 6-26　温泉地热开发带来的年度效益图

　　某疗养中心依托 2 号井建成了温泉疗养中心,面积为 16000 平方米,主要经营项目有中餐餐饮、住宿、温泉洗浴、理疗、休闲娱乐等。中心用于地热资源开发的前期投入达 0.3

亿元,后期建设投资额为 1200 万元,疗养中心的投资额为 350 万元,2011 年总经济收入为 1000 万元,其中因地热资源开发利用产生的年接待量为 4 万人次,带来直接营业收入为 500 万元,总支出为 320 万元,总利润为 180 万元。地热项目占总经济收入的比例见图6-27。

■ 地热部分　　■ 地热以外部分

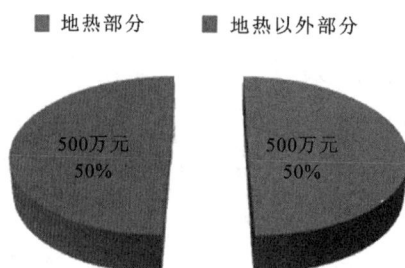

图 6-27　疗养中心温泉开发年度效益图

从产生的经济效益总体情况来看,扬州地区正在开发利用的 6 眼地热井已实现招商引资总额为 8.3 亿元,2011 年总资产投入达 4500 万元,总收入为 7680.04 万元,其中因开发利用地热资源产生的如洗浴、休闲度假相关产业产生的直接经济收益达 4000 万元,因其带动旅游、餐饮住宿等服务业产生的间接经济收入为 3680.04 万元。2011 年年总利润达 2000 万元左右。2010 年和 2011 年年度经济总效益见图 6-28。

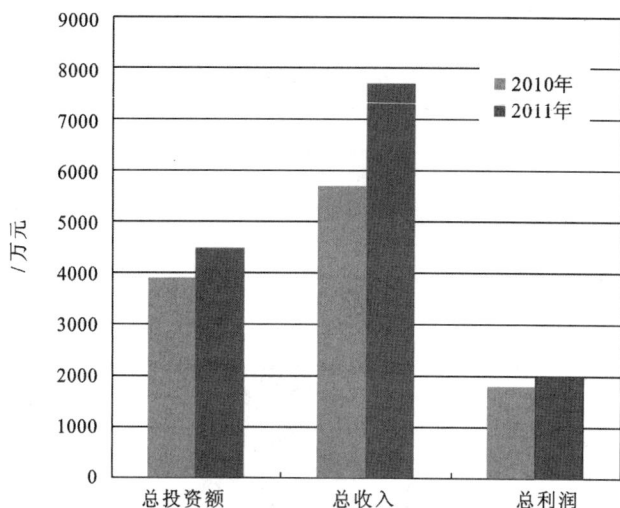

图 6-28　地热资源开发利用带来的年度经济总效益

2011 年,扬州地区因地热资源开发实现的直接经济效益达 1.75 亿元,占总额的21%,地热资源开发用于洗浴、理疗、休闲度假等相关产业,年投入为 1670 万元,占总投资的 37% 左右,其带来的直接营业收入为 4000 万元,占总收入的 62.8%,利润为 1200 万元,占总利润的 60%。

根据已有的地热资源地质勘查报告备案结果,该区内 7 处地热井的年可采热量为 9.6398×10^{11} 焦,如果充分开发利用,可节省的经济费用达 1236.99 万元,其中年可节约煤炭费用约 944.7423 万元,减少废气粉尘排放所节省的治理总费用为 292.2485 万元,如表 6-9 所示。这仅是已建成的地热井所节约的费用,随着地热井井数的逐渐增加,省的费用将增加。根据该区域地热资源评价,在划定的调查区里的可开采地热资源量为 30000 m^3/天,对应每年可节约的煤炭费用为 0.4192 亿元,减少废气粉尘排放所省的治理费用达 0.1276 亿元。

表 6-9 某区域地热资源储量转化为经济效益统计表

地热井	实际开采量 /(m³/天)	热水温度 /℃	可采热量 /J	节煤总费用 /万元	节省治理费用/万元				经济效益 /万元
					CO_2	SO_2	NO_x	悬浮质粉尘	
1	1000	73	2.38×10^{11}	297.2143	78.79	6.175	4.755	2.1135	389.0478
2	504	74	1.2×10^{11}	153.738	40.757	3.194	2.46	1.093	201.2426
3	1500	38.5	1.41×10^{11}	41.06	10.89	0.85	0.66	0.29	53.75
4	240	70	5.718×10^{10}	65.7	17.4178	1.365	1.0512	0.4672	86.0012
5	500	40	1.19×10^{11}	19.55	5.1838	0.41	0.312	0.139	25.594
6	27	42	0.29×10^{10}	1.48	0.39	0.03	0.24	0.105	2.245
7	1200	74	2.859×10^{11}	366	97.04	7.61	5.86	2.6	479.11
合计	4971		9.6398×10^{11}	944.7423	250.4686	19.634	15.3382	6.8077	1236.9906

地热资源开发利用还带动了当地个人消费服务行业的发展,主要包括旅游、住宿、餐饮、商品零售等行业。因地热开发带来的间接收益达 3000 万元,其中旅游创收为 1000 万元。温泉度假区投资收益预期表见表 6-10。

表 6-10 温泉度假区投资收益预期表

	2011 年之前	2011 年	2012 年	2013~2020 年	合计
投资总额/万元	10000.00	100.0	100.0	1000.0	11200.00
总收入/万元		3100.0	4650.0	66500.0	74250.00
营业税收/万元		173.6	260.4	3724.0	4158.00
总支出/万元		2100.0	2310.0	25000.0	29410.00
总利润/万元		1000.0	2340.0	41500.0	44840.00
企业所得税/万元		250.0	585.0	10375.0	11210.00
净利润/万元		750.0	1755.0	31125.0	33630.00
投资回报率		7%	17%	278%	300%

1 号井疗养中心地热投资 350 万元,2011~2020 年 10 年间,预计实现收入 9100 万元,营业税收 509.6 万元,实现净利润达 6785 万元,投资回报率高达 979%(表 6-11)。

表 6-11　疗养中心投资收益预期表

	2011 年之前	2011 年	2012 年	2013~2020 年	合计
投资总额/万元	350.00	10.0	10.0	150.0	520.00
总收入/万元		500.0	600.0	8000.0	9100.00
营业税收/万元		28.0	33.6	448.0	509.60
总支出/万元		150.0	165.0	2000.0	2315.00
总利润/万元		350.0	435.0	6000.0	6785.00
投资回报率		73%	88%	865%	979%

第7章 世界铜市场分析及展望

铜是人类开发时间最久、利用范围最广的一种有色金属,早在公元前 3000 年,人类就出现了以青铜器铸造冶炼为基础的青铜文明。随着现代工业的进展,铜凭借着可塑性、持久性、导电和导热性、抗腐蚀性,以及出色的合金特性等优越性能,广泛应用于电气、轻工、机械制造、建筑、国防等领域,发挥了巨大的价值。自然界中的铜矿主要以硫化铜形式存在,含铜量为 2%～3%,铜资源丰富的国家包括南美洲智利、秘鲁,北美洲美国、加拿大,非洲刚果、赞比亚,以及亚洲的哈萨克斯坦等国,环太平洋一带铜资源较丰富,其中美洲大陆西海岸富集了世界超半数的铜资源。铜是国际有色金属市场上最重要的商品,目前伦敦、纽约、上海等世界主流期货交易所的铜期货合约价格不仅是世界或区域的铜贸易定价标准,也对其他有色金属的价格走势有一定的影响。

7.1 世界铜贸易格局

7.1.1 铜贸易的历史沿革

由于铜的开发利用历史悠久,区域间的铜贸易起源也较早。封建时期的铜贸易以铸造完成的生活器皿为主,贸易量十分有限,明清时期,中日铜贸易日益繁盛,并在 18 世纪初期达到鼎盛,年贸易量达到 860 万斤(1 斤＝0.5 千克)以上,成为世界铜贸易的中心。1720 年之后,随着英国东印度公司的兴起,中日之间的铜贸易走向衰落,世界铜贸易中心转向南亚地区,而伴随着葡萄牙、西班牙、英国等国对美洲大陆的开发与殖民活动日益深入,智利、秘鲁等国的铜矿资源得到大规模开发,成为现代工业文明阶段世界最主要的铜供应地区。

自第二次世界大战以来,世界铜精矿贸易持续稳定发展,西欧、日本的战后重建及经济振兴极大地促进了铜精矿贸易增长,受到战后铜矿需求量大增的刺激,澳大利亚、印尼、苏联和东欧地区的铜矿相继投产,保障了全球铜资源的供应,期间市场也受到如金融危机、苏联解体等重大风险事件的冲击,出现短期贸易量的波动,特别自 20 世纪 80 年代以来,世界铜精矿贸易量年均增速约 6％,由于二次资源回收利用的规模扩大,西欧、日本等发达国家的铜精矿进口增速进一步趋于平稳,而中国、印度的进口量则放量增长。另外,中南美洲、东南亚等地区的主产国陆续将国内矿山收归国有,矿山罢工、资源国贸易保护性政策的施行短期内时常造成世界市场的贸易失衡。

7.1.2 铜贸易集中在太平洋两岸

目前亚洲是铜精矿的主要进口地,2014 年世界铜精矿贸易总量达到 682 万吨,其中亚洲铜精矿进口量占世界贸易总量的 75％以上。2014 年,中国和日本两大铜精矿进口国的进口量分别为 286.13 万吨和 133.2 万吨,分别占世界进口总量的 44.53％和 20.73％(图 7-1)。

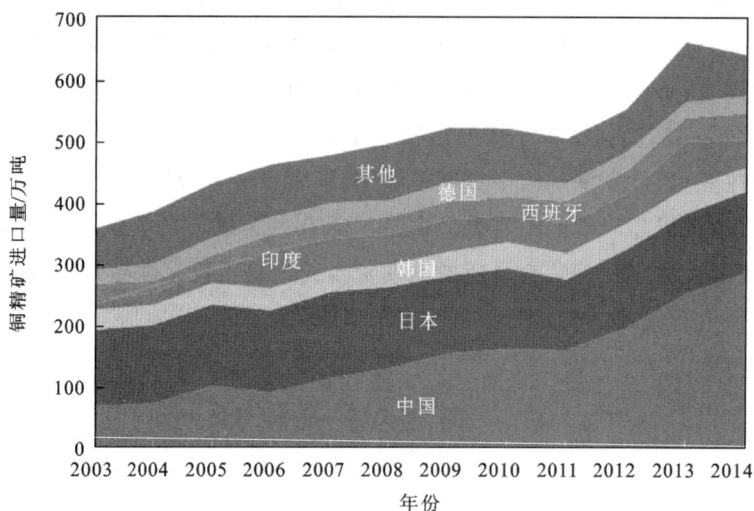

图 7-1　2003～2014 年铜精矿的进口量

资料来源:世界金属统计局

目前世界铜精矿的主要出口国除了智利、秘鲁,还包括澳大利亚、美国、加拿大,五国出口量合计占世界总贸易量的 71.2％。智利是世界上最大的铜精矿出口国,2014 年出口量为 274.53 万吨,占世界贸易总量的 40.25％。其次是秘鲁,2014 年出口量为 98.27 万吨,占世界贸易总量的 14.4％。中国与智利的铜精矿贸易量达到 83.9 万吨,与秘鲁的贸易量达到 46.9 万吨,日本与智利的贸易量达到 70.1 万吨,与秘鲁的贸易量达到 16.7 万吨,分别占中国、日本进口总量的 51.9％和智利、秘鲁出口总量的 58.4％。由于原矿出口禁令,2014 年印尼出口量同比下降了 85％(图 7-2)(陈其慎等,2015)。

2014 年世界精炼铜出口总量 764.13 万吨,占全球产量的 30.41％,高于铅锌的出口占比,贸易量较大。精炼铜出口国约 40 个,出口结构较分散。智利是精炼铜出口量最大的国家,2014 年出口精炼铜 245.59 万吨。其他出口量较大的国家有赞比亚(74.6 万吨)、日本(52.41 万吨)和澳大利亚(47.39 万吨)。

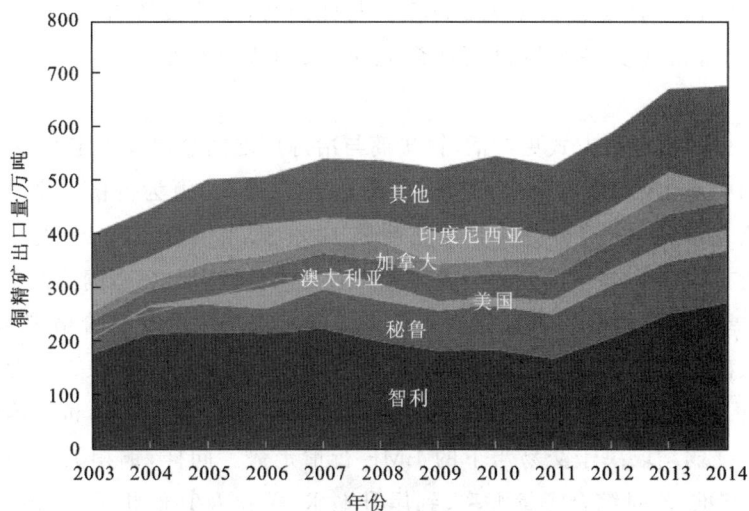

图 7-2　2003～2014 世界铜精矿出口量

资料来源：世界金属统计局

2014 年世界精炼铜进口总量为 824.4 万吨，进口国约 40 个。其中，中国进口量为 353.15 万吨，占世界的 43%，为最大进口国。其他国家的进口量占世界进口总量的比例均没有超过 8%，进口也相对分散。

7.2　铜价格走势与波动

7.2.1　铜定价方式

铜、铝、铅、锌等主要有色金属是国际公认的市场运作成熟的大宗商品，伦敦金属交易所（London Metal Exchange，LME）等世界主流商品交易所均有主要的有色金属标准化合约上市交易，而铜是最早在期货交易所进行集中交易的金属期货品种之一，期货合约定价是铜价格形成机制的主要特色。LME 公开交割的标准化合约为其认可的 A 级铜，现货市场上各类品级的铜矿产品均根据 LME 的官方报价再结合各自的加工费和近段时间升贴水确定最终的结算价格，多数没有参与实际市场交易的相关企业也将 LME 的官方报价作为判断行情走势、安排经营决策的重要参考信息。

在早期的期货交易过程中，参与期货交易的成员有限，主要为参与铜产业链生产、加工、流通各环节的企业，定价权基本掌握在少数控制铜矿山产能的跨国公司手中，当时的价格走势除了受市场重大风险事件影响，波动幅度和频率都相对有限。20 世纪中期之后，LME 逐步规范市场交易流程并公开发布成交价格，市场流动性不断增强，直接导致期铜交易量增长速度明显加快，由 1990 年的 600 万手增至 2000 年的 1800 万手，2010 年达到 3310 万手,2014 年成交量为 17700 万手。与此同时,机构投资者、投机方纷纷参与到期货市场中,使得市场交易主体也更加多元化,以期货成交价为主导的定价方式得以稳固。

实际市场中的铜定价方式更灵活,铜矿商与冶炼厂之间会协议商定交易价格,部分铜精矿加工合约中还包括 PP 条款。PP 即 price participation,意为价格分享(参与)。一般国际惯例价格基准是 90 美分/磅,参与比例是 10%,即当铜价超过 90 美分/磅(1984 美元/吨)时,铜矿商将支付超出部分的 10%给冶炼商作为补贴,反之,当铜价低于 90 美分/磅时,冶炼商将差额部分的 10%补贴给铜矿商。但实际市场中的交易价格依然以 LME 的价格为基准来确定。铜由矿石到最终的各类铜材,经历了很多中间环节,产品附加值不断提高,但不论中间环节的产品与 LME 规定的等级品质有怎样的差别,价格浮动情况和交易双方的势力强弱均取决于交易当下的 LME 行情走势。同样,铜相关产品的贸易定价也以 LME 为基准,同时综合考量汇率、到岸升贴水、关税及其他相关税、杂费等,具体计算公式为贸易价格=(LME 三个月期货价格+现货升贴水+到岸升水)×(1+进口关税税率)×(1+增值税税率)×汇率+杂费。

7.2.2　铜价基本走势

本书选取 LME 三月期铜月度均价为代表,重点分析近 30 年来国际铜价走势特征。从铜价的历史走势来看,以 2004 年为分界点,可分为低铜价和高铜价两个阶段,2004 年之前,铜价基本维持在 3700 美元/吨价位以下,波动幅度较小;2004 之后,铜价上升至 8000 美元/吨上下,且波动幅度大幅提升。30 年间,铜价分别在 1988 年、1996 年和 2004 年出现 3 次大幅上升,即每 8 年左右,价格就要经历一次大涨。自 2012 年以来,铜价基本呈现震荡下行的走势(图 7-3)。结合铜市场的热点事件,可将铜价走势划分为 3 个区间。

20 世纪 80 年代后期,受西方国家经济繁荣的刺激,铜价由 1000~1500 美元/吨跃升至 2000~2500 美元/吨,随之而来的是价格波动幅度和频率的增强,铜市的活跃刺激了期货市场的投机行为。早期市场缺乏合理有效的监管途径,造成了三井住友财团恶意炒作铜价等事件,人为放大了波动水平。20 世纪 90 年代,铜价最高突破了 3000 美元/吨,最低谷仅 1000 美元/吨,价差达到 2000 美元/吨。

自 21 世纪以来,铜价在需求方推动下持续高涨,基金利用铜产业链开采加工的进度和持续性与需求侧的不稳定性大肆炒作,铜价 2006 年 5 月一度突破 8000 美元/吨,2008 年 4 月更高达 8740 美元/吨,如此虚高的价格市场脆弱而动荡,最终在金融危机的打压下跌回 3400 美元/吨水平。这一时期铜价的年均波动率进一步扩大至 26%。

2010 年年初,铜价延续了自 2009 年以来的复苏走势,达到 7729 美元/吨,比 2008 年经济危机时的最低点上涨了 175%。2011 年年初,铜价涨至 9880 美元/吨。2011 年 10 月,欧元区主权债务危机爆发,投资者看空大宗矿产品市场,有色金属价格大跌,铜价跌至

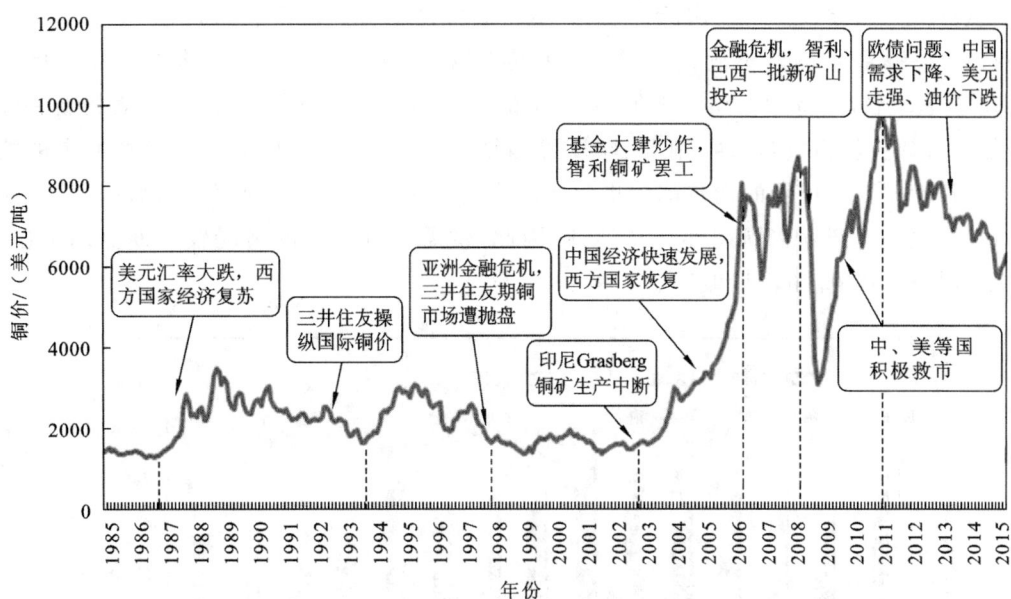

图 7-3　1985 年～2015 年铜价走势图

资料来源：LME

7394 美元/吨,比主权债务危机前下跌了 23%。2012 年 6 月,欧盟峰会达成了最新的欧元区纾困协议,提高了国际有色金属价格,但投资者对欧债危机和中国需求的忧虑抑制了铜价上涨,价格在 7300～7800 美元/吨波动。2013 年,有色金属价格再度下跌,国际铜现货价格由年初的 8054 美元/吨,跌至年末的 7213 美元/吨,跌幅达到 10%。2014 年一季度,国际铜价在 7000 美元上震荡徘徊,3 月 7 日中国首次出现企业债务违约,诱发铜价出现断崖式下跌,从 7000 美元以上跌至 6400 美元以下,3 月中下旬价格逐步企稳并略有反弹。11 月末随着当时国际油价暴跌,美元不断走强,铜价创出年内新低,之后维持在年内低位附近弱势震荡。2015 年,由于中国对铜消费中低速增长,全球矿山投产进入高峰期,铜供应保持较快增速,全球铜市场已进入供应过剩阶段,国际油价持续下跌,美元持续走强,铜价呈现下行态势(王高尚,2010)。

7.2.3　铜价波动分析

通过铜价的基本走势和波动情况可以看出,供需基本面情况、期货市场和突发风险性因素是与铜价波动关系最紧密的 3 个方面。供需情况决定价格基本走势,铜金属的下游产品与建筑、电力、交通运输、电子、机械等国民经济的支柱产业关系密切,这些产业部门的发展水平和繁荣程度直接影响铜的消费水平,而铜资源的勘探开发力度和产能水平则受到消费侧及价格信号的刺激不断调整节奏。历史上,供需基本面往往决定铜价的基本走向,美国工业化、日本与欧洲战后重建和中国工业化进程带动了对铜需求的快速增长,导致铜价三次跃迁,抬升至新的价格平台。但近年来,由于世界经济形势持续动荡,需求侧的不确定性增强,尤其是欧洲、美国、日本等发达国家和地区的GDP增速疲软,经济增长动力不足,对价格的带动作用有限,而以中国为代表的新兴经济体经济效益较粗放,巴西、南非、印度等国结构性矛盾突出,应对国际市场冲击的能力较弱,使得新兴市场的消费能力也起伏较大(图7-4)。与此同时,供给侧的调整相对滞后,且投资生产存在周期性和持续性,因此,供需双方失衡的情况较早期更加突出,也更容易造成一些阶段性波动。

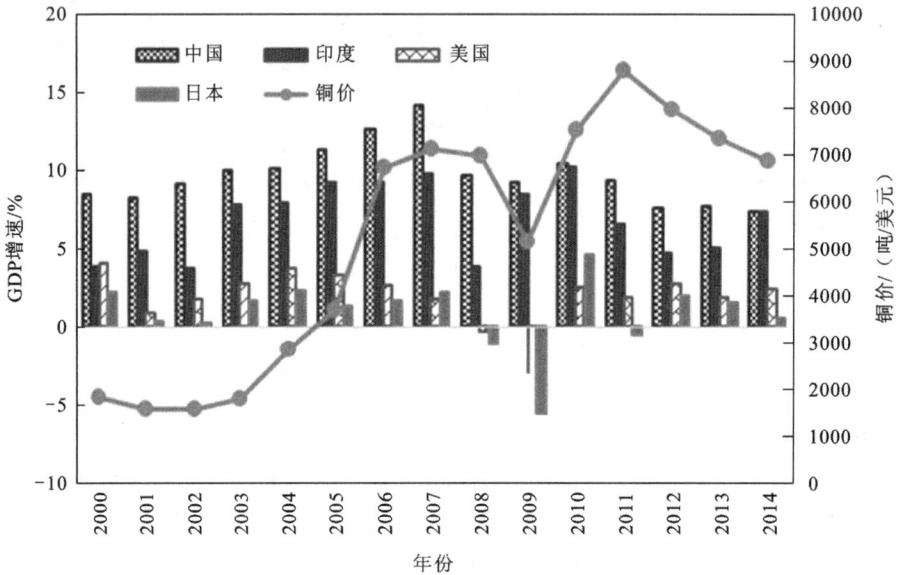

图 7-4　2000～2014 年各国 GDP 增速与铜价关系

资料来源:国际货币基金组织和 LME

　　供需情况决定了铜价的基本波动特点,期货市场的运作则影响了波动的频率和幅度,如果金融资本大量进入期货市场,价格炒高,如果金融资本大量撤出,价格会下跌。2014年,LME 铜交易量为 11 亿吨,而全球的实际贸易量仅为 900 万吨,交易量是当年实际贸易量的 122 倍。参与炒作的主体除了有套期保值需求的产业链上下游企业,还有大量的投机资金。交易所的期铜持仓报告将持仓量化分为商业净持仓与非商业净持仓,而通过历史数据的跟踪发现,尽管非商业净持仓的份额明显小于商业净持仓,却是价格发现的主要推动力,铜价波动与其变化水平存在明显的正向关联(图7-5)。在铜市出现震荡的前提下,投机商通过炒作市场信息和参与者的预期牟利,金融杠杆一方面放大了有色金属价格上涨的幅度,另一方面又通过恶意做空放大价格下跌的幅度。

　　有色金属的期货市场发展历史较长,期铜是其中规模最大、市场参与度最高的品种,随着期货市场的进一步发展,黑色产业链、化工产品、股指期货、汇率期货品种日益丰富,彼此之间的套利和对冲操作使得彼此间的价格联动效应明显,价差缩小。金融资本会在

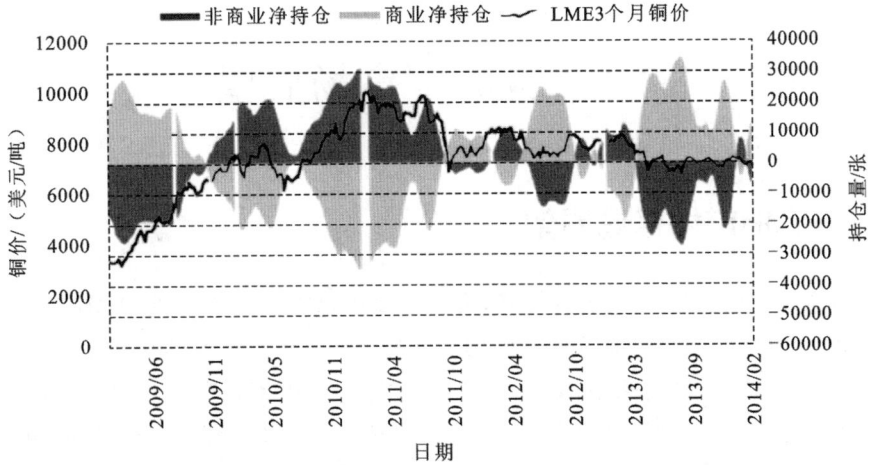

图 7-5　铜价与美国商品期货交易委员会持仓

数据来源：LME 和 Wind 资讯

期现货之间，期货的不同品种、不同交割月份之间，不同交易市场之间，乃至汇率市场、股票市场、期货市场和现货市场之间流动，寻找套利机会。在这种情况下，原油市场、汇率市场和各大股市行情的波动都能够有力冲击铜价走势（图 7-6）。

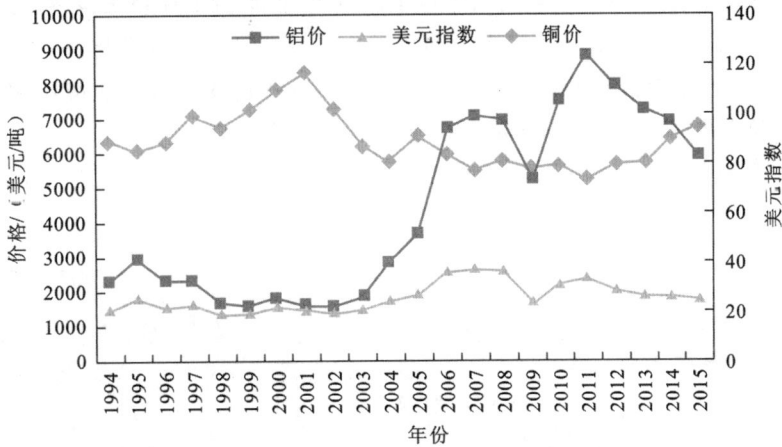

图 7-6　铜、铝价格与美元指数走势对比情况

数据来源：世界银行和 LME

突发性风险因素的范围较广，影响方式也不尽相同，这类因素的共同特点是能够引起市场短期内的波动，但影响效应的持续时间有限。对于铜市场而言，秘鲁、智利、澳大利亚等产铜大国突发地震等自然灾害或者矿山罢工事件会对铜价走势造成冲击，有一定市场地位的铜生产企业采取转产或者经营调整会引发价格波动。此外，主要消费国发布产能调整或者收储政策，以及主要生产国的矿业政策也会在发布的第一时间引起铜市反应，但多数市场主体会在风险事件发生后采取及时的应对措施缓和与化解，平复价格波动。

7.3 世界铜市场展望

7.3.1 铜市场格局展望

从需求端分析未来金属铜消费趋势,可将主要需求方分为 4 种类型(图 7-7):第一类(人均 GDP>17000 美元)包括美国、德国、日本、澳大利亚等发达国家;第二类(人均 GDP6000~17000 美元)包括中国、巴西等工业化中期国家;第三类(人均 GDP3000~6000 美元)包括印度、印尼、南非等即将进入快速工业化发展阶段国家;第四类(人均 GDP<3000 美元)经济落后国家(陈其慎等,2013)。

以美国、德国、日本和澳大利亚为代表的发达国家,铜消费量总体保持平稳,在世界铜消费中的比例不断下降。由于二次资源在发达国家的广泛利用,铜一次资源在发达国家消费量将平稳下降。2015 年~2030 年,第一类国家精炼铜消费占全球比例由 41.3% 降低至 19.2%。

以中国、巴西、俄罗斯为代表的工业化中期国家,有色金属消费接近峰值,占世界有色金属消费的比例超过 60%。未来铜消费量依然巨大,但消费增速将逐步放缓并趋零。

以印度、印度尼西亚、南非为代表的即将进入快速工业化阶段的国家,目前铜消费量有限,但未来工业化进程将释放消费潜力。预计 2020 年进入消费快速增长期,2030 年前后将占世界铜消费比例约 40%,铜消费量也相应快速增长。

第四类经济较落后国家,目前铜消费量占世界总量微乎其微,未来这种格局发生变化的概率较小(王安建,2010)。

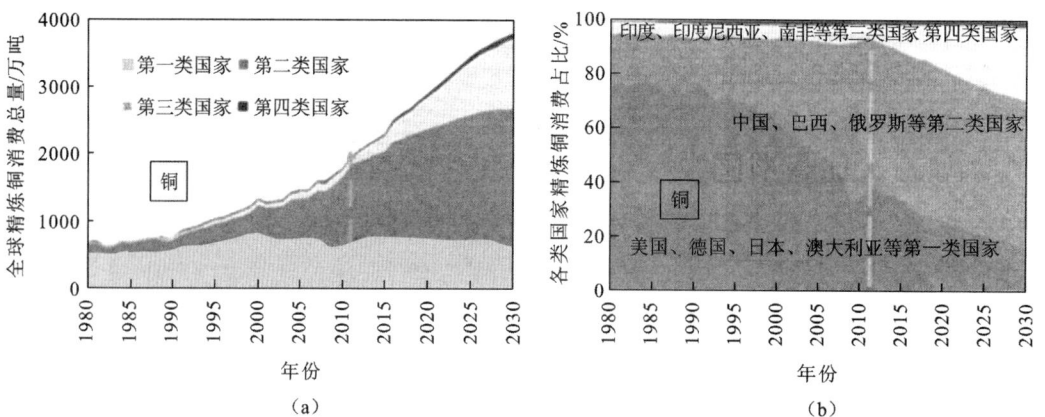

图 7-7 四种类型国家铜消费总量及占比

资料来源:中国地质科学院全球矿产资源战略研究中心 2012 年年报

21 世纪初期有色金属市场供不应求的局面推动全球有色金属二次资源供应量的不断增加,再生铜产量持续增长,再生金属对原生有色金属的替代率大幅提高。全球铜二次资源占消费量的比例约 30%。

　　世界铜资源丰富,但分布不均。根据美国地质调查局 2015 年发布的数据,世界铜储量为 7 亿吨,其中南美洲储量分别占世界总量的 45%,大洋洲占 13%,非洲占 6%。未来南美洲和大洋洲将继续主导世界有色金属资源供应,而非洲在供应方的地位将更加重要(图 7-8)。

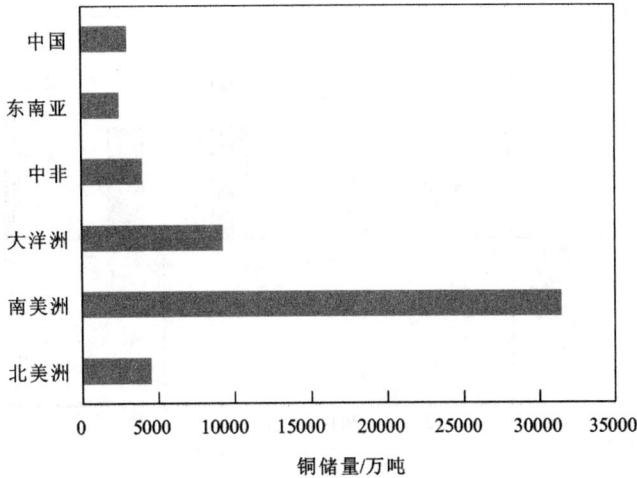

图 7-8　2015 年全球铜储量

数据来源:USGS

　　综合分析 2012~2014 年世界铜精矿综合开采成本①可以看出,南美洲开采成本世界最低,大洋洲和非洲开采成本较高。2012 年澳大利亚出台了严厉的环保政策,导致澳大利亚该项成本支出较高。非洲矿区基础设施落后,社会不稳定因素较多,导致综合成本较高。但非洲铜精矿品位高,成本控制大有潜力,前景十分广阔(图 7-9)。

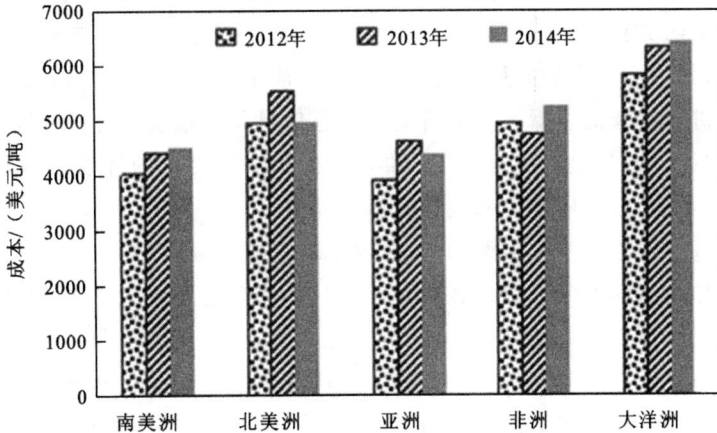

图 7-9　2012~2014 年全球铜精矿生产总产本

资料来源:GFMS

---

① 综合成本包括采矿、粉碎、加工成本、现场行政管理成本、特许权使用费与税费、资本化剥离费用等

根据国际铜研究小组的数据,2015～2017 年,全球拟建铜矿项目 24 个,新增产能 132.6 万吨。随着新投产的矿山铜产能逐步释放,未来全球矿山铜产量将会出现快速增长。2015 年全球矿山铜供给过剩 30 万吨,预计 2016 年矿山铜供给过剩 20 万吨,2017 年供给过剩 27 万吨(图 7-10)(刘莎,2010)。

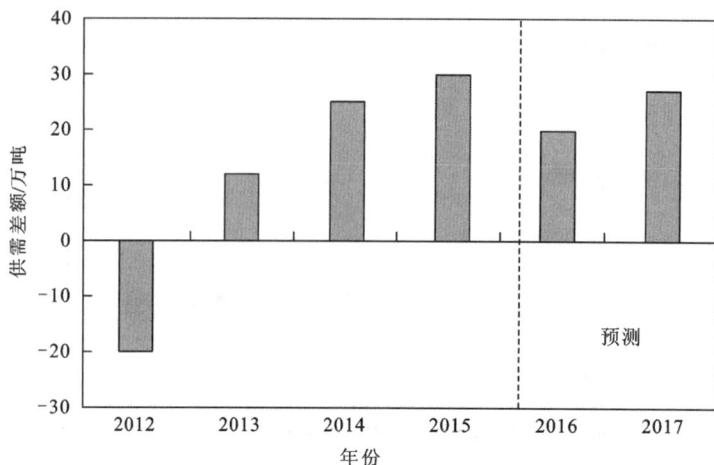

图 7-10 矿山铜供需预测
资料来源:国际铜研究小组和安泰科

7.3.2 铜价走势预测

在市场基本面分析预测的基础上,本书采取人工神经网络模型对未来 2～3 年的价格走势区间进行量化模拟、预测。神经网络模型是通过把微观层面的分子、细胞研究技术与宏观层面的行为研究技术有效结合,以数学和物理方法及信息处理技术完成了对人脑神经网络的抽象,并以此建立的某种简化模型。从本质上说,这是一类由大量神经元连接而成的一种能够进行复杂的逻辑操作的自适应动态信息处理系统。神经网络并不是人脑生物特征的真实写照,而只是对它的简化、抽象与模拟。其突出的优点是能够进行并行处理,并且具有学习能力、适应能力和很强的容错能力。

神经网络进行预测的基本步骤如下:对样本数据进行分段,按一定的比例把全部样本分为训练样本和测试样本两部分;确定网络结构,即确定输入节点数、输出节点数、隐含层数及每个隐含层的节点数;选择适当的网络训练参数,尽可能找到性能相对稳定的网络;在设定网络参数之后,采用训练样本训练网络,待网络达到预定的训练目标后,将训练样本与预测样本均输入神经网络进行预测,利用训练样本验证网络模型对训练过的样本再现的识别能力,利用预测样本来验证网络模型对未学习过的样本的预测能力。

有色金属类商品的特性在于都是可以存储且相对同质,它们因此成为资产和商品的混合体,其价格既由存量的供给和需求决定资产属性,又由供给和需求的流量影响商品属性。经济学家 Frankel 和 Rose 于 2010 年提出了一个包含了所有可存储商品价格决定因素的模型,全面阐释了如经济活动和真实利率等的宏观经济变量因素的影响,同时也兼顾了微观市场基本面的信息,如库存。本书选取交易量、波动率、价差、中国出口量、中国进口量、中国工业产值、中国货币供应量、美国出口量、美国进口量、美国工业产值、美国货币供应量、美国三月期国债利率 12 个指标作为金属价格的影响因素,输出结果显示如图 7-11 所示。

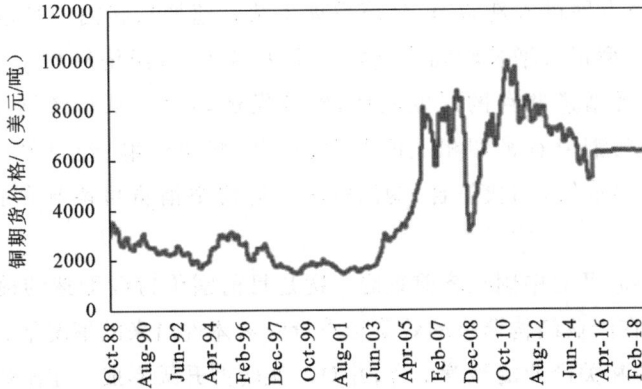

图 7-11　2015 年 10 月～2018 年 10 月国际铜期货价格预测

综合考虑国际经济形势、供需基本面、金融炒作和突发事件等因素,中国经济进入新常态,铜消费中低速增长,全球矿山产能继续扩张,铜原矿供应保持较快增速,全球铜市场已进入供应过剩阶段。目前铜价还不能诱发大量减产,成本支撑的底线还未到来。同时,铜市场也潜伏着一些利多因素,如供应的不确定性、国储收储、中国电力投资有望加速等。还有其他一些不确定性(如地缘政治)会带来短期行情。综合来看,铜价自 2011 年以来形成的重心下移趋势还没结束,铜价反弹难成主流。预计未来 2～3 年国际市场铜价主要波动区间为 5200～6200 美元/吨(工高尚,2003)。

7.4　中国增强国际铜市场话语权分析

中国是世界第一大铜消费国,2014 年国内铜精矿产量 197.5 万吨,精炼铜产量 795.9 万吨,铜资源的自给能力较低,对外依存度高达 72%,严重依赖国际市场的供应保障。与其他矿种相类似,中国的经济发展情况是目前,乃至未来 10 年中影响国际铜价走势的最重要因素,但依然难以得到与之相匹配的市场地位和话语权。总体上看,铜的市场化程度和市场保障性要明显优于其他矿种,但由于中国的市场起步晚、经验欠缺,以及企业发展思路的局限性,难以保障能够很好地应对市场动荡与各类风险。

7.4.1　加强中国铜消费管理

近年来,发达国家经济增速陷于困境,废杂铜的回收比例持续扩大,对铜矿石的消费需求缩减,世界铜市场依赖中国对铜的刚性需求,其他经济体短期内都难以取代中国在消费方的市场地位。但根据中国地质科学院关于矿产品消费增速的 S 型规律，并结合发达国家的历史经验及中国经济的发展情况判断，中国铜需求的增速将持续放缓并逐步进入平台期，峰值将在 2022～2025 年到来，届时年需求量将达到 1400～1600 万吨（陈其慎等，2010）。

当前中国经济发展进入新常态，经济发展正从高速增长转向中高速增长，经济发展方式正从规模速度型粗放增长转向质量效率型集约增长，经济结构正从增量扩能为主转向调整存量、做优增量并存的深度调整，经济发展动力正从传统增长点转向新的增长点。受此影响，与铜消费密切相关的电力、家电、交通运输、建筑等产业的发展速度较 2012 年之前明显放缓，加快整合、淘汰落后产能的举措将可能导致我国的铜消费峰值提前到来。

中国的消费不旺及对中国经济前景的担忧是目前铜价持续低迷的最主要原因，但对于国内市场而言，在产业结构调整的效益和质量尚未体现出来的情况下，铜价波动依然会加大国内有色金属相关产业的经营压力，并对产能转型升级形成一定阻碍，由于国外矿山的成本优势，外矿可以借机进一步扩展在中国的市场份额，挤压国内矿山的利润空间，影响国内的资源供应安全。

7.4.2　加强中国铜矿资源进口管理

有关统计数据显示，目前我国铜矿资源保有量 1847 万吨，静态保证年限仅 15 年，人均铜资源占有量仅为世界平均水平的 20％，仅靠我国铜资源无法支撑社会经济发展。2014 年，中国进口铜精矿 286.1 万吨，进口量占世界的比例为 44.5％，中国已经成为铜消费中心。2014 年，中国铜原料对外依存度分别为 72％。2014 年，中国铜资源来源集中在澳大利亚、东南亚和南美洲，54％的铜精矿来源于这 3 个国家和地区（图 7-12）。未来 10 年，中国铜对外依存度仍将保持在 70％左右。

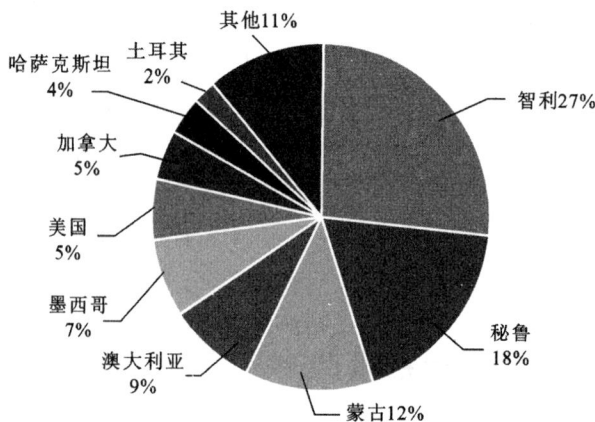

图 7-12　中国铜精矿进口来源及结构

资料来源：海关信息网

7.4.3　加强对国际矿业环境与政策的研究

矿业政策对有色金属市场的政策导向作用也十分明显。特别在最近两年里,随着资源国对本国战略性优势资源治理和保护意识的提高,各国之间资源市场的竞争和博弈日趋激烈,有色金属也不例外。政策性因素将提升矿业投资、贸易的成本和风险,促使贸易格局更加灵活多样,加剧有色金属的价格波动(表 7-1)(柳群义,2014)。

表 7-1　有色金属主要贸易国近期相关政策一览表

国家	相关贸易法律政策
智利	2010 年 10 月,智利议会通过新矿业税法。新法主要内容是从 2018 年起提高大型矿业企业的矿业特别税,税率为 5%～14%,根据企业规模浮动;2010 年至 2012 年为过渡期,税率为 4%～9%
秘鲁	2011 年,秘鲁议会通过三个新法案,提高了矿业资源税率并确定新的特殊税(暴利税),矿业企业税负将从 38.5% 升至 42.7%
澳大利亚	澳大利亚金属矿产资源许可证收税标准在各州/领地不同,基本水平为 1.5%～7.5% 的从价税率,或最高为 22.5% 的利润税率,并有税收抵扣政策
	2012 年 7 月,澳大利亚正式实施碳税法案《清洁能源法》。这一法案强制大约 300 家对环境有严重污染的企业,为排放每吨温室气体支付 24 美元的税款
印度尼西亚	2009 年 1 月 12 日正式颁布新的《矿产和煤炭矿业法》,增加了一项 10% 的附加税,要求现有生产企业在国内冶炼加工其矿产品,投资者必须缴纳矿区土地复垦金
	《中国—东盟全面经济合作框架协议货物贸易协议》,2007 年起对自中国进口的产品关税降至 8%,2009 年起自最惠国进口产品的税率由 5% 降为 0
	自 2012 年 5 月起,印尼政府对包括铜精矿、金矿、锡矿、镍矿、铝土矿及银矿在内的 65 种矿产品征收 20% 的出口税,自 2014 年起禁止所有原矿出口

资料来源:中华人民共和国商务部

7.4.4　充分发挥中国铜期货的功能

中国已是有色金属第一大生产与消费国,但中国有色金属企业却在国际贸易中被动承受国际市场价格波动风险带来的不利影响,其根源在于中国衍生品市场国际化滞后于实体经济发展的步伐,在国际贸易定价领域处于弱势地位。因此,亟须推动中国有色金属期货市场的改革开放和国际化发展,充分利用衍生品市场"价格发现"等基本功能,最大限度发挥中国期货市场在全球资源配置中的作用,扩大中国有色金属期货市场对国际市场的辐射能力,帮助中国有色金属企业提高国际竞争力,维护有色金属企业在国际经济贸易中的经济利益。2014 年,中国有色金属期货合约成交量单边累计约 0.8 亿手,成交金额 179000 亿元,其中最有代表性的铜期货合约共成交 3.4 亿吨,同比增长 17%。有色金属期货市场已经具备了对外开放的市场基础和现实条件(王高尚等,2002)。

相比伦敦金属交易所,中国有色金属期货市场的国际化程度还不够高,国际影响力还比较有限。国外投资者不能直接在国内期货市场交易或成立外资独资期货公司,这也失去了一定的交易量。铜是上海期货交易所成交量最大的品种,但近7年铜交易量占三大交易所的比例增长较慢(图7-13)。

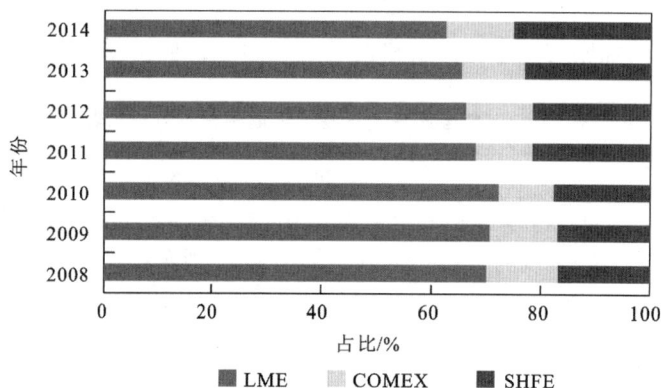

图 7-13　三大期货交易所铜成交量占比

资料来源:GFMS

品种体系方面,LME不仅上市铜、铝等基本金属品种,而且上市小金属、金属指数、期权等丰富的多层次的品种系列,上海期货交易所需要完善期货产品系列。市场流动性方面,流动性是市场效率与功能发挥的基石,成熟的发达市场比值稳定,流动性好;上海期货交易所的锌期货流动性起伏大,期货市场稳定性不足,品种发展不均衡,还有很大的改进空间和广阔的发展潜力(表7-2)。

表 7-2　中国有色金属期货市场流动性国际对照表

年份	上海期货交易所				伦敦金属交易所			
	交易量/中国产量		日均持仓量/中国产量		交易量/全球产量		日均持仓量/全球产量	
	2013	2014	2013	2014	2013	2014	2013	2014
铜	47.26	47.01	0.2	0.22	45.14	48.6	0.32	0.33
铝	0.99	0.75	0.03	0.02	31.35	32.08	0.5	0.5
铅	0.37	0.38	0.01	0.02	33.82	29.62	0.61	0.62
锌	21.78	11.39	0.17	0.13	58.59	58.49	0.54	0.53

资料来源:SHFE、LME 和 CRU

第8章 世界铅锌市场分析及展望

铅锌为伴生金属矿物,其中人类发现、认识和利用铅金属的历史远远长于锌金属。因为铅易于提取和加工,早在古希腊古罗马时期的欧洲和夏商时期的中国,就成为重要的合金元素,而锌的大规模冶炼与利用仅仅始于16世纪。目前铅主要应用于合金、机械、蓄电池、军工等专业领域,由于其对人体的危害和对环境的污染性,近年来世界各国已开始逐步拒绝含铅的汽油、涂料等产品,一定程度上抑制了铅消费水平。锌则大量用于合金及合金材料的镀层中。目前地壳上已发现的铅锌矿物约有250多种,其中大约1/3是硫化物和硫酸盐类,方铅矿、闪锌矿等是冶炼铅锌的主要工业矿物原料。世界铅锌资源丰富的国家包括南美洲智利、秘鲁,北美洲美国、加拿大,非洲刚果、赞比亚,以及亚洲的哈萨克斯坦等国,环太平洋一带铅锌资源较丰富,其中美洲大陆西海岸富集了世界超半数的铅锌资源。铅锌是国际有色金属市场上最重要的商品之一,早在1877年伦敦金属交易所成立之初,铅锌就成为其最早交易的商品品种之一,目前伦敦、纽约、上海等世界主流期货交易所的铅、锌期货合约价格是世界或区域的铅锌贸易定价标准。

8.1　世界铅锌贸易格局

8.1.1　铅锌贸易的历史沿革

世界铅锌贸易的发展历史较短,长期维持着少量、零散的贸易流动。进口方面,20世纪90年代之前,西欧和日本是铅锌矿主要流入的地区,20世纪90年代之后,市场发生一系列重大转折,西欧的进口量放缓,美国考虑到环境影响,关停大量铅锌冶炼企业,转变为原矿出口国和冶炼产品进口国。此外,随着中国的快速崛起,东亚地区迅速上升为铅锌进口集中地。出口方面,铅锌矿的出口集中度较低,随着新矿山的不断开发,出口国日益分散,但除了秘鲁、澳大利亚等国,其他国家的出口能力十分有限。

8.1.2　当前铅锌贸易集中度较低

2014年,全球铅精矿出口总量177.0万吨,比2013年增加了11.7%,约占全球产量的1/3。

铅精矿出口国超过 30 个国家,2014 年出口量最多的国家是美国(47.0 万吨,占 27.9%),其他出口量较多的国家有澳大利亚(33.7 万吨,20.0%)、秘鲁(19.7 万吨,占 11.7%)、比利时(16.6 万吨,占 9.9%)、俄罗斯(16.0 万吨,占 9.5%)、墨西哥(11.7 万吨,占 7.0%)、玻利维亚(9.1 万吨,5.4%)、土耳其(7.4 万吨,占 4.4%),出口国家相对分散(图 8-1)。

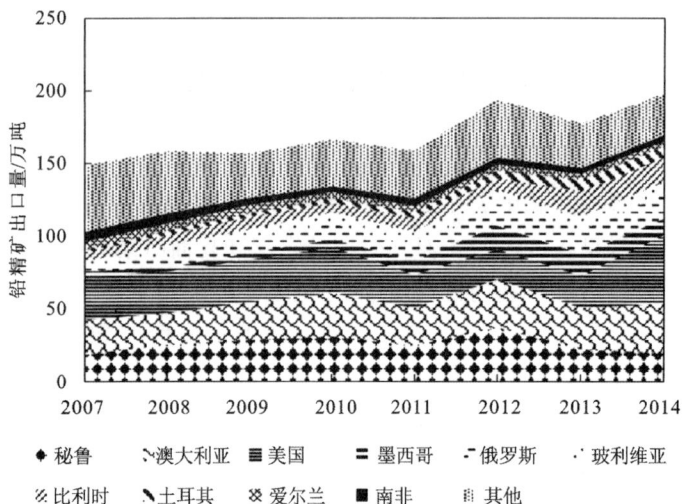

图 8-1　2007～2014 年世界铅精矿出口量

资料来源:世界金属统计局

2014 年全球铅精矿进口总量 181.5 万吨,比 2013 年增长了 10.0%。2014 年铅精矿最多进口国是中国(88.9 万吨,占 49.0%),其他进口量较多的国家有韩国(25.4 万吨,占 14.0%)、德国(16.7 万吨,占 9.2%)、比利时(14.2 万吨,占 7.8%)、加拿大(12.9 万吨,占 7.1%)、日本(10.0 万吨,占 5.5%)和保加利亚(4.9 万吨,占 2.7%)(图 8-2)。

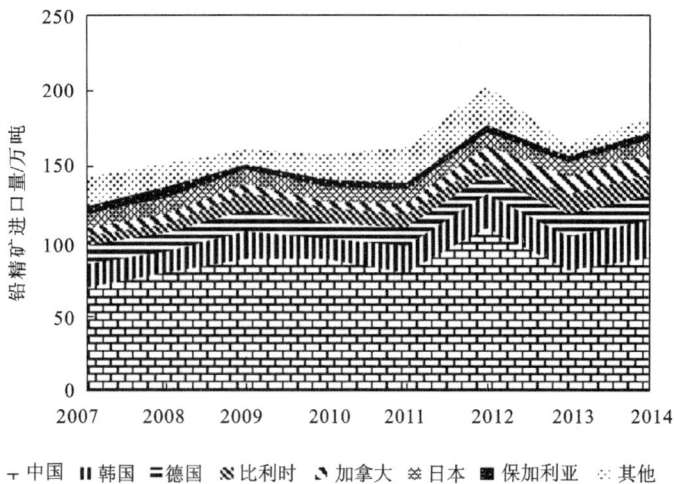

图 8-2　2007～2014 年世界铅精矿进口量

资料来源:世界金属统计局

　　2014 年世界精炼铅出口总量 201.6 万吨,较 2013 年增长了 17.2%,占全球产量的 18.0%,出口占比小于其他主要有色金属。精炼铅出口国约 50 个,出口结构较为分散,出口量较大的国家有澳大利亚(22.8 万吨,占 11.3%)、韩国(20.3 万吨,占 10.1%)、加拿大(16.9 万吨,占 8.4%)、哈萨克斯坦(10.8 万吨,占 5.3%)、德国(15.4 万吨,占 7.6%)和墨西哥(13.3 万吨,占 6.6%)。值得一提的是,为满足国内电动车行业对含铅电池的大量需求,中国精炼铅出口份额由 2003 年的 25.5%降至 2014 年的 1.7%(图 8-3)。

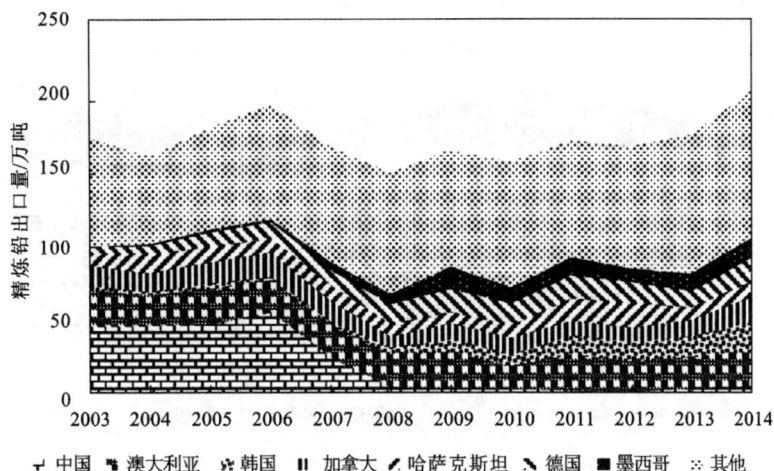

图 8-3　2003~2014 年世界精炼铅出口国出口量

资料来源:世界金属统计局

　　2014 年世界精炼铅进口总量为 193.6 万吨,较 2013 年增长了 6.1%。进口国家及地区约 50 个,2014 年精炼铅进口量最多的国家是美国(45.8 万吨,占 25.3%),进口量较多的国家有印度(10.8 万吨,占 5.9%)、德国(10.6 万吨,占 5.9%)、韩国(10.5 万吨,占 5.8%)、土耳其(9.5 万吨,占 5.2%)、西班牙(9.1 万吨,占 5%)和泰国(6.3 万吨,占 3.4%)(图 8-4)。

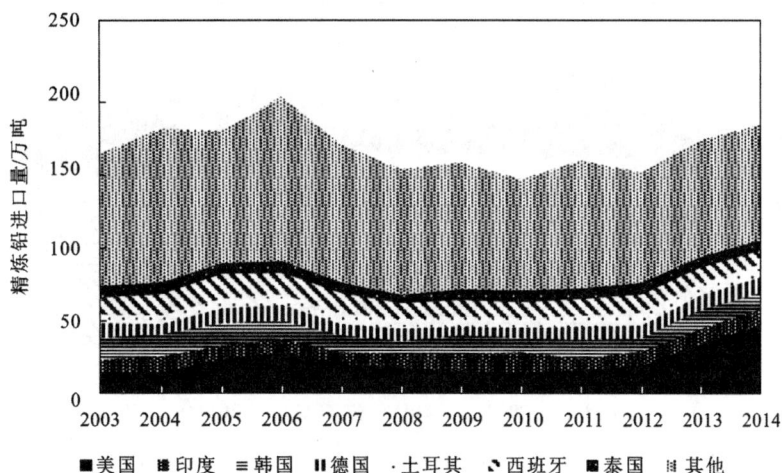

图 8-4　2013~2014 年世界精炼铅进口国进口量

资料来源:世界金属统计局

2014 年全球锌精矿出口总量为 531.9 万吨,较 2013 年增加了 0.5%,约占当年产量的 39.0%。锌精矿贸易量较大,出口国约 30 个,出口量最多的国家是澳大利亚(128.3 万吨,占 24.1%),出口量较多的国家有秘鲁(81.1 万吨,占 15.2%)、美国(68.2 万吨,占 12.8%)、玻利维亚(42.4 万吨,占 7.9%)、爱尔兰(31.4 万吨,占 5.9%)和墨西哥(27.0 万吨,占 5.1%)(图 8-5)。

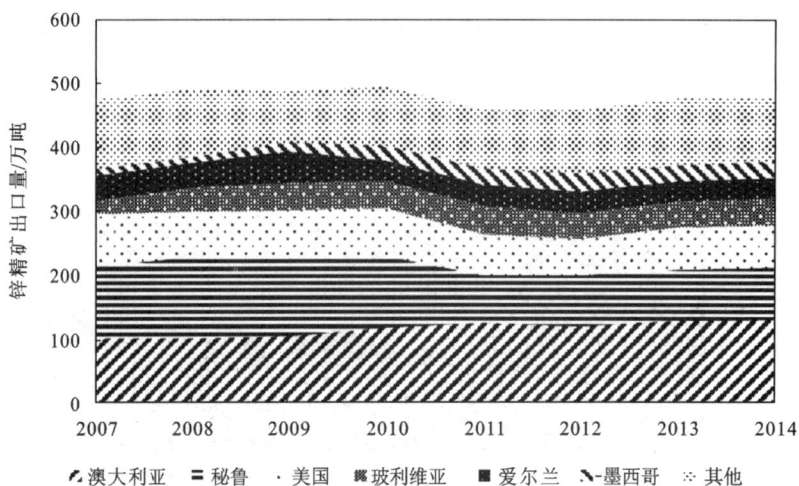

图 8-5　2007～2014 年世界锌精矿出口量

资料来源:世界金属统计局

2014 年全球锌精矿进口总量 500.6 万吨,较 2013 年减少了 1%。锌精矿进口国家约 20 个。2014 年韩国(88.4 万吨,占 17.7%)、中国(83.1 万吨,占 16.6%)和日本(47.2 万吨,占 9.4%)共进口锌精矿 218.7 万吨,占世界总量的 43.7%。其他进口量较多的国家有比利时(56.2 万吨,占 11.2%)、西班牙(45.6 万吨,占 9.1%)、加拿大(34 万吨,占 6.8%)和芬兰(27.5 万吨,占 5.5%)(图 8-6)。

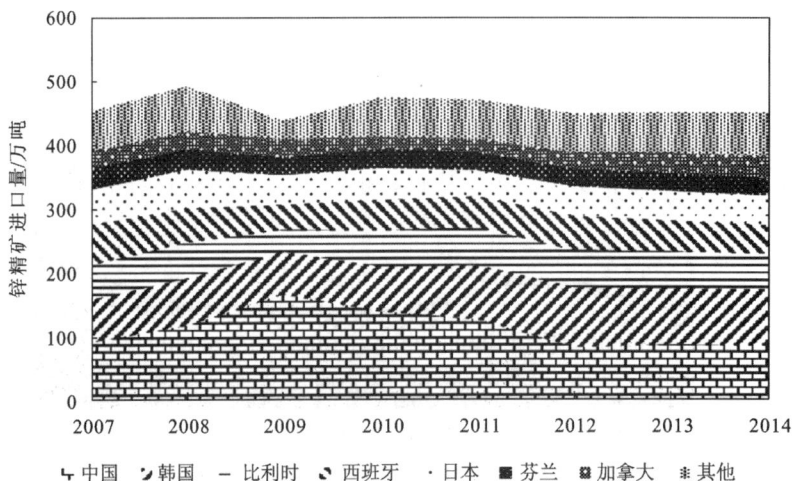

图 8-6　2007～2014 年世界锌精矿进口量

资料来源:世界金属统计局

　　2014 年世界精炼锌出口总量为 47.4 万吨,较 2013 年增加了 9.9%。出口国超过 20个,2014 年出口量最多的国家是韩国(9.0 万吨,占 19%),出口量较多的国家有西班牙(5.7 万吨、占 12.0%)、挪威(3.3 万吨,占 7%)、美国(2.7 万吨,占 5.7%)、德国(2.4 万吨,占 5.1%)和日本(2 万吨,占 4.2%)(图 8-7)。值得一提的是,2013 年澳大利亚开始实行最严格的矿业环保法案,其精炼锌出口份额由 2012 年的 13.2%降至 2013 年的 1.4%。

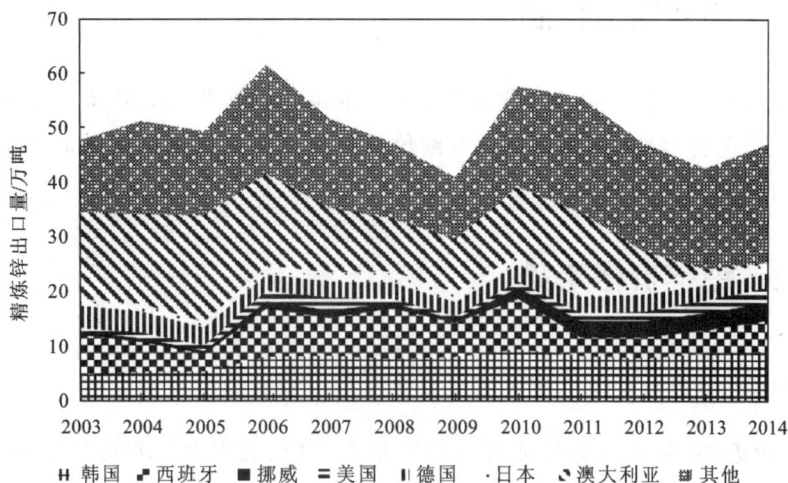

图 8-7　2003~2014 年世界精炼锌出口量

资料来源:世界金属统计局

　　2014 年世界精炼锌进口总量为 71.4 万吨,较 2013 年增加了 4.1%。进口国超过 40个,2014 年锌精矿进口量最多的国家是中国(11.1 万吨,占 15.5%),进口量较多的国家有德国(7.7 万吨,占 10.7%)、马来西亚(6.7 万吨,占 9.3%)、意大利(5.0 万吨,占7.0%)、法国(3.8 万吨,占 5.2%)、奥地利(3.4 万吨,占 4.6%)和印度(3.1 万吨,占4.3%)(图 8-8)。

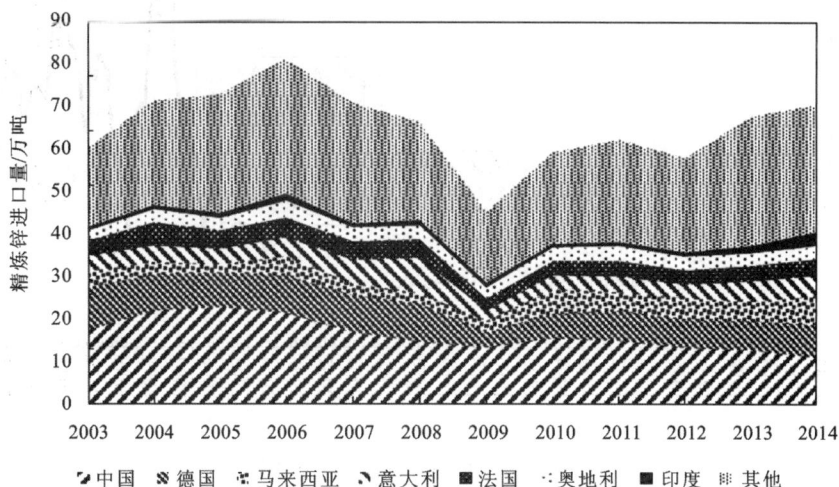

图 8-8　2003~2014 年世界精炼锌进口量

资料来源:世界金属统计局

8.2 铅锌价格走势与波动

8.2.1 铅锌定价机制

同其他有色金属类似,铅锌产业链上下游的制品会根据各自的品级、工艺和产品附加值确定升贴水,但仍然是以 LME 主力合约价的走势来作为反映价格动向和议价主动权倾向的主要依据。

8.2.2 铅锌价格走势

1. 国际铅价走势

国际铅价近 30 年的走势特征可总结为基本平稳、大起大落和持续波动 3 个阶段。2003 年之前价格较平稳,基本保持在 400~800 美元/吨波动,1990 年和 1996 年两次阶段性高位也均未超过 1300 美元/吨价位。2003~2007 年国际铅价经历一波快速上涨行情,2007 年 10 月达到 3700 美元/吨的历史高位,随后,铅价进入了持续大幅波动阶段,年均价格波动率扩大至 20.8%。具体的价格走势情况如图 8.9 所示。

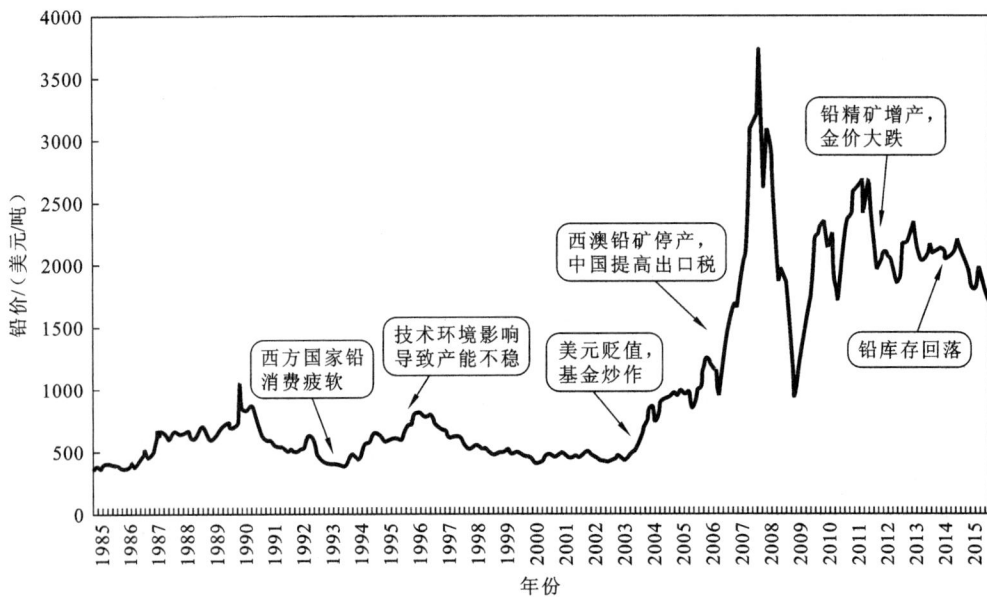

图 8-9 1985~2015 年铅价走势图

资料来源:LME

1980～2003 年,铅价总体走势平稳,年均波动率维持在 5% 左右。世界范围内铅的生产与消费在 20 世纪 70 年代发展到一个历史高位之后,20 世纪 80 年代初期逐步回调,导致铅价疲软;20 世纪 80 年代后期,随着精铅消费的回暖,以及矿山铅开采力度的放缓,铅价逐步走高,1990 年年初超过 900 美元/吨,比 1987 年上涨了 36%。20 世纪 90 年代,受西方国家经济瓶颈频现、含铅汽油受到抵制等因素影响,精铅消费疲软,导致铅价走势整体缺乏动力,由 850 美元/吨跌落至 400 美元/吨,期间由于供应侧的矿山铅因环境污染问题产量受阻和再生铅技术条件欠缺,一度削弱了市场供应能力,铅价在 1996 年创下 640 美元/吨的阶段性高点。

2004～2009 年,铅价经历了大起大落的走势,年均价格波动率迅速放大至 32.4%。自 2003 年起,全球经济形势向好,美元贬值创造了宽松的市场环境,流通性加快,粮食、原油、金属等大宗商品市场交易异常活跃。2006 年～2008 年上半年,金融资本的持续涌入和基金炒作使得铅价快速攀升,到 2008 年上半年,铅价由 620 美元/吨涨至 3989 美元/吨的历史最高点。自 2008 年下半年开始,金融危机蔓延,全球经济形势受到重创,大宗商品市场泡沫破裂,资金抽逃,半年间铅价跌至 961 美元/吨的阶段低位,跌幅达 75%。

自 2010 年后,铅价在宽幅波动中下跌。截至 2015 年 7 月,较 2010 年均价下跌了 25.05%。精铅市场在经历了金融危机中的重挫和短暂恢复之后,2010 年呈 V 形走势,上半年由 2350 美元/吨跌至 1700 美元/吨,下半年市场出现反转,铅价重新回到 2400 美元/吨价位。但总体来看,中国铅精矿快速扩产,精炼铅产能增速慢于铅精矿的基本面情况还是令铅价反弹势头略显疲软。

2011 年,国际金属市场整体震荡,铅精矿持续扩产,需求侧中国下游铅蓄电池企业受污染整顿和限电政策的影响,加上日本地震导致国内企业暂时停产,供需矛盾进一步激化,铅价由 2580 美元/吨跌至 2024 美元/吨。随后的 2012～2013 年,世界经济持续低迷及中国铅蓄电池等相关产业的改革调整共同制约了铅价回升,铅价在 2000～2300 美元/吨波动。2014 年下半年,LME 铅价开始持续下跌,于 12 月 30 日跌至 1815 美元/吨的年内低点,这也是两年半来的低点。其中,9 月和 12 月的跌幅分别达到 6% 和 8.4%,2014 年全年跌幅达 16.3%。LME 铅价下跌受多方面利空打压,包括美元汇率上涨,中国经济增长放缓拖累金属消费,原油、卢布遭受重挫等。2015 年,大宗商品市场仍未出现好转,同时受美元持续走强、人民币突然贬值的影响,铅价继续走低,但跌幅有所缩减。2015 年上半年小幅下滑至 1763.04 元/吨,下跌 4.34%。

2. 国际锌价走势

国际锌价近 30 年的走势特征与铅价相似,但波动幅度明显增强。2004 年之前的年均价格维持在 1000 美元/吨左右,其中在 1988 年、1990 年和 1997 年中,出现剧烈波动,阶段性高位一度涨至 1700 美元/吨,价格波动幅度最高达到 50%。2005～2009 年国际锌价也经历了一波大起大落的走势,2006 年 12 月冲高至 4380 美元/吨的历史高位后快速回落,2010 年后,锌价虽波动频繁,但波动区间维持在 1900～2400 美元/吨,未出现大幅涨落和明显的异动。具体的价格走势情况如图 8-10 所示。

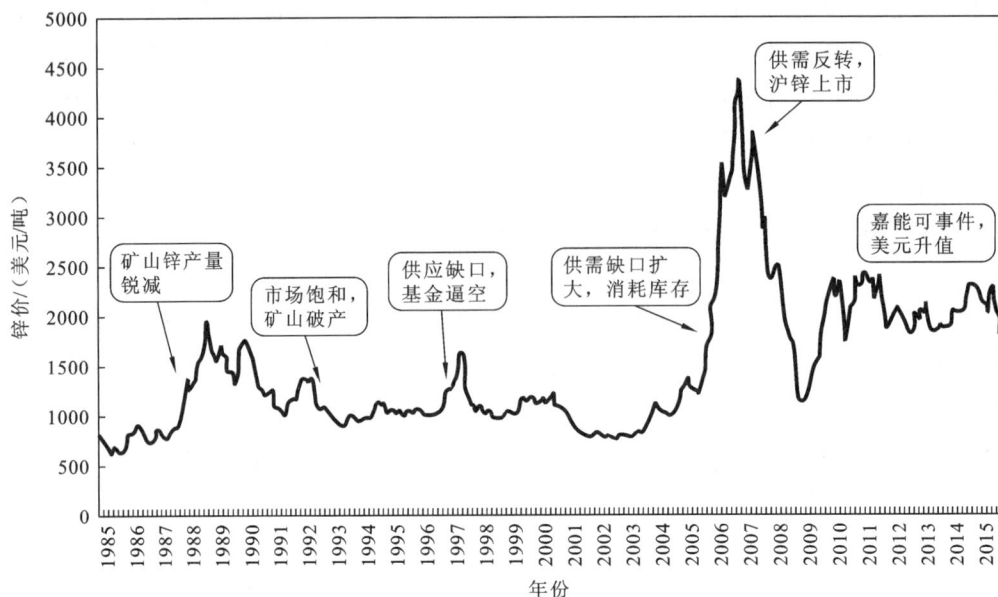

图 8-10　1985～2015 年锌价走势图

资料来源：LME

1988 年之前,西方国家的市场基本面较平稳,锌价稳定,但 1988 年,矿山锌产量锐减,全年产量增速由 1.3％降至 0.6％,极大地扰动了现货市场行情,价格由 1988 年年初的 870 美元/吨一路涨至 1989 年 3 月的 1900 美元/吨,随后,锌价开始震荡下行,到 20 世纪 90 年代初期,西方国家的经济疲软,特别是与锌金属密切相关的建筑、汽车等行业增长乏力,导致市场需求饱和,欧洲大型企业部分关停冶炼产能,锌价在 1993 年 8 月跌至 880 美元/吨,众多小型矿山企业倒闭,产能收缩,才最终帮助锌价回调至 1000 美元/吨以上。1997 年,亚洲金融危机肆虐,但锌价却受基金炒作影响逆势上行,较 1996 年年末上涨 48％至 1638 美元/吨,基金持续进仓炒高锌价挤压空头,直接促成了此番价格波动。2000 年之后,锌价持续下探,2002 年跌至 750 美元/吨,西方国家经济衰退,中国冶炼产能过剩,使得需求侧接近饱和,直接促成了价格的低位徘徊,锌价低迷一直延续到 2003 年年底。

自 2004 年起,锌价企稳回升,依次收复 900 美元/吨、1100 美元/吨和 1300 美元/吨的关口,为后期的价格高涨进行了铺垫。随后,市场需求重新高涨,供应能力短期难以跟进,锌金属的 LME 库存不断削减,向市场发出强烈利好信号,投机资金的持续追涨助推锌价在 2005 年 7 月～2006 年 12 月连续 18 个月上扬,创下 4380 美元/吨的历史新高,累计涨幅高达 270％。巨大的行情波动隐藏着巨大的风险,在市场狂热的背后,供需基本面悄然反转,2007 年,上海期货交易所的锌期货合约正式上市,金融市场上的投资者进一步分化,最终导致锌价大幅跳水,持续下跌至 1200 美元/吨价位,重新跌回 2005 年 5 月的价格水平。

2010 年,国际锌价波动加剧,上半年下跌,下半年上涨。国际锌消费增速达到 16.7％,超过 14.6％的供应增速。4 月,锌价创下阶段性新高,涨至 2367 美元/吨,比 2008 年经济危机时的最低点上涨了 119%,12 月末以 2419 美元/吨收尾。2011 年,受欧洲国家经济债务问题、美国失业率居高不下、西方国家经济发展减速、消费能力减弱、国内人民币升值等多方面因素影响,锌价一直波动下跌。截至 2011 年 12 月末,国际锌价跌至 1845 美元/吨,跌幅约为 24%。2012 年,美联储公布推出 QE3 以支持经济复苏,极大地刺激了国内外的贵金属期货,2012 年基金属总体形势持续疲软,锌价保持低位。全球经济增长的不确定性抑制了锌矿需求,这对锌价构成了下行压力。锌价低于 1900 美元/吨,较 2011 年下跌超过 20%。2013 年,受国内外宏观面利空及国内基本面疲软拖累,有色金属价格再度下跌,2013 年年初 LME 三月期锌短暂 V 形上扬,此后一路下行低位跌宕不前。整个半年高点出现在 2 月上旬,低点出现在 5 月中旬,一季度震荡区间大于二季度,且在一季度完成过山车式涨跌,二季度则在前期低点基础上继续震荡。一季度运行区间为 1840~2220 美元/吨,二季度降至 1810~1980 美元/吨。

2014 年上半年 LME 锌价低位徘徊,于 3 月 24 日创下年内最低 1945 美元/吨,而后弱势调整,在 6 月底开启价格上行轨道,于 7 月 28 日创下年内最高 2410 美元/吨。2014 年下半年,锌价在 2200~2350 美元/吨震荡。全年 LME 三月期锌价平均价为 2164 美元/吨,同比上涨 11.6%。2015 年上半年,锌价格几乎呈 S 形走势,1 月~3 月中旬,锌价震荡下滑。3 月下旬~4 月底,锌价大幅走高。5~6 月,锌价进入季节性需求疲弱期,供应不断上升,锌价暴跌。

8.3　世界铅锌市场展望

根据地科院全球矿产资源战略中心研究成果,借鉴发达国家有色金属消费规律,结合中国经济未来发展趋势,以及下游产业发展情况,中国铅需求处于上升阶段,峰值将在 2020~2022 年到来,届时年需求量将达到 680 万~700 万吨。中国锌需求可能在 2020~2025 年达到峰值,年需求量为 770 万~790 万吨。

21 世纪初期有色金属市场供不应求的局面,推动全球有色金属二次资源供应量的不断增加,再生铅、锌产量持续增长,对原生有色金属的替代率大幅提高。全球锌二次资源占消费量的比例较少,约为 8%;全球铅二次资源占消费量比例较大,能够达到 50% 左右。据世界金属统计局统计,1975 年,全球再生铅产量为 131 万吨,占精炼铅产量的 28%,2000 年以后,再生铅占比超过原生铅。2004~2011 年,全球再生铅产量平稳上升。2012~2014 年,由于铅价下滑,再生铅产量有所减少,但占精炼铅的比例维持在 50% 以上。随着资源的日益枯竭,有色金属二次资源将在世界有色金属市场占据更加重要的地位(图 8-11)。

世界铅、锌资源丰富,但分布不均。根据美国地质调查局 2015 年发布的数据,铅、锌储量分别为 0.87 亿吨、2.3 亿吨,南美洲铅、锌储量分别占世界总量的 16%、21%;大洋洲储量分别占 40%、27%。未来南美洲和大洋洲将继续主导世界有色资源供应,而非洲在供应方的地位将更加重要(图 8-12)。

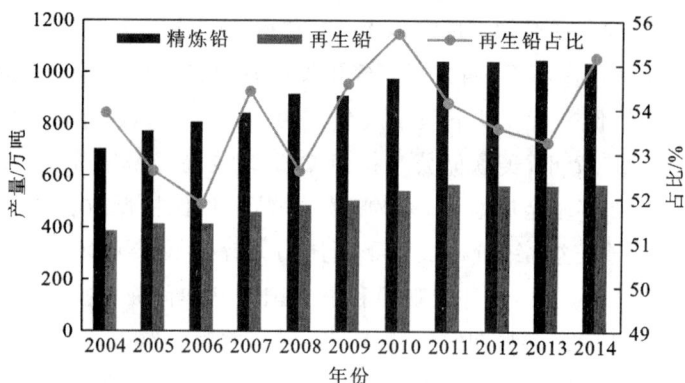

图 8-11　全球再生铅产量及占精炼铅比例变化

数据来源:世界金属统计局

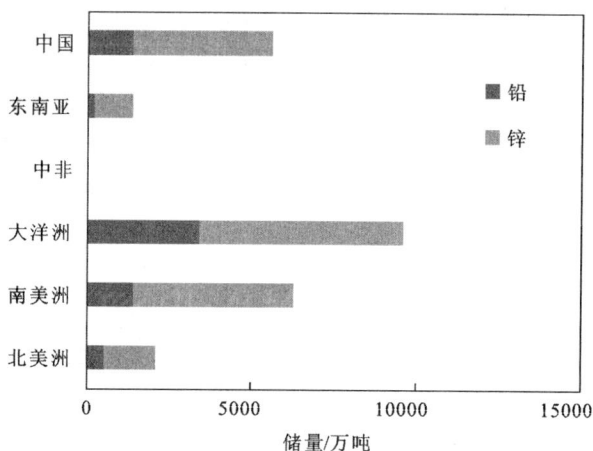

图 8-12　2015 年全球铅锌储量

数据来源:USGS

　　据国际铅锌研究小组统计,全球在建铅矿、锌矿项目较多,2015~2017 年,预计新增铅矿生产能力 9.3 万吨/年,新增锌矿生产能力 60.7 万吨/年。潜在的铅矿建设项目 50 余项,可能增加的产能 150 万吨/年;潜在的锌矿建设项目约 70 项,可能增加的锌矿生产能力约 400 万吨/年。这表明全球的铅锌精矿供应潜力很大(表 8-1)。

表 8-1　全球在建铅锌矿项目(不含中国)

国家	项目	投产年份	新增产能(铅矿)/(万吨/年)	新增产能(锌矿)/(万吨/年)
澳大利亚	Dugald river	2016	2.8	21
澳大利亚	Lady Loretta	2016	1.5	4.7
俄罗斯	Ozernoye	2017	5	35
	总计		9.3	60.7

数据来源:ILZSG,2014

2015～2017 年,全球关闭的铅矿产能约 7 万吨/年;全球关闭的锌矿产能约 67.5 万吨,关停产能较大。这也是 2014 年锌价上涨的原因之一。全球新建、拟建铅、锌冶炼项目较少,对铅锌精矿需求增长有限(表 8-2)。

表 8-2　全球在建、拟建铅锌冶炼项目(不含中国)

矿种	国家	项目	产能/(万吨/年)	项目状态	投产年份
铅精矿	澳大利亚	Port Pirie	23.5	技改重建	2016
	玻利维亚	Karachipama Zine	2	在建	2015
	摩洛哥	Zellidja	6	重启	2015
	乌兹别克斯坦	Almalyk-Lead	1.5	拟建	2015
锌精矿	澳大利亚	Townsville	1.7	拟建	2016
	巴西	Cia Paraibuna de Metais-zinc	1.3	拟建	2016
	印度	Binani Zinc	1	拟建	2017

数据来源:ILZSG,2014

2015～2017 年,全球铅精矿、锌精矿在建产能较多,而冶炼项目在建产能较少。2015～2017 年,全球铅精矿分别过剩 22 万吨、21 万吨和 20 万吨,因此应维持自 2014 年以来的过剩局面;全球锌精矿也在 2015～2017 年出现略微过剩的局面,2015～2017 年分别过剩 3 万吨、5 万吨和 8 万吨(图 8-13)。

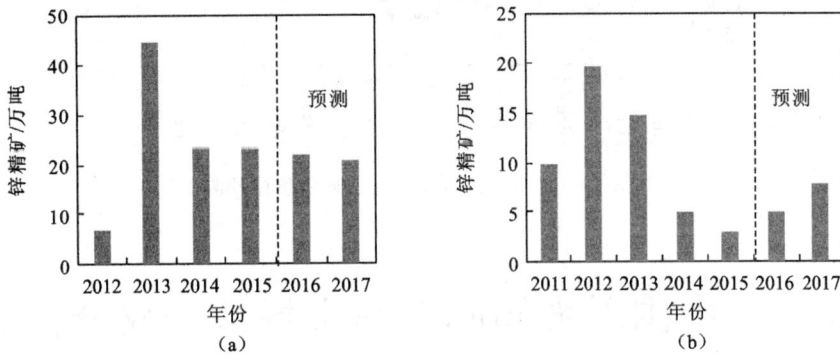

图 8-13　全球铅锌精矿需求预测
资料来源:国际铅锌研究小组和安泰科

铅价长时间在成本区域徘徊,原生铅冶炼严重亏损,副产品价格的低迷使铅厂经营雪上加霜,自 2014 年年底以来,铅冶炼厂开工率下降,现货供应保持紧张,铅价已经探底,一旦减产太多,铅价将寻机反弹。但再生铅产能增加较多,比例提高,产能过剩仍会压制铅价。未来 2～3 年,国际市场铅价波动区间为 1800～2300 美元/吨(图 8-14)。

受制于环保压力,中国锌冶炼厂开工有潜在威胁,这也是锌价可持续看好的重要理由,锌市场供给端开启的新一轮价格上升周期已经开始。2015 年原料市场并不紧张,加工费提高已经足以让冶炼厂盈利,所以 2015 年锌供应继续增加。未来 2～3 年,国际市场

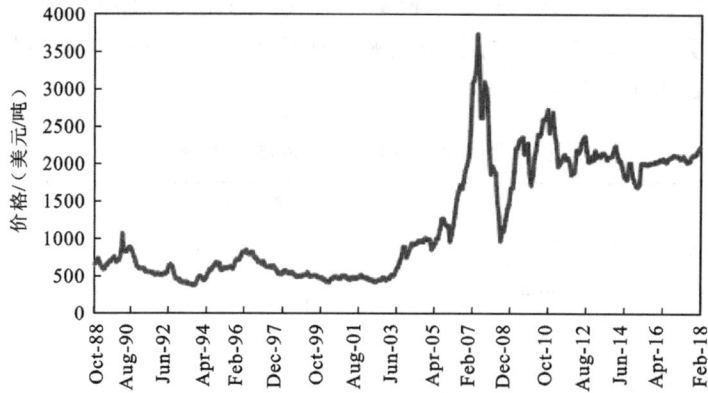

图 8-14　2015～2018 年国际铅期货价格预测

锌价波动区间为 1800～2500 美元/吨(图 8-15)。

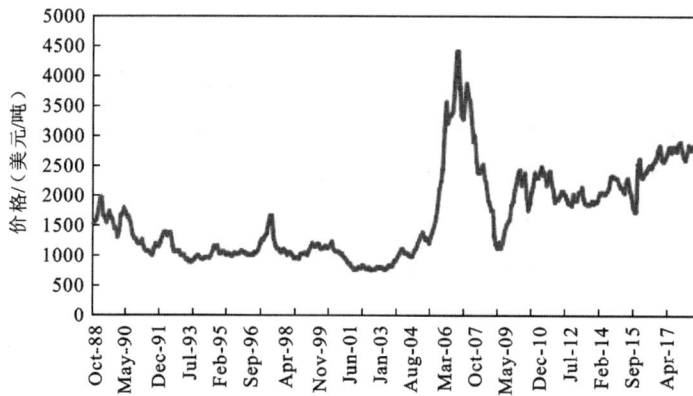

图 8-15　2015～2018 年国际锌期货价格预测

8.4　中国增强国际铅锌市场话语权分析

8.4.1　优化铅锌生产结构

随着我国铅锌原料对外依存度上升,国内铅锌资源价格与国际并轨。国家环保执法力度加大、劳动力价格,以及贸易政策的调整,我国铅锌成本优势已经不在。而近期国际有色金属价格出现较大下跌,我国铅锌工业正面临着前所未遇的压力。加快产业结构调整步伐、淘汰落后产能是中国铅锌行业发展的大趋势。我国铅锌储量开发利用程度高,已利用的储量比例很大。因此,中国铅锌企业应走产品、原料融合,以海外资源开发为载体的国际化经营之路。

8.4.2　加强中国铅锌峰值管理

由于有色金属大多具有产业集中度较高、资源有限、产能扩张周期较长、需求变动较快且与投资直接相关等特殊性,反映到价格上就呈现出波动剧烈和易涨难跌的特点。从资源上来说,许多有色金属越来越少,而且伴随开采难度的加大,矿产的开采和浮选成本也会增加。因此,从金属成本对产量的"逆调节"来看(即当价格低于边际成本时,会导致开工率降低、供应量减少,从而对价格起支撑作用),不考虑货币贬值的因素,长期有色金属的价格底部一定会越来越高。

根据地科院全球矿产资源战略中心研究成果,借鉴发达国家有色金属消费规律,结合中国经济未来发展趋势,以及下游产业发展情况。中国铅需求处于上升阶段,峰值将在2020～2022 年到来,届时年需求量达到 680～700 万吨。中国锌需求可能 2020～2025 年达到需求峰值,年需求量为 770～790 万吨。

8.4.3　加强中国铅锌进口安全管理

2014 年,中国进口铅精矿 88.9 万吨、锌精矿 83.1 万吨,进口量占世界的比例分别为49% 和 16.6%,中国已经成为铅、锌的消费中心。2014 年,铅、锌的对外依存度较低,根据中国有色金属工业协会数据,2014 年中国铅原料对外依存度为 20%,锌原料对外依存度为 14%。2020 年以前,铅精矿缺口可能扩大,对外依存度升至 25%;2020 年后伴随再生铅替代增加,对外依存度将会降低。2025 年以前,中国锌精矿供需缺口将扩大,对外依存度可能升至 30%。

8.4.4　加强中国铅锌产业组织管理

随着经济结构的调整和产业结构的升级,我国作为世界最大的有色金属消费国,有色金属价格波动会加大国内有色金属相关产业的经营风险;对于部分高端及深加工有色金属产品的需求增加,将会进一步扩大进口;随着国内技术水平的提高和部分高端产品自给水平重视程度的提高,部分高端产品国内生产水平有望提高,又将可能收缩部分产品进口规模的增长。

中国精铅产能的不断扩大将使精矿争夺更加激烈,2006 年下半年我国新增精铅产能达到 26 万吨,再加 2005 年下半年～2006 年上半年增产的 30 万吨,增加的产能就达到 56万吨。精矿的争夺不仅仅体现在国内,随着中国进口原料依赖程度的增加,中国企业在海外面临的竞争也将加剧,尽管国内企业具有劳动成本和环保成本低的优势,但海外精矿增幅有限也使中国获得更多的原料变得困难。2006 年前 5 个月海外精矿产量增加 2 万吨,增幅只有 2.17%,而同期中国铅精矿进口量却增加 6 万吨,同比增长高达 29%。此外,自2006 年 1 月 1 日起中国禁止以加工贸易方式进口铅精矿,这也加大了企业对运营资金的要求,企业参与海外竞争的难度加大。

据中国有色金属工业协会统计,2006年上半年我国精铅产量达到130.8万吨,同比增长21.78%。主要增产地区依旧是河南、湖南和云南,同比分别增长41.2%、24.8%和24%,值得注意的是上半年安徽产量出现了较大幅度增长,这反映出我国再生铅产量增速较快。从企业看,豫光金铅集团有限责任公司、水口山有色金属有限责任公司、豫北金铅有限责任公司和济源市万洋冶炼(集团)有限公司产量都有不同程度的增加,而株洲冶炼集团有限责任公司精铅产量却下滑了10%。

由于铅精矿产量无法满足日益增长的产能需求,原料一直是各企业争夺的焦点,2006年上半年这种情况依旧没有改观。据中国有色金属工业协会统计,2006年上半年我国共产铅精矿31.2万吨,同比增长14%,尽管增幅较大但还是无法满足近期新增产能需求。据本书统计,2005年下半年~2006年上半年我国精铅新增产能达到了30万吨。国内供应短缺迫使企业从海外进口更多的铅精矿,海关统计数据显示,2006年上半年我国共进口铅精矿53.3万吨(实物量),同比增长27.79%。

8.4.5 提高中国铅锌原矿定价话语权

自2009年以来,国际铜现货价格从4000美元/吨,几次突破9000美元/吨,并维持在6000美元/吨高位运行。与铜价上涨相反,加工费却在下降,2010年国际铜价比上年上涨46%,铜精矿加工费却比上年下跌39%,2010年中国铜冶炼行业毛利率不到5%(图8-16)。

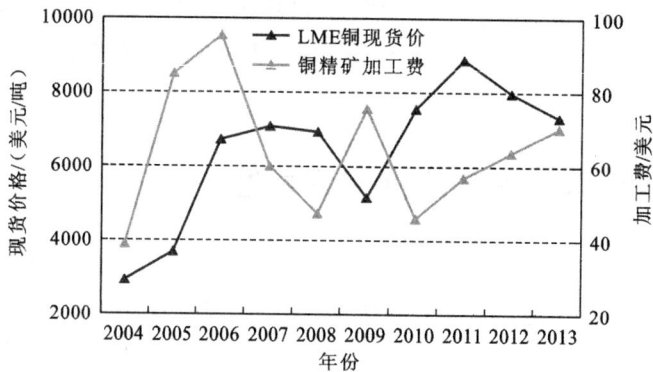

图8-16 2004~2013年铜精矿加工费与LME铜现货价对比
资料来源:LME和安泰科

我国有色金属金融资本力量薄弱,金融市场效率不高,因此在国际有色金属市场上缺少定价话语权,从而使国内厂商承担了较多的金属价格波动风险及由金属价格波动引致的损失。中国国内冶炼企业需要大量进口铜、铝、铅、锌原矿。由于这些原矿的对外依存度较高,国内冶炼企业在进口谈判时,经常受制于国际原矿供应商。在上一轮矿产品涨价潮中,中国企业走进了原矿进口"越买越贵,越贵越买"的怪圈。在本轮国际大宗矿产品价格进入下行轨道后,中国企业需要反周期布局,破解缺乏定价权的难题。

第9章 世界钾盐、磷矿市场分析及展望

钾、磷是植物生长所必需的三大营养元素（氮、磷、钾）中的两种，钾盐、磷矿作为农业生产和其他工业生产的重要原料，有着非常重要的地位。随着社会的发展，人们对钾盐、磷矿资源的需求量不断扩大，而钾盐、磷矿资源的储量却不断减少。在这种情况下，钾盐和磷矿资源的发展受到全世界关注。就中国而言，由于钾盐、磷矿开发潜力巨大，政府部门对钾盐、磷矿开发寄予厚望，欲借此达到改善资源结构、应对资源变化及满足日益增长的资源需求等多重目标。钾盐、磷矿市场价格的波动直接影响着第一产业的投入成本。因此，研究世界范围内的钾、磷的供求变化情况，探讨它们的市场价格变化具有非常重要的意义。

随着全球工业化进程的不断加快，资源匮乏、环境污染、生态破坏等问题日益严重。全球的钾盐、磷矿产业虽然已经发展了一段时期，但是生产要素投入、产业组织、市场把握等方面仍存在一些问题，导致资源的不合理勘探开发和浪费。因此，在把握钾盐、磷矿产业机遇的同时，更要注重理性借鉴历史经验，汲取教训，防范各类风险，科学规划，加快技术进步，使钾盐、磷矿勘探开发符合各国的实际自然状况，有序推进钾盐、磷矿产业的绿色发展。本书从近10年的钾盐、磷矿贸易格局及钾盐、磷矿的价格走势分析入手，结合市场运行规律和最新的行业动向，预测了未来钾盐、磷矿的价格走势，并分析了中国钾盐、磷矿产业发展现状及面临的主要挑战。

9.1 世界钾盐、磷矿市场贸易格局

9.1.1 世界钾盐贸易格局

钾盐是钾盐产业开采加工的对象，钾与卤族元素具有很强的化学亲和力，能形成具有较强离子键的化合物。尽管目前发现富钾矿物已上百种，但常见钾矿物却只有30种左右，并且到目前为止还没有在自然界发现呈元素状态的钾（鲍荣华等，2010a）。

1. 钾盐贸易的历史沿革

钾肥生产和利用历史悠久,可以追溯到 18 世纪 60 年代,德国最先开始从盐水中提取并使用氯化钾,到了 20 世纪 40 年代末,钾肥的使用量仍然不是特别普遍。20 世纪 70 年代末,我国才开始在南方使用钾肥,相对而言算是起步较晚的,在钾肥的生产上,我国钾肥的生产起步也比较晚。然而在钾肥行业发生了天翻地覆的变化的同时,这个行业渐渐走进人们的焦点,成为人们关注的热点。

事实上,全球钾盐资源并不紧缺,钾矿资源按照其赋存状态进行划分,通常情况下可分为液态含钾资源及固态钾矿两种。其中,固态钾矿按照加工利用可划分为水溶性钾矿和非水溶性钾矿两种。现阶段钾盐的生产太过依赖于资源,并且钾资源高度集中在少数几个国家内,如此一来,大多数的国家都是钾资源缺乏的国家,这样进口便成了这些国家消费钾盐的唯一可行渠道。加拿大钾肥公司的相关资料显示,世界上只有 12 个国家在生产钾肥,却有将近 150 个国家需要施用钾肥,这样便导致全球钾肥的进出口量极大提高。这也是钾肥行业是一个国际化程度非常高的行业的原因之一。就全球而言,钾肥的主要出口国是加拿大和俄罗斯,除此以外,白俄罗斯、德国、以色列等国在出口市场中也占有较大的份额;钾肥的主要进口国是美国、中国、巴西,这 3 个国家的消费量占全球钾盐总消费量的 40％左右。从钾资源的地理分布来看,世界上钾资源相对丰富的国家有加拿大、俄罗斯、白俄罗斯等,这 4 个国家的钾盐产量占全球钾盐总产量的 75％左右(图 9-1)。

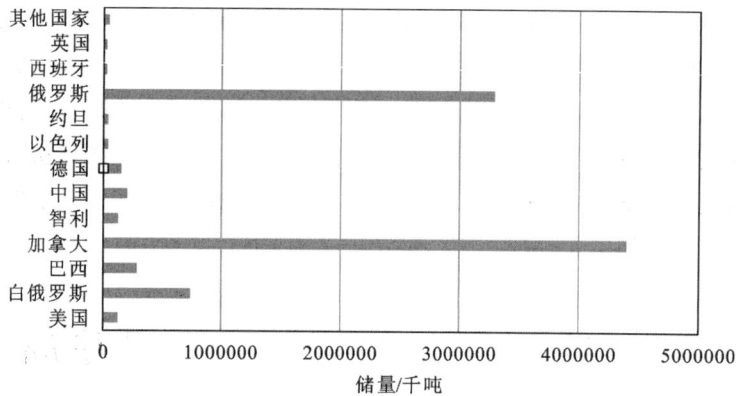

图 9-1　世界钾盐储量

按照死海内钾盐总储量在以色列、约旦间等量划分

数据来源:Mineral Commodity Summaries

世界钾资源的进出口在近些年来是比较平稳的,钾资源的产量变化不是特别大,但是全球钾资源的消费量是在上升的。钾资源在全球的总供应量是有限的,但是随着社会科技的发展,人们对于钾资源的消耗却是在增加的,总体来说,钾盐的供需因素表现为以下 6 点。

(1)全球钾盐资源很丰富但分布不均匀。

全球钾盐资源主要集中分布在北半球的欧洲和北美洲,几乎占世界钾盐总储量的

90.5％。仅加拿大和俄罗斯两个国家的钾盐储量就占全球钾盐储量的 81％以上,这就说明了全球的钾盐分布是极其不均匀的。这种不均匀的分布是形成钾盐市场供需的原因之一。

（2）钾盐产量不尽相同。

全球主要的钾盐生产国仅仅 12 个,这些国家的钾盐产量占全球钾盐总产量的 90％左右,具体情况见图 9-2。

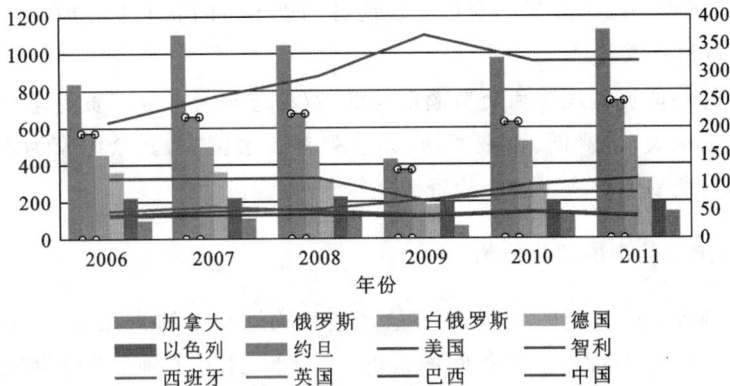

图 9-2　世界钾盐产量（单位：万吨）

数据来源：Mineral Commodity Summaries(2011,2012)和中国无机盐工业协会钾盐行业分会

从图 9-2 不难看出,在 2008～2009 年经过反弹崩溃后,钾肥市场逐渐恢复平稳。从钾肥市场的变化来看,2009 年是全球钾盐产量自 1993 年以来的最低水平。但到 2010 年逐渐开始恢复,钾肥的价格开始逐渐稳步地上升,全球钾肥产量约 3375.33 万吨,比 2009年增长 57.7％;2011 年,全球钾肥产量约为 3715 万吨,比 2010 年增长 10.2％,增长的主要原因是加拿大和俄罗斯现有产能的扩展及中国、阿根廷、巴西、智利产能的增加。目前,全球有 170 多个钾盐勘查开发项目在开展工作,约 100 个项目正处在勘探阶段,近 20 个项目在做进一步勘探和可行性的研究。

由于绝大部分钾资源都集中在加拿大、德国、俄罗斯、白俄罗斯等国,占世界钾盐总储量的 90％左右,可以看出钾盐资源在全世界的分布非常不均衡,而产量差异的扩大进一步加剧了钾盐供需不平衡。

（3）产业体系不完善。

就全世界来看,经过 150 余年的发展,已经建立了可以满足全球钾盐需求的产业体系,在保障农业安全及提高人类生存与生活质量等方面发挥了重要作用。但是这并不代表着所有的国家都有自己的钾盐矿产的产业体系,这种产业体系的不完善就会造成钾盐资源在某些国家的供需不平衡,从而会影响整个世界钾盐市场的供需不平衡。

（4）产业规模不均衡。

钾盐产业作为向农业提供战略性资源（钾肥）的产业,整个产业的生产能力约有300 万吨,且产能集中在加拿大、俄罗斯、白俄罗斯、中国和德国等少数国家。既然农业的战略性资源(钾肥)离不开钾盐产业,这种产业规模的效应就会加大农业国对于钾盐资源的需求。随着农业国对钾盐资源的需求不断加大,钾盐在国际市场的需求也不断地增加。

(5)企业间规模相差悬殊。

全世界最大的钾盐生产企业(加拿大 Potash Corp 公司)的生产能力有 60 万吨,其余大多数企业的产量仅有数万吨至数十万吨。但是全世界对于钾盐资源的需求又是与日俱增的,企业生产规模的巨大差异则会进一步使各国进出口的需求差异加大。

(6)国际贸易不景气。

钾盐产品的总体贸易规模和交易额都偏低,贸易总额仅占全球贸易总额的 0.1%,且出口国集中在加拿大、俄罗斯、白俄罗斯、以色列等少数国家,其余国家为钾盐产品进口国。这就在国际贸易上形成了对钾盐资源的需求。

2. 世界各国钾盐市场变化分析

美国地质调查局的数据显示,全球钾盐产量年均增长率约为 2.3%。由于世界经济不景气,2009 年钾盐产量跌至 10 年间的最低水平,为 2140 万吨。世界钾盐主要生产国有加拿大、白俄罗斯、俄罗斯、中国、德国、以色列、约旦、美国、智利、巴西、西班牙和英国等10 多个国家,这些国家的钾盐产量约占全球钾盐产量的 90%。面对形势如此严峻的钾盐市场,世界各国采取的措施也各有不同。

加拿大钾盐产量在 2013 年为 900 多万吨,是全球第一;俄罗斯、白俄罗斯紧随其后,分别为 650 万吨和 565 万吨,位于第二、第三。三国的钾盐合计产量达到了全球钾盐总产量的 61% 左右。此外,俄罗斯与白俄罗斯的钾盐产量出现明显上升的趋势,由 2000 年的均为 340 万吨分别增长至 650 万、565 万吨。其他钾盐生产国的产量无明显变化。全球钾盐产量的不断增长在很大程度上是因为中国、俄罗斯及白俄罗斯等国产量的不断增加。面对这种国际钾盐市场,中国、俄罗斯及白俄罗斯等国政府必须严格地控制本国的产量及进口来缓解本国的钾盐市场过剩的情况,但同时又不能过度管制,必须在保持国内正常供应的情况下,作适当的管制。

虽然全球钾盐产量面临过剩的问题,但是那仅仅是全球少有的几个国家。对于其他国家来说,还面临钾盐资源缺乏的问题。印度、巴基斯坦、伊朗主要的钾盐资源赋存在寒武系地层,资源潜力巨大,但不易开采;刚果的钾盐资源以光卤石为主,该矿床钾盐含矿层埋藏较浅,可采用水溶法开采,具有较好的开发前景,但提取产量低;南美洲巴西塞尔希培盆地钾盐矿床埋藏较浅,但产量不丰富;巴西亚马逊盆地钾盐矿床埋藏深,开发难度较大;巴西钾盐矿区的矿权不易取得,有利的钾盐矿区大多也已经被加拿大公司所占据,并且巴西本国钾盐需求量也相当大。在有些国家钾盐产量过剩的情况下,大多数国家面临的是钾盐资源的缺乏,因此,就全世界来看,国际市场的调控必不可少。

9.1.2　世界磷矿贸易格局

事实上,全球的磷矿资源同样相当丰富,根据美国地质调查局统计数据来看,全球磷矿石储量在 2013 年就已经达到了 670 亿吨左右。磷矿资源主要分布在非洲、亚洲、北美等地区。磷矿资源储量位居世界第一的是摩洛哥,磷矿石储量达到 500 亿吨左右,约占全球磷矿资源总量的 42%(图 9-3)。

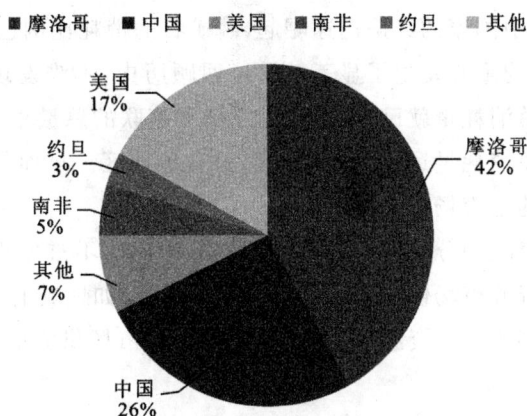

图 9-3　全球磷矿石资源图

数据来源:国家统计局

虽然全世界的磷矿石资源主要分布在亚洲、非洲等 60 多个国家和地区,但是储量居全球第一位的摩洛哥约占的全球总量的 42%,称为"磷矿王国",位居第二的中国占 26%,位居第三的美国占 17%,这 3 个国家的磷矿资源总量占全球磷矿资源的 85% 左右。这些国家的磷矿石资源分布也比较集中。世界主要的国家磷灰石储量及储量基础如图 9-4 所示。

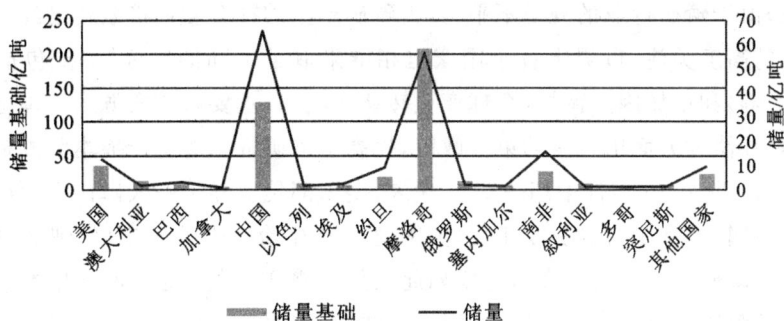

图 9-4　世界主要国家磷灰石储量及储量基础

数据来源:Mineral Commodity Summaries

1. 磷矿贸易的历史沿革

自 1950 年以来,世界人口就不断地增长,与此同时全球的化肥消耗量也在快速的增加。1999 年,摩洛哥 OCP 公司磷酸出口就已经达到 164 万吨,其中有 64 %左右的磷酸是销往亚洲的。磷矿资源同样丰富的美国曾经也是磷矿石的主要产地和出口国之一,但是到了 20 世纪 80 年代末～90 年代初期,美国的磷矿石出口就开始持续下降。1996 年,美国还解散了成立于 1970 年的美国磷矿石出口协会,并于同年,美国从磷矿石出口国突然变成磷矿石的进口国之一。1996 年后,美国停止了几乎磷矿石的所有出口,相反,美国的磷矿石进口量却日益增加。在过去的几十年里,国际磷矿工业均主要是以发达国家磷矿石的进出口为主。不过,19 世纪末～20 世纪,初发达国家的磷矿石消耗量在世界所占的比例明显下降,发展中国家的经济迅速崛起,磷矿石的消耗比例也迅速得以提升。由此可见,国际磷矿石市场的重心发生了显著转移。回顾历史,不难发现,早在 20 世纪初,亚洲和北非的磷矿石的总消耗量就已经与美洲、欧洲和苏联的总量相当。近些年来,亚洲和北非的磷矿石资源的总消耗量远远超过世界上的其他地区。显而易见,亚洲和北非即将成为未来磷矿石贸易的主市场。

通过对磷矿资源概况的分析及与钾盐资源概况相比较不难发现,在某些程度上磷矿市场供需成因与钾盐资源市场供需成因有许多相似之处,如地域上的分布不均匀、各国在产量上相差悬殊等。相比钾盐资源来说,影响世界磷矿市场供需的因素还包括磷矿的开采难度。

全球 80%的磷矿石都来自于沉积岩,火成岩仅仅占一部分。摩洛哥磷矿资源几乎全部来自于沉积岩,并且大部分为露天矿,比较适合机械化的开采。中国磷矿资源较丰富,有 80%来自于沉积岩,并且有 70%为中低品位的胶磷矿,这种磷矿资源的特点主要是矿物颗粒细且嵌布紧密、有害杂质多、开采难度极大。美国磷矿资源与摩洛哥的磷矿资源比较相似,基本上是沉积岩,并且很多为露天矿,磷矿产的品质比较高。

2. 世界各国磷矿市场变化分析

近年来,由于磷矿行业的规模不平衡,由磷矿产生的社会和经济效益已经引起了全世界各个国家的高度关注,世界上各个国家也相继采取了不同的措施,主要包括政策调控(汇率变化影响)和市场因素调控(全球产业转移影响)。主要磷矿资源出口国也纷纷在资源开采、环境补偿等方面出台了约束性政策,提高了磷矿资源的生产成本和投资门槛。

事实上,19 世纪 70 年代中期～80 年代末,美国都是世界第一大磷矿石生产国和第二大磷矿石出口国,但从 19 世纪 80 年代,美国就已经开始减少磷矿出口,到 20 世纪初,美国便全面停止磷矿出口贸易。面对竞争如此激烈的磷矿市场,美国政府开始对磷矿的出口作如此大的限制。目前,美国是世界第二大磷矿石(按毛重计,按含磷量计则为第三)生产国和第一大磷矿石进口国。美国磷矿石进口量在 2013 年约为 256 万吨,到了 2014 年增加到 257 万吨左右。摩洛哥是美国磷矿石的主要供应国,2010～2013 年占美国进口量的 74%,其余的 26%来自秘鲁。

中国的磷矿石出口在 2014 年约为 33.53 万吨,与 2013 年相比下降了 6.3%左右。从价格方面来看,中国 2009 年磷矿石出口的平均价格上涨为 202.72 美元/吨左右,2010

年却陡降为 122.11 美元/吨左右,但是在接下来的几年里平均价格以波动的形式上升,2013 年平均出口价为 168.85 美元/吨左右,2014 年平均出口价却下降到了 133.87 美元/吨左右,同比降低了约 20.7%。与此同时,美国在 2014 年的进口价为 91.11 美元/吨,与 2013 年相比较下降了 0.3%左右。

在全球产业转移的大背景下,号称"磷矿王国"的摩洛哥也不得不对此作出相应的对策。就这个磷矿大国而言,对于上游资源的控制程度和下游产品的精细化程度这两个最重要的环节的把握还是比较好的。摩洛哥将磷矿资源的利用很好地扩展到食品级磷酸、牙膏级磷酸氢钙、多功能磷酸盐等技术含量较高的下游产品系列及液晶显示屏等高端电子产品的生产工艺等中,代替了单一的化肥生产。

目前摩洛哥磷矿石的年产量在 3000 万吨左右,南美洲和非洲将作为摩洛哥未来增长的主要开拓市场。此外,摩洛哥计划在 2020 年前,使其磷肥产量翻 3 倍左右,将其占全球的总份额从现有的 6%提高到 40%左右。沙特等有磷矿资源优势的国家正在大力发展磷肥产业,产品以出口到印度和东南亚为主,这些国家企业的生产成本、生产条件及运输能力均比中国企业更具优势。

9.2　钾盐、磷矿价格走势与波动

9.2.1　世界钾盐市场走势分析与波动

钾肥的潜在富余量(折纯)已从 2010 年的 760 万吨增长至 1600 万吨,由此可以看出钾肥已出现了产能过剩的现象,并且情况较严重。全球化肥产能在 2010 年约为 2.63 亿吨,开工率约 81%,而需求量约为 1.697 亿吨。2010~2015 年,全球已经有 30 多个钾盐项目完成,相对钾盐产能已从 2010 年的 4270 万吨增长到 2015 年的 5960 万吨。但是,同一时期全球钾肥需求总计增长约为 20%以上,即全球钾肥将在近两年过剩近 1600 万吨。

基于近些年钾盐资源价格的波动状况和原因分析,价格波动的原因主要有下 3 点。

(1) 尽管钾盐价格波动状况有一定差异,但市场供需一直是影响钾盐价格变动的主要驱动力,库存消费比始终对钾盐价格有着显著影响,且呈反向变动关系。

(2) 利率和汇率变动对钾盐价格的影响较小。

(3) 不管是何种程度的金融危机爆发后,市场投机资金都将会出现不同程度的增加。尽管钾盐价格的大致变动方向仍然由市场供需所主导,但投机者的资金变动也会影响价格的波动幅度;随着投机力量的增强,钾盐价格短期波动和其他金融市场的关联性也会增强。

库存消费比一直是钾盐、磷矿价格的主要影响因素;美元汇率和利率变动可能会导致钾盐价格反向变动,但即使如此,影响也不会很大。总而言之,供需情况对钾盐价格的解释力度一直都较强,基本决定了钾盐价格的趋势性变动,但随着交易方式的变革,包括股市在内的其他市场的波动对钾盐价格短期走势的影响逐步提升。

9.2.2 世界磷矿市场走势分析与波动

通过分析发达国家近些年来的人均磷肥消费量(图 9-5)不难发现,20 世纪 70 年代初期,法国、德国、英国、美国早就已经达到了人均磷肥消费顶点,在这以后便开始逐渐降低。意大利、日本在此时也几乎达到了消费顶点,并且之后也同样开始平缓下降。发展中国家近些年来的人均磷肥消费量一直保持持续上升,与发达国家趋势明显不同。事实上,世界磷肥的消费主要也是在这些发展中国家,因此在中国、印度和巴西等发展中国家消费的持续增长形势下,世界磷肥消费量仍有可能保持持续上升趋势。

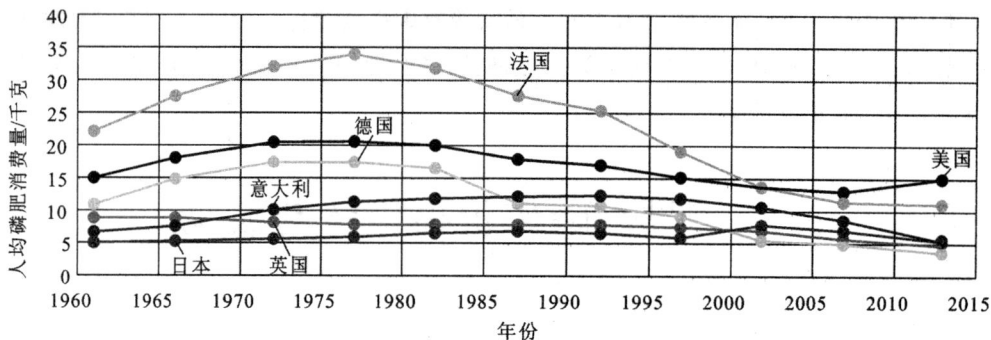

图 9-5　发达国家 1961～2013 年人均磷肥消费量趋势图

数据来源:国际肥料工业协会,2013

从图 9-5 来看不难发现,英国、法国、德国、美国、意大利、日本等发达国家人均磷肥消费量均呈 S 形轨迹(或倒 U 形)。20 世纪 70 年代后期,上述发达国家的人均 GDP 在 12000～15000 美元时,人均磷肥消费量几乎都达到了消费顶点,之后便不同程度地开始呈持续下降的趋势。人均 GDP 和人均磷肥消费量的关系如下:当工业化经济刚开始起飞时,人均磷肥消费量是随着人均 GDP 快速增长而同步增长的;然而,随着人均收入的不断增加,人均磷肥消费量也相应地出现了增速趋缓,并且在某一 GDP 值增率为零时,人均磷肥消费量达到顶点,随后开始逐渐降低。不同国家或地区相应的磷肥消费增长的起点、增长速率及峰值到来的时间也一定会出现不同程度的区别,这与不同的国家或地区的经济发展水平、所处经济发展阶段及土壤肥力、种植结构等的区别是密切相关的。

磷矿石价格波动下降,磷肥供应持续过剩,中国依然是世界最大的磷酸二铵出口国,占世界出口量的 30% 左右,2014 年出口 488.21 万吨,比 2013 年增长了 27.8%。根据国际肥料工业协会(IFA)调查的数据,全球磷酸产能在 2010～2015 年的净增长大约达到 920 万吨(其中中国约占新增产能的 1/3)。同一时期,国际上的磷酸需求年均增长达到了 2.9% 左右。虽然近些年来国际上磷肥的过剩比较少,并且不及磷肥供应量的 3%,但是

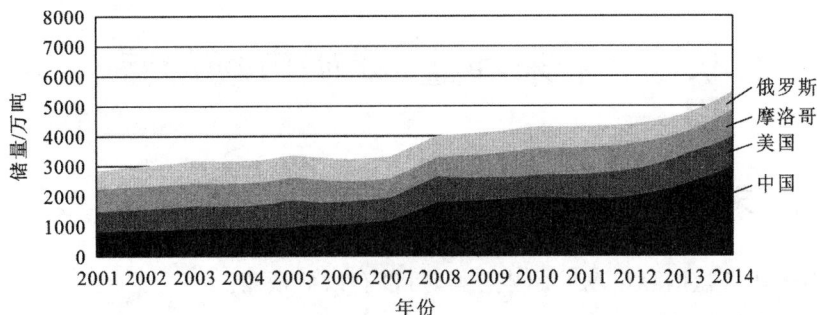

图 9-6　世界磷酸盐储量变化

数据来源：国际肥料工业协会，2013

随着全球已公布项目的投产，特别是摩洛哥大型项目的投产和进行，磷酸过剩量在 2015 年扩大至 290 万吨左右。如图 9-7 所示为磷矿石消费变化。

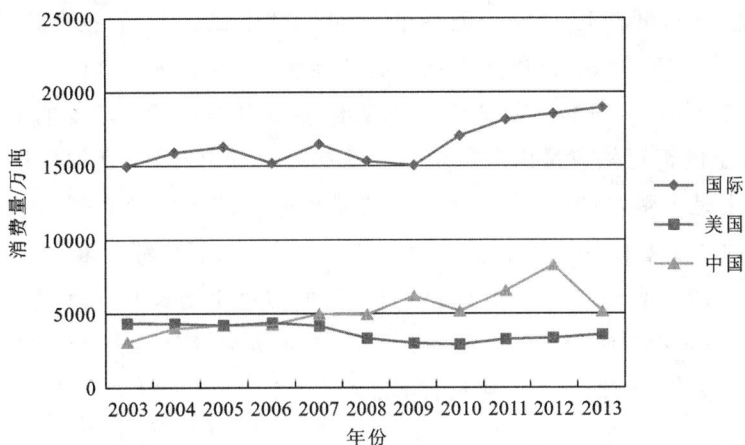

图 9-7　磷矿石消费变化

数据来源：国际肥料工业协会，2013

2011～2014 年，全球农产品价格仍然继续维持着较高位，这说明无论是从国际市场还是国内市场来看，磷肥的需求都是比较良好的。从国内市场来看，国内磷肥行业的开采边际成本和磷矿石的价格安全边际均会逐步提高。原因是近些年来国内磷肥行业在内需增长及二元复合肥出口增加等相关产品的带动下，与磷肥行业相关的产业的盈利都是非常可观的。然而，磷矿石的价格长期上涨，致使磷矿石品位下降，从而导致磷矿石的开采边际成本不断提高。如此一来，我国的磷矿石的稀缺度就会逐渐增强，磷矿石的集中度也将会进一步提高，也就导致了磷矿石资源价值的长期上涨，这就是磷矿石的价格安全边际将会逐步提高的原因。相信在未来磷矿石价格的周期波动中，磷矿石的价格低点将会不断地抬高。有关专家指出，近 5 年来，随着世界上约 250 个新建项目在投产，再加上现有装置的扩产，全球肥料的相关产品包括半成品及有关的原材料产能已增加至约 1.83 亿吨。在未来几年里，世界化肥将全面过剩。

9.3 未来钾盐、磷矿市场趋势

9.3.1 未来钾盐市场趋势

通过对上述钾盐国际市场的形势分析,可以有以下预测。

(1) 全球供应体系仍然可以保障。

近些年来全球钾盐资源的利用仍然以化肥生产为主,通过 9.2.2 节对磷矿资源趋势推测,预计未来 3 年磷矿资源的需求也不会出现很大的增长,国际肥料工业协会的相关数据显示,在最近的 5 年内,全球钾肥供应量已从 2010 年的 3900 万吨增加至 2015 年的 5200 万吨左右,全球钾肥需求也从 2010 年的 3100 万吨增加至 2015 年的 3700 万吨左右。除此以外,世界上 30 个钾肥在建项目已在“十二五”期间投产,钾肥的潜在盈余也将会有较大幅度的增长。国产氯化钾的产能曾在 2012～2013 年出现过较大的增长,不过很快在 2014 年基本上实现了稳定,自给能力也得到了大幅度的提升。2011～2015 年,世界上的钾肥供应量出现了增长。从产品上来分析,新增加的钾肥主要是氯化钾,且基本上是大颗粒产品,剩余的则主要是硫酸钾和硫酸钾镁等;从时间上来说,2011 年钾肥的产能增长是比较平缓的,大约为 70 万吨的氯化钾。事实上,剩余增长的 2580 万吨在 2012～2015 年也基本得到了实现,平均每年增长 650 万吨左右。世界上的钾肥产能正在逐步得到提高。根据国际肥料工业协会统计,2002～2011 年,世界钾肥消费量从 2002 年的 2339.8 万吨左右增加至 2011 年的 2780.4 万吨左右,总体来看呈现缓慢增长态势,年均增长率约为 1.94%,而增长的贡献主要来自东亚、拉丁美洲及南亚。

(2) 中欧及西欧钾肥消费则呈减少趋势,其他地区变化不大。

据联合国粮食及农业组织(简称联合国粮农组织)统计,2011 年中国钾肥消费量为 790.6 万吨,占世界总消费量(3036 万吨)的 26.04%,位居世界第一;巴西钾肥消费量为 470.6 万吨,占 15.5%,位居第二;美国和印度分别为 424.0 万吨、256.7 万吨,各占 13.96% 和 8.45%,分别位居第三、第四。上面这些国家的钾肥消费量合计达到了世界总消费量的 64% 左右。近几年,马来西亚和印尼的钾肥消费增长较明显。

9.3.2 未来磷矿市场趋势

通过对上述磷矿国际市场的形势分析,可以有以下预测。

(1) 供应体系可以保障。

全球磷矿资源的利用仍然将以磷肥生产为主,近些年来磷肥的需求增长不会有很大的变化。事实上,全球磷矿资源开采总量的 90% 基本上都用于各种磷肥的生产,3.3% 左右的磷矿资源用于生产磷酸盐饲料,大概 4% 的磷矿资源用于生产洗涤剂,剩余的部分基本上都用于化工、轻工、国防等。由于各国的经济发展水平和农业发展程度有所差距,磷矿资源在全球各国的利用途径也是不尽相同的。我国磷矿石开采总量的 24% 左右都用于出口,在国内消费的各部分中,用于生产磷肥的约占 82%,用于生产黄磷的占 11%~13%,剩余用于生产其他磷制品的占 5%~7%;号称"磷矿王国"的摩洛哥磷矿石中则有 51.2% 左右都是用来出口的,并且国内消费的磷矿石部分几乎全部用在了化肥的生产上面;与此形成对比,美国的磷矿石几乎都不用于出口,开采的磷矿石几乎全部用来供应国内的生产,其中有 85% 左右的磷矿资源用于化肥的生产,其余部分多用于洗涤剂、饲料及杀虫剂等。

事实上,全球磷肥的消费近些年来总体来看都呈现下降的趋势,即便是中国、印度等发展较快的发展中国家,磷肥消费量也是基本稳定的,相信未来磷矿资源的消费量也不会有太大的增长。此外,由于各个国家对含磷的洗涤剂进行相当程度使用的限制,磷矿石的非农业需求也在逐步下降。如果在此需求不变的水平基础上,世界磷矿石供应也只能满足 100 年以内的需求。

(2) 美国的磷矿资源后备量不足,摩洛哥将成为世界上最大的供应国,中国仍然是磷肥最大的出口国,而印度是世界上最大的磷肥进口国。

在美国地质调查局调查统计的 30 多个磷矿石生产国中,虽然中国、美国、摩洛哥、俄罗斯等少数几个国家的年产量已经达到 1000 万吨以上,约占全球磷矿资源总产量的 68%。但是事实上,如果继续按照目前的磷矿资源的消耗速度来算,那么美国、俄罗斯两国现有的磷矿资源只能够供全球利用不到 30 年和 20 年左右,并且磷矿资源后期发展潜力将会日渐疲软。据不完全统计,美国自 20 世纪初以来已经相继关闭 10 个左右的磷矿,并且佛罗里达的磷矿生产正在逐步地被西部地区及北卡州所替代,有关专家预测美国的磷资源有可能将在半个世纪以后彻底停止开采磷矿。这样一来,不超过 20 年全球的优质磷矿可能主要将会分布在摩洛哥,摩洛哥也相应地会成为世界上最大的供应国。事实上,磷矿开采作为摩洛哥政府矿产的支柱产业,占摩洛哥政府矿产收入的 96%,因此得到了政府的大力支持,同时政府还鼓励发展小型矿业,向有关地区发放近百个开采许可证。

另外,根据联合国粮农组织统计的数据,自 20 世纪初以来,全球磷肥出口量的增长量主要来自中国和摩洛哥(图 9-8)。中国的磷肥出口量近些年来呈快速增长的趋势,而摩洛哥磷肥出口量呈缓慢增长的趋势。全球磷肥进口量的增长量主要来自印度和巴西(图 9-9),自 20 世纪初,印度的磷肥进口量呈快速增长的趋势,而巴西虽然磷肥进口量在增长,但是比较缓慢。

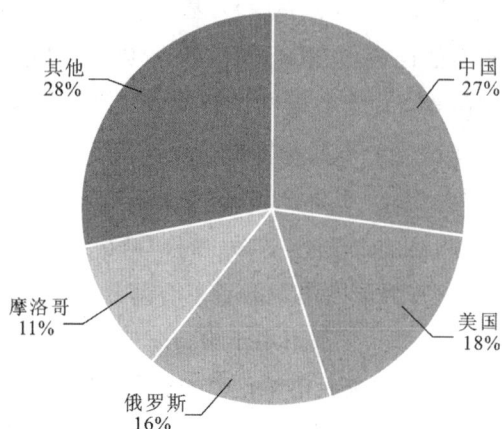

图 9-8　2013 年全球钾肥出口国家出口量增长量占比

数据来源:联合国粮农组织统计数据库(FAO)

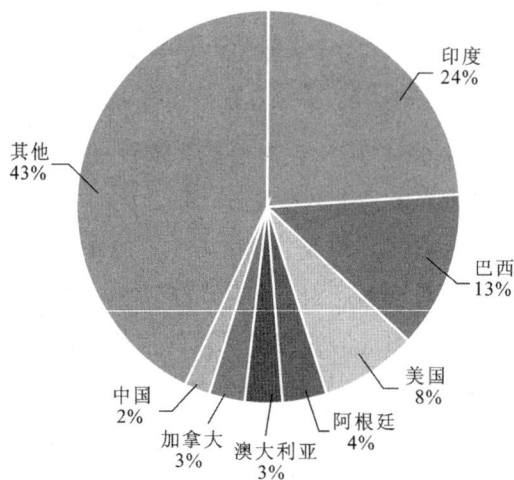

图 9-9　2013 年全球钾肥进口国家进口量增长量占比

数据来源:联合国粮农组织统计数据库(FAO)

(3) 磷矿石成本将提高。

不仅中国,全世界其他国家都面临的问题是富矿少、贫矿多。在这一背景下,未来全球的磷富矿供应局势将会更加紧张,由于磷富矿的缺乏,中低品位的磷矿自然而然将成为磷矿国际市场的主要磷矿资源来源。据有关研究磷矿的专家分析,在不考虑需求增长的情况下,按照现有的磷矿石的消耗量来分析,如果继续保持现有的这种生产格局,并且在相应的回采率基本保持不变的状态下,假设现今中国的磷矿的消耗全部利用现有的富矿资源,磷矿资源则仅仅能利用 10 年左右,假设换成中低品位矿却可以利用到 2088 年左右,不过开采磷矿的成本要提高 40~50 元/吨。此外,在这之后,只能利用更低品位的磷矿资源,到了那个时候磷矿资源的开采成本则将会提高至 90~100 元/吨。假设目前利用平均品位(23％)的磷矿,磷矿资源也只能利用至 2035 年左右。但是,换个角度来想,在现有的磷矿需求量下,假设利用新技术把小矿的回采率提高至现有的大矿的水平,则可以将磷富矿利用的年限延长 8 年左右,而中低品位的磷矿则可以延长 89 年。因此,此时此刻更应该关注磷矿的回采技术。

9.4　中国增强国际钾盐、磷矿市场话语权分析

9.4.1　增强中国在国际钾盐市场话语权

我国的钾盐工业经过多年发展,已经初具规模,建立了很多以青海柴达木和新疆罗布泊等基地为主的大型钾盐生产区域。中国 2001 年对钾盐的供给量就已经达到 530 万吨左右。与此同时,由于近些年来市场上钾肥价格出现了增长,与钾盐产业相关的投资得到了很大程度的提升。另外,获得老挝和加拿大等国探矿权使得未来我国的钾盐供给能力将得到大幅提升。但是,由于国内经济的快速发展和农副产品加工业的增长带动了粮食的高需求,钾肥需求量增加,国内钾盐的供给能力远远难以满足需求。

1. 我国钾盐现状概述

钾盐是我国急缺的矿种之一,我国每年需要进口的钾盐量超过国内需求总量的50％。由于钾矿资源的储量不仅在中国分布极其不均匀,而且在全球的分布情况都十分不均衡,世界上的钾盐用于钾肥上的资源,几乎被全球最大的 5 个钾肥生产商所垄断,这5 大钾肥生产商的钾盐出口总量就几乎已经达到了全球钾盐资源的总量的 80％以上,并由此形成钾盐的价格联盟,从而造成钾肥价格的不断上升(白纤等,2014)。

2011 年全球钾盐贸易量为 5800 万吨,创历史最高,我国既是钾盐消费大国,也是钾盐进口大国。我国从 1996 年就已经开始大量地进口钾盐,从我国钾盐进口金额来分析,2001 年我国进口钾盐为 6.467 亿美元,而到了 2011 年进口钾盐的金额增长至 36.784 亿美元,这 10 多年钾盐的进口金额增长了 5 倍;从我国钾盐进口来源国(图 9-10)来分析,我国钾盐进口主要来源于俄罗斯、白俄罗斯、加拿大 3 个国家,事实上,我国钾盐进口的最大市场一直是俄罗斯,而白俄罗斯所占的比例上升比较快,加拿大所占比例也比较大,但是近些年呈现出下降趋势,这 3 个国家在 2001 年占我国钾盐进口总来源的比例为 81.67％左右,虽然 2011 年占比有所下降,但是这些国家占我国钾盐进口总来源的比例仍然高达76.94％左右;从对外依存度方面来分析,2001 年,我国钾盐市场对外依存度高达 90％左右,不过经过 10 多年的发展,2011 年该数值已经降为 48.52％左右。正是由于我国钾盐

市场依存度太高,当市场受国际市场垄断等因素的影响时进口钾盐的价格波动较大。事实上,我国每年都要支出上千万美元的外汇来进口钾盐,因此国际市场钾盐价格的波动将会给我国农业经济发展造成极大的风险和压力。

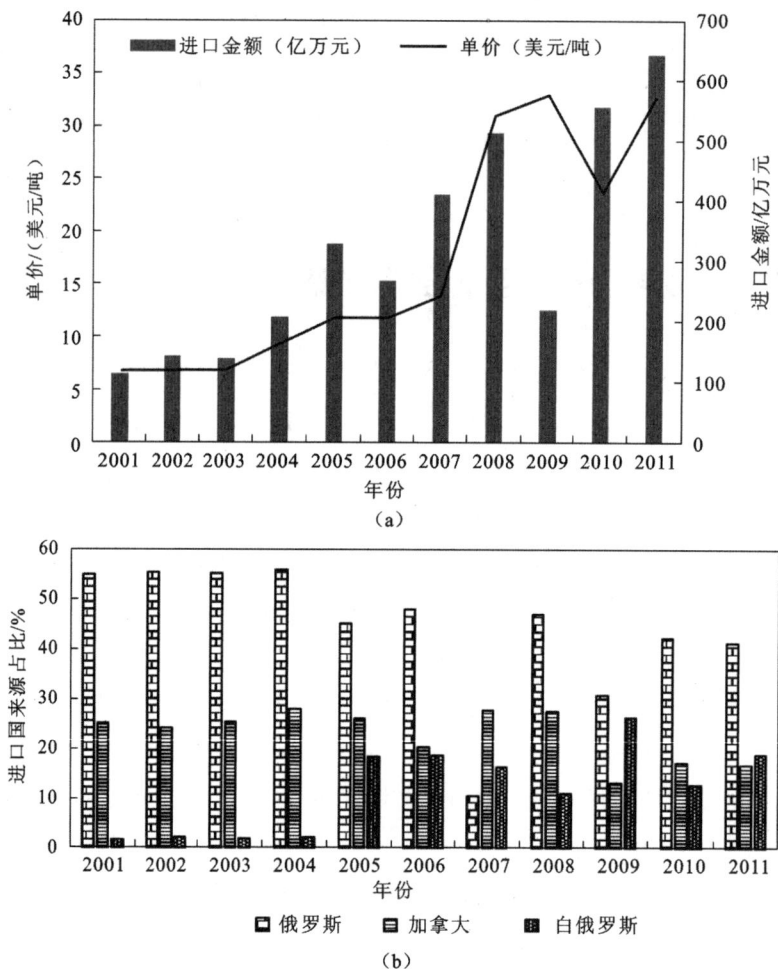

图 9-10　中国钾盐进口情况

数据来源:联合国 UNCOMDRADE 数据库

2. 增强中国在钾盐市场的话语权

随着社会的发展和进步,人们对钾盐资源的需求日益增加,钾盐资源的投资已经成为全世界的热点。中国当开发利用国外钾盐资源时,需要综合分析矿产资源勘查开发条件,同时要充分考虑钾盐资源所在国的政治经济等投资风险。

(1)钾盐是中国的紧缺资源之一,也是关系中国粮食安全的非常重要的资源。近几年来,国内钾盐生产企业不断扩大产能,使钾盐自给率保持在接近 50%。但是,中国的钾盐资源可开采储量有限,应科学规划开采国内有限的钾盐资源,以可持续发展,维持50％左右的钾盐自给率。重要的是积极"走出去"到境外勘查、开发钾盐资源,形成中国自己的境外钾盐供应基地,从"被动进口"变为"主动进口"。

（2）加拿大是世界最主要的钾盐资源地和钾盐供应地,应是中国"走出去"勘查开发钾盐资源的首选地区。尽管在该地区开发钾盐资本投资大、竞争激烈,可能一时不具备优势,但是进入该地区可以占有更多钾盐资源,获得更多话语权。

（3）应当以邻近国家的钾盐资源为重点开发对象。事实上,我国企业在老挝等国家的钾盐资源开发已有相当规模。如果这些企业能按计划达产,则将会极大地缓解我国钾盐对外依存度。中挝友好关系源远流长,在老挝钾盐勘查开发项目上,中国可充分发挥地缘政治和经济优势。综合分析认为,钾盐开发项目切实可行,但需要解决光卤石开采开发工艺中产生尾矿的环境影响问题。中亚地区的钾盐资源多属于优质的钾石盐型,应积极开发该地区的钾盐资源。

（4）要引导国内企业形成利益统一体,不能出现过度的内部相互竞争。为了避免国内企业的过度竞争,国内企业可以首先考虑周边国家钾盐资源;中亚地区的土库曼斯坦、俄罗斯伊尔库茨克州涅帕钾矿也可以作为后备资源开发目的地。虽然非洲国家的钾盐资源十分丰富,但是就目前来看,大规模开发的技术尚不具备。

9.4.2　增强中国在国际磷矿市场话语权

1. 我国磷矿现状概述

就当前的磷矿供需格局来看,全球磷矿开发仍然是呈现一定的增长趋势的。中国磷酸盐岩产量早在2006年就已经超过了美国,位居世界第一,我国与美国和摩洛哥的磷矿总产量更是占世界总产量的2/3。事实上,虽然我国磷矿产量已经是世界第一位,也能满足国内的基本需求,但是近些年来国际上高浓度磷复肥产量的增加,也相应地导致了高品质的磷矿日趋紧张。事实上,磷矿资源早已被列为不能满足中国国民经济发展要求的20个矿种之一。

如图9-11所示,我国的磷矿资源大部分都集中在湖北、湖南、四川、贵州和云南这几个省份,这些省份的磷矿已查明资源储量约有135亿吨,占全国磷矿资源总储量的76.7％左右。我国北方和东部地区的磷矿资源非常稀缺,因此这些地区则需要买进大量的磷矿石和磷肥。事实上,我国虽然位列全球四大磷矿石产地之一,但是磷矿品位比较低。我国富矿品位都只是28％～33％,全国磷矿石平均品位更是低至只有17％左右,可供开采储量的平均品位也只不过为23％左右。图9-12为2008～2014年美国和中国磷矿石年平均价格,可以观察出我国对磷矿石出口进行了适当的价格管制。

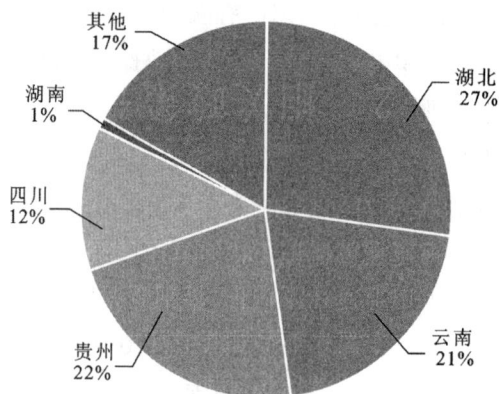

图 9-11　中国磷矿石基础储量分布图

数据来源:《全国矿产资源储量通报》

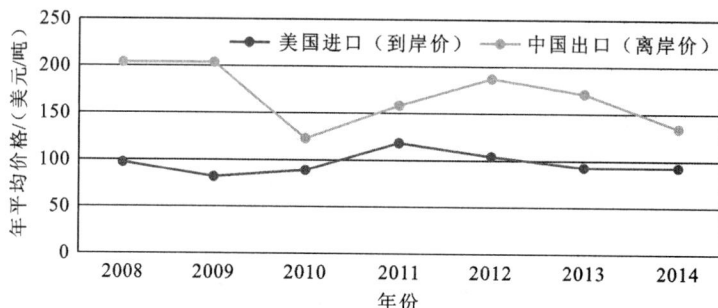

图 9-12　2008～2014 年美国和中国磷矿石年平均价格

数据来源:中国海关资料和 Mineral Commodity Summaries 2008～2014

就目前来看,事实上我国矿石回采率接近当前国际先进水平的大型矿山只有少数的几家,其中湖北黄麦岭磷矿、贵州瓮福磷矿、云南晋宁磷矿等这些公司的露天开采的回采率均可达 95% 左右。对全球而言磷矿资源都是十分重要的战略资源,磷矿石的回采率是一个十分重要的数据。磷肥资源不仅是制作磷肥、保障粮食安全的重要物资,还是精细磷化工的物质基础。所以,无论从哪方面来分析,全方位研究我国磷矿资源的现状与未来,对于我国甚至是全球的磷肥工业和农业可持续发展都具有非常重要的意义。对于我国磷矿资源的现状有以下基本的判断。

(1) 磷矿资源储量较大,但分布太过集中。事实上,根据国土资源部信息中心及美国地质调查局的相关统计,2005 年年底我国磷矿资源储量基础就已经达到了 130 亿吨,位居世界第二位,资源储量在 2005 年就已经达到了 66 亿吨,更是跃居世界第一位。经过了10 多年的发展,从整体上来讲,我国在全球磷矿资源的地位没有多大的变化,但是人均磷矿资源确实越来越少。根据地质部门专家的相关预测,我国磷矿资源的特点是磷矿富矿少、贫矿多,磷资源总量虽然可能会达到 300 亿吨以上,但事实上在这个统计数据中,所统计的中国的磷资源储量包含了大量不可用于工业生产的低品位磷矿石。我国磷矿资源主要集中在云南、贵州、四川、湖北和湖南 5 省,其中又以云南、贵州这两个省的数量最多,并且磷矿品质也是最好的,因此将会长期形成"南磷北运"的局面。关于我国相对世界上其他国家而言磷资源远景相当好的说法,事实上高估了我国的磷矿资源。

（2）磷矿难选矿矿体太多。虽然我国磷矿矿体较多,但事实上除了仅有的少数磷资源富矿可以作为生产高效磷肥的原料,其余大部分的磷矿石都必须经过一定的选矿后才有可能利用。在我国的磷矿已经探明的储量中,易选矿占全国磷矿总储量的 80％左右,剩下的大部分磷矿均属于难选矿和中低品位的磷矿石。

（3）磷矿难开采矿体分布太多。事实上我国的磷矿床的特征是大部分磷矿成矿的时代太过久远,而且埋藏极深,这样一来磷矿的岩化作用就会增强。这种磷矿床产出特征给露天开采和地下开采都会带来一系列技术难题,并且往往造成贫化率高、损失率高、资源回收率低等一系列问题。我国现在磷矿资源开采总体情况表现如下:比较难开采的磷矿体占磷矿资源开采总量的 75％左右。

（4）磷矿虽然资源丰富,但是大多是贫矿,并且人均占有量少。我国磷矿资源总量尽管一直排名靠前,但事实上,我国磷矿资源经济储量不到世界平均经济储量的 50％。这是因为,虽然我国的磷矿资源很多,但其中真正具有经济价值的磷矿储量仅占总储量的22％左右,剩下的 78％均是难以利用的资源量。

2. 增强中国在磷矿市场的话语权

纵观磷化工产业链不难发现,在这条产业链中盈利最高的环节便是磷矿石。国际磷矿石资源的供需关系由量变到质变也将会成为磷矿石价格逐渐上升的最主要驱动因素(鲍荣华,2012)。通过统计数据不难发现,2008 年我国的磷矿石也曾经因为下游需求的增多且磷矿供给紧张而出现磷矿石的价格过上涨。事实上,磷矿石资源涨价的良好基础之一就是中期下游磷肥行业盈利良好。尽管这些年磷肥价格出现了波动,但磷肥涨价的幅度都没有到达 2008 年的水平。虽然价格的振幅不大,不过磷矿石的价格却出现了新高。2014 年是中国磷肥行业发力的特殊年。我国磷酸二铵、磷酸一铵产能长期以来面临的都是严重过剩的局面,并且磷矿产品层次低、同质化的竞争比较激烈。不过近些年来随着绿色环保、节能减排的生产理念深入人心,一些比较具有前瞻性及导向性的新型磷肥登陆市场,为传统的磷肥产品注入了新鲜的血液。总而言之,国内外磷肥市场的供需格局也已经开始逐步转移到中东、北非地区。随着磷矿石国际市场的发展,中东地区扩张的过渡期仅仅需要 1～2 年,预计到 2017 年全球的磷肥出口格局将会发生一定的变化。到一定时期,中国出口的磷矿产品也将会继续向绿色环保、高效、节能的方向发展。

对于磷化工企业而言,对上游资源的控制程度和下游产品的精细化程度是整个产业链中最重要的两个环节。这就要求磷化工企业不能单一地生产化肥,需要将自己的产业链扩大,如食品级磷酸、牙膏级磷酸氢钙、多功能磷酸盐等技术含量较高的下游产品系列。

另外，将电子级磷酸广泛运用于液晶显示屏等高端电子产品的生产工艺等也都是非常具有市场前景的。在上游原料基地建成的同时也必须注意控制上游包括煤矿、磷矿、电力、黄磷等资源的开发和利用，这样才能形成完整的磷化工产业链，进而布局成矿电磷一体化的完整产业链。实际上，并不是每个企业都能够发展成如此规模的产业链，但是产业链的扩大对于企业自身乃至整个行业来说都是至关重要的。从全世界范围来看，磷矿大中型企业发展比较成熟的都在我国。

目前我国钾盐、磷矿资源尚未进行系统的勘探开发，评价资源分布与地质条件不够明确。另外，钾盐、磷矿资源开发具有初期投入大、资金回收周期长、面临着国际市场不景气的特点，亟须国家在相关政策上给予扶持（鲍荣华等，2010b）。

对于我国进口钾盐、磷矿来说，需要建立政府、行业组织和企业进口协调机制，加强宏观调控和指导，完善钾盐、磷矿联合谈判机制等。事实上，虽然我国的钾盐、磷矿企业在国际市场中有部分优势，但是随着世界科技的发展和社会的进步，我国的钾肥、磷肥企业的竞争优势与国外企业的差距越来越短。此外，在国家对环保问题日益重视的情况下，企业生产的各种排污收费也将会大幅度地提高；随着《钾肥行业准入条件》、《磷铵行业准入条件》和《磷石膏堆存技术规范》等一系列政策的贯彻落实，国内钾肥、磷肥生产成本将大幅上升。

第 10 章　主要结论及政策建议

10.1　主　要　结　论

10.1.1　主要矿产品长期行情波动剧烈

通过对主要矿产品长期的市场走势跟踪可以看出,尽管由于储量分布等基本条件限制,多数矿产品市场集中度较高,垄断因素对市场走向的影响较显著,但近 30 年的市场行情仍然表现出多数矿产品价格波动幅度和频率有逐年扩大的趋势。矿产品定价机制的变革是导致这一趋势的最重要因素,20 世纪 80 年代末,铅、锌期货品种在 LME 上市交易之后,其价格波动明显加剧;2009 年铁矿石长期协议定价机制破裂,指数定价推行,价格由每年一调整、半年一调整的模式演变为每日更新变动,波动频率大大提高。

进入 21 世纪,特别是 2008 年金融危机之后,矿产品市场的不确定性增强,影响价格走势的因素呈现出多元化、非传统化和隐蔽化等新的趋势。能源市场中,传统原油、天然气、煤炭主产地受到来自新兴能源产地和非常规能源、新能源的冲击,能源地缘政治的复杂化加剧了市场行情的波动。基本金属市场中,二次资源份额提高,中国经济结构调整,经济增速放缓,世界经济存在各种潜在风险因素,各类金属的市场基本面不确定性增加,加上套利资金流动速度快,导致价格持续动荡。大宗矿产品是国民经济运行与发展的基础,矿价走势过于震荡会严重影响国家的经济稳定和经济安全问题。因此,当前加强对大宗矿产品市场基本面情况和价格走势规律的研究,利用前瞻性的战略眼光调整相关产业和投资部署显得极其重要与迫切。

10.1.2　近期矿业低迷成为市场新常态

自 2014 年以来,全球矿业进入了新一轮的大幅下跌和低迷走势,主要矿产品价格跌幅均达到 30%,国际油价跌幅超过 50%。根据本书第 1~9 章对市场未来走势的预测及展望可以看出,本轮矿价下跌并非短期市场行情,未来 3~5 年,这种低迷走势还将延续。

首先,中国经济增速放缓和发展方式的艰难转型加剧了全球大宗矿产品消费的疲软,短期内其他新兴经济体无论从经济体量还是从发展阶段来看都无法代替中国目前这种支撑全球矿产品消费能力的地位,因此,大宗矿产品市场未来5年将缺乏消费热点;其次,大宗矿产品市场受制于资源禀赋的差异,在供给侧具有较强的垄断水平,主产国和垄断矿商往往具有明显的产能优势和成本优势。在矿业不景气的阶段,垄断方利用成本优势维持甚至扩大生产规模,借机打压新兴矿产区,巩固并扩大自身的垄断地位,因此,多数矿种在当前形势下依然持续增产,导致未来短期内供需失衡的情况加剧;再次,自美联储宣布加息以来,全球经济形势动荡加剧,仅第一轮加息就导致人民币贬值、亚太股市动荡,同时引发巴西、阿根廷、南非等新兴经济体严重的通货膨胀和经济下滑,全球整体经济形势未来不容乐观;最后,地缘政治风险也在持续激化,难民危机、中东局势、东北亚局势持续升级,大国关系在未来也将呈现出复杂微妙的关系,这些因素无疑都增加了未来市场的运行风险。

10.1.3 中国在矿业转型过程中机遇与挑战并存

当前世界经济复苏乏力,国际矿业市场仍处于低迷态势,矿业投资融资不容乐观。中国高度重视矿业对经济发展的支撑作用。在当前形势下,如何进一步深化改革、加强创新与合作、加快推动矿业复苏增长和转型发展,是我国和世界其他国家共同面临的课题。

矿业低迷对中国形成重要的机遇期,中国需要抓住全球矿业深度调整和转型过程中的机遇和挑战,将国内资源进行整合,我国面临的挑战主要有以下4点。

(1)我国在矿业领域的外资利用率不高。由于我国矿业投资的环境对海外投资商的吸引力不大,所以我国在矿业领域的外资利用率不高,与国际矿业发达国家还有一定差距。

(2)我国海外投资面临舆论压力。中国"资源威胁论"和"资源民族主义"论对我国矿业的海外投资形成舆论压力,其他矿产资源丰富的国家和跨国企业对我国矿产资源需求提高了警惕,加大了我国矿业走出去的压力。

(3)我国在参与国际矿产品市场上没有足够的话语权。由于国际矿业秩序在一定程度上存在着不合理、不公平性,我国参与国际矿产品贸易时没有足够的话语权。在市场方面、技术方面、制度方面及意识形态方面,我国面临着来自一些矿业发达国家的压力和壁垒。

(4)我国应对国际矿业形势时明显能力储备不足。由于新世纪矿产资源国际竞争更加复杂,矿业领域的不断创新推动很多新的发展方向出现,而中国的矿业能力跟不上新世纪的竞争要求,这使得我国应对矿业全球化的机遇和挑战时更加艰难。

尽管国内外有诸多不利因素影响着我国矿业发展的进程,但是还是有许多积极的因素在促使我国矿业向着更好的方向发展,主要的机遇有以下4点。

(1)我国经济不断地全面深化,新的增长点势必会形成矿产资源新的需求点。"十三五"期间我国面临能源转型的艰巨任务,控制能源消费总量将成为重点工作之一,其中煤炭作为控能源消费总量的重点,大气污染防治重点地区或实现煤炭消费负增长。预计"十三五"期间的能源需求年均增长 3.3% 左右,"十三五"以后,基本依靠非煤发电机组增长即可满足新增电力需求。在这一背景下,进一步加强煤炭清洁利用,同时会加快页岩气、地热能和煤层气等非传统化石能源的开发利用和植物能、风能、太阳能等清洁能源的研发利用。

(2)国际环境向着更有利于我国的方向发展。中国已经成为全球第一大能源消费国、生产国和全球第二大原油进口国,同时也是大宗非燃料矿产资源的消费大国和生产大国,在能源资源领域中扮演着越来越重要的角色,一举一动均会引起全球高度关注。

(3)"一带一路"项目的启动给我国及周边国家的矿业发展注入了一剂强心针。"一带一路"建设的一大重点是矿业开发,包括油气、固态矿业的开采。从中国到东盟各国,从矿业主管部门到地方政府,显然都已经找到了加强国际矿业合作的战略契合点。9 个项目签约总金额达 3.48 亿元。项目的国际合作大战略不仅带动了国内经济尤其是矿业的发展,更赋予了国际矿业合作新的内涵,也开启了中国—东盟矿业合作论坛的新征程。

(4)中国政府更加注重投资与环境保护。国际矿业开发与合作需要技术支撑,更需要政策保障及投资保护。中国—东盟矿业合作论坛上设置有地质环境保护论坛,来自中国和东盟国家的专家就加强矿山地质环境保护,特别是岩溶区地质环境保护进行了探讨交流。专家探讨的内容涉及地质环境保护工作的方法、技术与成果,分享了地质环境保护的理论和经验,提高了矿业论坛的针对性和实效性。

10.2　相关政策建议

(1)加大国内重要、战略、非常规矿产的勘探力度,提升铁、能源和有色矿产的储备水平和保障能力。

将铜、铁、铝等重点矿产资源保障工程列入国家重点建设工程,全力推进矿山资源持续开发、煤电铝资源高效利用和新矿山投产。按照找矿突破战略行动总体部署,结合整装勘查区和全国第三轮矿产资源规划实施要求,整合和出让全国大中矿业权。加快中小型矿山的兼并重组与联合,建设大型矿山生产基地,促进矿企更好地发掘现有矿山产能潜力,合理规划开采进度,提升开采技术和资源综合利用率。

对我国能源矿产的储量、后备储量、开采条件等情况进行综合评价,有步骤、有重点地推进我国能源矿产的开发。通过政策引导民间资本介入煤层气、页岩油气、大陆架油气、天然气水合物等非常规能源开采的市场研发运作,加强专业领域的技术攻关和国际合作,尽早实现非常规能源低成本量产,同时实行严格的制度规范,杜绝对非常规能源的破坏性开采。加大对铀矿、地热能、干热岩等新能源的勘探力度。

（2）建设国内商品交易中心，培育大宗矿产品交易基金。

积极推进大连商品交易所、上海期货交易所、天津矿业权交易中心等国内矿产品市场建设，完善市场规范和交易制度设计，扩大市场交易规模，增强市场活跃度，吸引国内外生产商、贸易商、金融机构参与交易，将其建设成为地区有影响力的交易中心，争夺矿产品市场定价权。特别对于刚刚起步即遭遇市场大幅下挫的大连商品交易所铁矿石期货品种，应积极实践市场风险防范机制，引导铁矿石相关企业运用期货市场规避风险，促进矿价合理波动。

与日本合作积极推动亚洲天然气定价机制改革，以中俄签订天然气合作和与美国商谈进口 LNG 并借此建立与 Henry Hub 天然气期货合约挂钩的新定价机制为契机，改变现有的天然气定价与油价联动机制，改为天然气定价与现货市场联动，积极探讨推出天然气期货合约的可行性。

国际矿产品的定价权是国际矿产品的金融定价权，金融衍生工具对商品价格的影响越来越大。我国经过多年的发展，金融衍生交易已经渗透到了经济的每一个交易环节，如果金融定价权还是牢牢地掌握在以美国为首的发达国家手上，我国金融系统的稳定性将会大受制约。我国应着力培养自己的大宗商品交易基金及大的综合型投资银行。期货交易商品的定价权最根本的还是由资本定价的，必须经过资本与产业的对接。基于此，国家更应积极配合，鼓励现有的银行、券商、基金参与进去，并充分给予各种支持。

（3）整合国内产业，调整海外投资战略部署，提高中国矿业、能源企业竞争力。

近年来的矿价下行走势给我国海外在建的投资项目造成一定的经营压力，也为我国加快对外矿业投资、寻找新的海外投资机会提供了难得的契机。政府应积极推进相关法律、法规的建立，要淘汰的企业必须坚决淘汰，避免地方保护主义。此外，为并购重组提供支持，不仅政策要到位，资金也要到位，鼓励大企业兼并收购，打通上下游的产业链。中国矿业企业应主动转变投资策略和战术，不要过分追求对矿山的控股，要注重获取资源开发所带来的实际权益，将投资重点转向入股条件成熟、运转良好的境外矿商，或与具有资源优势和探矿经验的当地矿商合作，以便取得较稳定的投资回报。

全面提升企业经营管理水平，加速与国际接轨，增强中国矿业企业的海外竞争实力。保障项目建设期内的资金运作，提高人、财、物的调配效率，精简涉外投资项目的相关审批流程，加强与当地企业的沟通配合，有效控制在建项目成本；积极研究把握有关国家的矿业政策、法律制度、风俗人文等方面情况，融入当地，互惠互利。建立突发事件应急响应机制，强化涉外公关能力，避免不必要的营运风险。

（4）实现采灌结合的地热梯级综合利用，大力发展新能源。

面对资源约束趋紧、环境污染严重、生态系统退化的严峻形势，十八大把生态文明建设摆在五位一体的总体布局高度来论述，着力推进绿色发展、循环发展、低碳发展。大力发展地热能、页岩气、太阳能、风能等新能源是生态文明建设的需要。以地热能为例，地热供暖拥有良好的发展契机，可通过科学规划，以绿色经济效益和循环经济效益获得竞争优势。在规范市场准入门槛及以地热资源调查评价数据为依据展开地热资源合理开发利用后,企业在实际运作过程中应进行地热梯级综合利用(图 10-1),注重采灌结合,建设动态监测网。在梯级综合利用模式中,应根据地热水水量、温度、供暖负荷、用水负荷和现场具体条件,因地制宜、合理地确定方案,最大限度地利用热能,尽可能降低尾水温度和减少尾水排放。

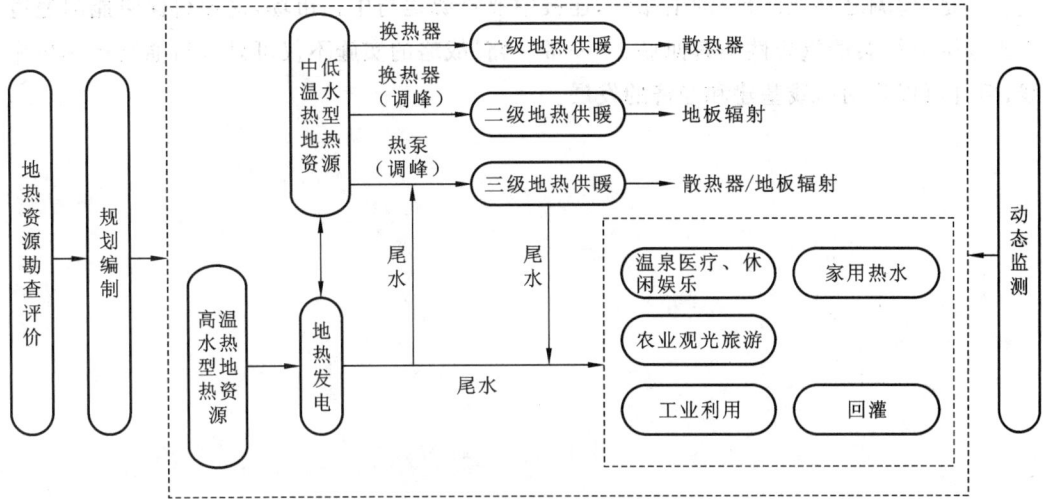

图 10-1　地热资源梯级综合开发利用模型图

(5)把握国际矿产品市场运行规律,加强投资战略管理。

充分发挥市场和政府在矿产品投资领域的引导作用,把握矿业市场运行规律,科学研判未来矿业形势。在需求疲软、价格持续走低的情况下,支持国内有条件的能源企业实行"反周期投资"策略,争抢未来发展红利。由于矿产品的不可再生性,其长期资源价格必然呈现上涨趋势。短期的价格下跌并不能改变石油行业长期发展趋势。在油价下行的背景下,鼓励企业选择目前经营困难但资源前景好的海外企业作为投资对象,降低海外投资综合成本。通过期货及现货贸易等方式,以及在勘探、开采等领域与外方进行合作,建立稳定的海外石油生产和供给基地。

进一步完善海外资源项目的风险防范措施,合理分析论证目前国外在建项目和拟建项目的建设营运情况,对矿山进行综合评价和评级。对营运暂时出现困难,但具有明显资源潜力的矿山,应加大政策、资金扶持力度。引导国企转变粗放的投资方式,通过股权置换等多种形式整合重点的在建项目,形成合力,尽快扭转局面,争取尽快建成一批具有稳定供应能力的海外生产基地。对于长期亏损、建设进度缓慢的项目应果断终止项目建设,撤资转产,以避免损失进一步扩大。

(6)积极推进"一带一路"能源外交,促进多边资源合作。

按照上游资源的勘探开发、中游管道的建设与运营管理、下游油气的购销与利用等各环节,根据国际贸易有关惯例,参与各方国家的政治、法律、经济等客观制约因素,结合项目自身的特点及参与各方对项目前景的预测,设计一种各方均可接受的项目资产所有权结构及利益分析模式。按照油气过境与通行方式、合作伙伴的层次划分及选择,采取相应的项目筹融资渠道,降低投资风险。

坚持"与邻为善、以邻为伴"的周边外交方针,打造中国与周边国家的命运共同体。"一带一路"的能源合作中,中亚是中国油气进口的重镇。中哈原油管道、中国—中亚天然气管道是"丝绸之路经济带"的生命线,连接中亚资源地与中国市场,这使得保障能源通道在当今国际社会的重要性不言而喻。"一带一路"战略的实施不仅可以打通油气运输生命线,而且可以带动沿线基建和经济的发展。

主要参考文献

白纤,袁俊宏,王章俊.2014.国内外水溶性钾盐资源及我国钾盐产业发展现状[J].资源与产业,(2):37-46.

鲍君洁,等.2010.基于 VaR 的多品种石油期货最优套保比模型[J].合肥工业大学报,33(5):759-762.

鲍荣华.2012.世界钾盐行业垄断加剧我国应采取多种对策[J].国土资源情报,(7):64-73.

鲍荣华,刘树臣,闫卫东.2010a.世界钾盐资源分配态势及我们的应对策略[J].国土资源报,(8):44-47.

鲍荣华,亓昭英,周大通.2010b.2009 年钾盐资源及钾肥供需情况分析及预测[J].磷肥与复肥,(8):40-45.

陈明道,等.2011.南阳市发展新能源产业实践与探索[R].2011 中国可持续发展[57]论坛暨中国可持续发展研究会学术年会.中国广东珠海.

陈其慎,等.2013.美国矿产资源消费图谱初探[J].中国矿业,22(5):8-14.

陈其慎,等.2015.资源-产业"雁行式"演进规律[J].资源科学,37(5):871-882.

陈其慎,王高尚,王安建.2010.铜、铝需求"S"形规律的三个转变点剖析[J].地球学报,31(5):659-665.

关锌.2013.露天矿软弱基底内部排土场稳定性研究[J].煤炭科学技术,41(1):63-65.

管仁荣.2013.基于融资结构理论的我国采矿业融资问题研究[D].北京:中国地质大学(北京).

何小明.2009.国际原油市场的长期波动性及价格风险评估研究[D].北京:中国科学院大学.

焦建玲,唐运舒,魏一鸣.2014.石油价格风险管理:方法与实证[M].北京:清华大学出版社.

李颖,等.2012.南美矿业投资刍议[J].中国矿业,21(9):12-16.

李金华.2011.铁矿石市场现货价格与合约价格形成与互动机制研究[D].上海:上海交通大学.

梁强,范英,魏一鸣.2005.基于小波分析的石油价格长期趋势预测方法及其实证研究[J].中国管理科学,(1):52-64.

刘芳,齐澧,田飞龙. 2012. 专题 新能源汽车之窘[J]. 绿叶,(3):7-13.

刘峰. 2003. 信息披露:实话实说[M]. 北京:中国财政经济出版社.

刘奭. 2013. 国际铁矿石期货市场特征研究——以新加坡铁矿石期货市场为例[D]. 南昌:江西财经大学.

刘莎. 2010. 全球铜供需格局及中国供应构想[D]. 北京:中国地质科学院.

刘莎,等. 2010. 基于层次分析法的全球矿业投资环境分析[J]. 资源与产业,12(2):116-122.

刘传江,侯伟丽. 2006. 环境经济学[M]. 武汉:武汉大学出版社.

刘冬生,孙友宏. 2002a. 浅层地热利用新技术——地源热泵技术[J]. 能源工程,(6):58-60.

刘冬生,孙友宏. 2002b. 竖直埋管地源热泵技术[J]. 世界地质,21(4):406-410.

刘峰彪. 2009. 地热水多元梯级综合利用模式及其应用[J]. 有色金属,61(4):170-175.

柳群义,王安建,陈其慎. 2014a. 2040年全球铜需求趋势分析[J]. 中国矿业,(8):15-18.

柳群义,等. 2014b. 中国铜需求趋势与消费结构分析[J]. 中国矿业,(9):5-8.

骆超,黄丽嫦. 2012. 中低温地热发电技术研究[J]. 科学,64(1):24-28.

罗海波. 2008. 国际金融资本流动机制研究[D]. 上海:华东师范大学.

庞忠和,胡圣标,汪集旸. 2012. 中国地热能发展路线图[J]. 科技导报,30(32):18-24.

彭颖,等. 2010. 日本海外矿产资源获取机制分析[J]. 地球学报,31(5):711-719.

钱成. 2013. 铁矿石定价机制研究[D]. 上海:东华大学.

任翔. 2012. 全球铁矿石定价机制中的中国因素研究——国际政治经济学视角[D]. 上海:复旦大学.

孙海鸣,仰炬,温耀庆. 2014. 中国战略性大宗商品发展报告(2014-2015)[M]. 北京:经济管理出版社.

孙莉娜. 2011. 产业资本与金融资本的融合及其经济效应分析[D]. 大连:东北财经大学.

孙立求. 2008. 中国上市公司会计信息披露研究[D]. 西安:西北大学.

汪集旸. 2015. 地热理应在雾霾治理和南方供暖/制冷中发挥更大的作用[J]. 科技导报,(24):1.

王安建. 2010. 世界资源格局与展望[J]. 地球学报,31(5):621-627.

王安建,等. 2010. 矿产资源需求理论与模型预测[J]. 地球学报,31(2):137-147.

王安建,成金华. 2014a. 世界能源市场分析及展望[R]. 北京:中国地质科学院全球矿产资源战略研究中心.

王安建,成金华. 2014b. 世界铁矿石市场分析及展望[R]. 北京:中国地质科学院全球矿产资源战略研究中心.

王安建,成金华. 2015. 世界有色金属市场分析及展望[R]. 北京:中国地质科学院全球矿产资源战略研究中心.

王高尚. 2003. 未来20年世界铜铝需求趋势预测[J]. 世界有色金属,(7):6-9.

王高尚. 2010. 后危机时代矿产品价格趋势分析[J]. 地球学报,31(5):629-634.

王高尚,韩梅. 2002. 中国重要矿产资源的需求预测[J]. 地球学报,23(6):483-490.

徐佳佳. 2011. 我国铁矿石进口价与汇率的关系研究[D]. 南京:南京财经大学.

严宽荣,樊春梅,蔡飞. 2009. 产品转型背景下温泉旅游发展探讨——以九江市星子温泉为例[J]. 江苏商论,(3):80-82.

闫强,等. 2009. 全球地热资源述评[J]. 可再生能源,27(6):69-73.

燕凌羽,等. 2012a. 世界大型矿业公司发展历程浅析[J]. 中国矿业,21(5):8-12.

燕凌羽,等. 2012b. 跨国矿业公司发展战略研究及对中国的启示[J]. 黄金,(10):1-5.

余炜彬. 2005. 国际原油市场价格风险与进口原油采购策略研究[D]. 北京:中国科学院科技政策与管理科学研究所.

詹麒. 2009. 国内外地热开发利用现状浅析[J]. 理论月刊,(7):71-75.

张健,汪集暘. 2000. 南海北部大陆边缘深部地热特征[J]. 科学通报,45(10):1095-1100.

张珣,汪寿阳. 2010. DAC 方法论及其在国际原油价格波动分析与预测中的应用[M]. 北京:科学出版社.

张煜. 2011. 地温能资源丰富利用价值无限——呼和浩特市浅层地温能调查评价工作启动[J]. 西部资源,(1):10.

张群洪. 2012. 中国可再生能源定价的 SWOT 分析与政策选择[J]. 福建行政学院学报,(2):80-87.

张屹山,方毅,黄琨. 2006. 中国期货市场功能及国际影响的实证研究[J]. 管理世界,(4):28-34.

张跃军,范英,魏一鸣. 2007. 基于 GED-GARCH 模型的中国原油价格波动特征研究[J]. 数理统计与管理,(3):36-43.

郑克椒,潘小平. 2014. 拉德瑞罗地热电站可持续开发经验——记拉德瑞罗地热发电 100 周年[J]. 中外能源,19(2):25-29.

周明磊. 2004. 事件对国际石油价格影响的时间序列分析[J]. 数学的实践与认识,(8):26-33.

Barsky R B,Kilian L. 2002. Oil and the macroeconomy since the 1970s [J]. Journal of Economic Perspectives,18(4):115-134.

Cabedo D J,Moya I. 2003. Estimating oil price 'Value at Risk' using the historical simulation approach[J]. Energy Economics,25(3):239-253.

Chen S S,Lee C F,Shrestha K. 2008. Do the pure martingle and joint normality hypotheses hold for the optimal hedge ratios? Implications for the optimal hedge ratios [J]. Quarterly Review of Economics and Finance,48(1):153-174.

Choudhry T. 2009. Short-run deviations and time-varying hedge ratio:evidence from agricultural futures markets [J]. International Review of Financial Analysis,

18(1/2):58-65.

Dufour J M, Jouini T. 2006. Finite-sample simulation-based inference in VAR models with application to Granger causality testing [J]. Journal of Econometrics, 135(1): 229-254.

Eisenmann T, Parker G, van Alstyne M. 2011. Platform envelopment [J]. Strategic Management Journal, 32(12):1270-1285.

García-Cicco J, Montero R. 2011. Modeling copper price: a regime-switching approach [J]. Documentos De Trabajo, 55(6):205-239.

Hsu Y C, Chen A P. 2008. Clustering time series data by SOM for the optimal hedge ratio estimation [A]//International Conference on Convergence and Hybrid Information Technology, Chicago[C]. 1164-1169.

Interfax. 2013. Aluminum price might not top ＄1,800/tonne by end-2013 - Deripaska [J]. Russia & Cis Business & Financial Newswire, 19(2):35-36.

Jaramillo P, Selaive J. 2006. Speculative activity and copper price[J]. Working Papers Central Bank of Chile, 15(3):15-16.

Ji Q, Fan Y. 2011. A dynamic hedging approach for refineries in multiproduct oil markets [J]. Energy, 36(2):881-887.

Kawahara K, et al. 2011. Impact analysis of copper price on copper scrap recovery[J]. Journal of the Japan Institute of Metals A, 75(6):327-331.

Ken Salazar, McNutt M K. 2013. Mineral commodity summaries 2013 [J]. Report of USGS,

Leduc S, Sill K. 2004. A quantitative analysis of oil price shocks, systematic monetary policy and economic downturns [J]. Journal of Monetary Economics, 51(4):781.

Papageorgious L G, Rotstein G E, Shah N. 2001. Strategic supply chain optimization for the pharmaceutical industries [J]. Industrial and Engineering Chemistry Research, 40(1):275-286.

Perdan S, Azapagic A. 2011. Carbon trading: current schemes and future developments [J]. Energy Policy, 39(10):6040-6054.

Philippe J. 1996. Value at Risk: The New Benchmark for Controlling Market risk [M]. Chicago: Irwin Professional Publishing.

Potashcorp. 2010. 2009 overview of potash corp and its industry[R]. 23(1):24-25.

Sear T N. 1993. Logistics planning in the downstream oil industry [J]. Journal of Operational Research Society, 44(1):9-17.

Seguel F, et al. 2015. A Meta-heuristic Approach for Copper Price Forecasting[A]// Information and Knowledge Management in Complex Systems[C]. Berlin: Springer International Publishing:156-165.

Stephen M, Potash J. 2009. US Geological Survey[J]. MineralsYearbook 2008,12(5): 32-33.

Sverdrup H U, Ragnarsdottir K V, Koca D. 2014. On modelling the global copper mining rates, market supply, copper price and the end of copper reserves [J]. Resources Conservation & Recycling,87(6):158-174.

Tay F E H, Cao L J. 2001. Application of support vector machines in financial time series forecasting [J]. Omega,29(4):309-317.

Wang C Y. 2001. Investor sentiment and return predictability in agricultural futures markets [J]. Journal of Future Markets,21(10):929.

Wu G, et al. 2007. An empirical analysis of the risk of crude oil imports in China using improved portfolio approach [J]. Energy Policy,35(8)4190-4199.

Yang S, et al. 2012. Application of optimal unbiased grey-forecasting model in aluminum price quotation prediction[J]. Journal of Hunan University of Science & Technology,21(3):15-16.

Yun W C, Kim H J. 2010. Hedging strategy for crude oil trading and the factors in fluencing hedging effectiveness [J]. Energy Policy,38(5):2404-2408.